상담 치유의 말씀 모음 제2집

상한 가정의 치유

김의식 지음

쿰란출판사

추천의 글

 우리가 살고 있는 이 시대는 아픔과 상처를 만들어 내는 데에 빠릅니다. 이 시대는 사람들을 외모로 판단하고 평가합니다. 사람은 누구나 완전하지 못하고 타인들이 세운 기준에 미치지 못합니다. 어느 한 분야에서 성취를 이룬 사람이라고 할지라도 다른 면에서는 비판의 대상이 되고 흠을 잡히게 됩니다. 그래서 사람들은 어려서부터 무시를 당하고, 비교와 비판을 당하고, 불신과 폭력을 당하며 살아가고 있습니다. 이 시대는 쉼 없이 마음의 상처를 만들어 냅니다.
 하나님의 아들 예수님이 우리에게 오신 것은 상처 때문에 고통당하는 사람들을 구원하여 하늘의 샬롬을 누리게 하기 위해서입니다. 예수님은 지금도 상처 입은 사람들을 찾아와서 그들을 치료하셔서 하나님의 기쁨과 감격과 생명의 삶을 살도록 하십니다. 예수님은 우리의 상처를 치료하시기 위해서 오신 하나님의 아들입니다.

추천의 글

    이 책은 상처를 치료하시는 하나님을 소개하고 있습니다. 김의식 목사는 커다란 상처를 경험한 사람이요, 그 가운데서 하나님의 임재를 체험하고 예수님의 보혈로 그 상처를 치료하시는 하늘의 신비를 체험한 분입니다. 김 목사님은 이 책에서 자기의 경험과 상처를 치료하시는 하나님의 계획과 우리 가운데서 아픔과 상처를 치료하시는 예수님의 신비를 생생하게 전달하고 있습니다.

    이 책을 통하여 우리의 상처를 치료하시는 하나님을 만나고 예수님의 보혈로 내면의 상처들이 치료받는 놀라운 체험을 하시기를 기원합니다.

광장교회 담임목사
전 장로회신학대학교 목회상담학 교수
오성춘 목사

추천의 글

현대인들은 너나할 것 없이 아픈 사람들입니다. 인간은 음식과 함께 다른 사람과의 깊은 만남에서 오는 사랑을 먹어야 살 수 있습니다. 그런데 가정에서는 소유하고 지배하려는 부모들의 병든 사랑 때문에 자녀와 부모 관계는 깨어졌고, 직장에서는 심한 경쟁의식으로 동료나 친구의 관계를 맺기는커녕 서로를 해치며 질식해 가고 있습니다. 그래서 사랑에 배고파 방황하는 현대인들이 가장 많이 모여드는 곳이 교회입니다.

21세기 한국 교회는 치유자요 상담자이며 영적 인도자를 갈망하고 있습니다. 그리고 현대인들의 아픈 상처를 싸매 주고 이들의 외로움을 가슴으로 들어 주며 치유해 줄 수 있는 목자를 찾고 있습니다. 바로 이때 방황하는 한국 민중, 외로움으로 신음하는 한국 교인들을 위해 하나님은 김의식 목사를 보내 주셨습니다. 나는 김의식 목사를 이 백성의 아픔을 함께 아파해 주고 함께 울어 줄 수 있는 치유자요 목회자라고 믿습니다. 왜냐하면 그 자신이 깊은 상처에서 치유받은 '상처 입은 치유자'이기 때문입니다.

본서는 상처 입은 현대인들에게 부어 주는 생명수임에 틀림없습니다. 이 책이 우리 가슴에 이렇게 뜨겁게 와 닿는 것은 목회상담학자요 치유자이며 목회자인 김의식 목사 본인의 눈물과 아픔과 사랑 속에 우리가 빨려들기 때문일 것입니다. 나는 10년이 훨씬 넘게 학교 강단에서 김의식 목사를 보아왔습니다. 강의실에서 학생들에게 지식을 강의하는 것도 힘든 일인데, 그는 학생들의 머리와 가슴을 함께 뒤흔드는 명교수입니다. 강의에서 느끼는 깊이와 넓이와 뜨거움이 본서에서도 처음부터 끝까지 이어지고 있습니다. 이 책이 한국 교회와 백성들을 위해 좋은 소식임에 틀림없습니다.

크리스천치유상담연구원 원장
전 한신대학교 목회상담학 교수
정태기 목사

머리글

　　IMF 이후로 한국의 가정들이 급속도로 흔들리고 있습니다. 경제적인 요인도 있겠지만 지금까지 쌓여 왔던 가정의 문제들이 사회의 이혼 풍조 속에서 심각하게 터져 나오고 있습니다. 그러나 보다 근본적인 문제는 영적인 것입니다. 만물의 마지막 때 가정의 불행이 유행하는 전염병처럼 퍼져가고 있습니다.

　　부족한 종은 화곡동교회에 부임한 이후 미국에서 전공한 '결혼과 가족 치료(Marriage & Family Therapy)'와 한국에서 교수로 학생들을 가르쳤던 경험을 토대로 가정 문제의 치유에 대한 접근을 시도하였습니다. 치유동산, 부부행복동산, 아버지학교, 어머니학교, 홀로서기 세미나 등의 치유 프로그램을 통해 많은 치유를 거듭하였지만 궁극적인 것은 말씀과 성령에 의한 치유였습니다.

　　그래서 지난 6년 동안 화곡동교회에서 나누었던 가정에 대한 설교를 모아 보았습니다. 미흡한 점이 많이 있지만 이 말씀 속에

서 많은 가정들이 치유되고 회복되어 가는 것을 목격할 수 있었습니다. 그리고 교회까지도 배가 부흥하는 놀라운 열매를 맺었습니다. 저는 이 말씀들이 살아서 역사하여 우리의 심령을 치유하고 우리의 가정을 행복하게 회복하는 데 미력하나마 작은 보탬이 되고 싶어 부끄러움에도 불구하고 함께 나누고자 합니다.

2007년 결실의 계절에
화곡동교회 목양실에서
김 의 식

차례

추천의 글 _ 오성춘 ················· 2
추천의 글 _ 정태기 ················· 4
머 리 글 ························· 6

I. 부부 관계의 회복
행복의 조건(창 3:1-13) ················ 12
부부 문제점(삿 13:2-11) ··············· 31
행복의 지혜(잠 15:16-18) ·············· 45
나의 사랑하는 자여(아 2:1-14) ·········· 60
이렇게 행복하라(엡 5:22-25) ············ 74
진정한 행복의 비결(벧전 3:1-7) ········· 84

II. 부모 관계의 회복
그 아버지의 그 아들(창 22:1-14) ········ 100

차례

어머니를 지킨 딸(룻 1:6-18) ················ 118
영원한 고부 행복(룻 1:6-18) ················ 134
마지막 효도(요 19:25-27) ················ 149
이렇게 효도하라(엡 6:1-3) ················ 164
다섯 가지 효도의 길(골 3:20) ················ 173

III. 자녀 관계의 회복

감동을 주는 부모(출 2:1-10) ················ 188
설마 우리 아이가(삼상 2:12-25) ················ 203
어떻게 양육할 것인가(욥 1:1-22) ················ 220
가장 중대한 선택(마 7:7-11) ················ 235
수렁에서 건진 딸(마 15:21-28) ················ 249
무엇을 위해 우는가(눅 23:26-29) ················ 264
이렇게 양육하라(엡 6:4) ················ 275
다섯 가지 사랑의 언어(골 3:21) ················ 284

1. 부부 관계의 회복

상담 치유의 말씀

행복의 조건

창세기 3:1-13

"여호와 하나님의 지으신 들짐승 중에 뱀이 가장 간교하더라 뱀이 여자에게 물어 가로되 하나님이 참으로 너희더러 동산 모든 나무의 실과를 먹지 말라 하시더냐 여자가 뱀에게 말하되 동산 나무의 실과를 우리가 먹을 수 있으나 동산 중앙에 있는 나무의 실과는 하나님의 말씀에 너희는 먹지도 말고 만지지도 말라 너희가 죽을까 하노라 하셨느니라 뱀이 여자에게 이르되 너희가 결코 죽지 아니하리라 너희가 그것을 먹는 날에는 너희 눈이 밝아 하나님과 같이 되어 선악을 알 줄 하나님이 아심이니라 여자가 그 나무를 본즉 먹음직도 하고 보암직도 하고 지혜롭게 할 만큼 탐스럽기도 한 나무인지라 여자가 그 실과를 따먹고 자기와 함께한 남편에게도 주매 그도 먹은지라 이에 그들의 눈이 밝아 자기들의 몸이 벗은 줄을 알고 무화과나무 잎을 엮어 치마를 하였더라 그들이 날이 서늘할 때에 동산에 거니시는 여호와 하나님의 음성을 듣고 아담과 그 아내가 여호와 하나님의 낯을 피하여 동산 나무 사이에 숨은지라 여호와 하나님이 아담을 부르시며 그에게 이르시되 네가 어디 있느냐 가로되 내가 동산에서 하나님의 소리를 듣고 내가 벗었으므로 두려워하여 숨었나이다 가라사대 누가 너의 벗었음을 네게 고하였느냐 내가 너더러 먹지 말라 명한 그 나무 실과를 네가 먹었느냐 아담이 가로되 하나님이 주셔서 나와 함께하게 하신 여자 그가 그 나무 실과를 내게 주므로 내가 먹었나이다 여호와 하나님이 여자에게 이르시되 네가 어찌하여 이렇게 하였느냐 여자가 가로되 뱀이 나를 꾀므로 내가 먹었나이다"

부부는 한몸된 행복을 나누어야 하는데 현실은 그렇지 못합니다. 그래서《결혼은 미친 짓이다》는 소설과 영화까지 나오고 '여피족(yoppie)'이라는 독신을 주장하는 사람들도 점점 늘어나고 있습니다. 언젠가 대선에 나왔던 한 후보는 "국민 여러분, 행복하십니까?"하고 되풀이해서 물었습니다. 그것은 그만큼 우리가 불행하게 살고 있다는 증거입니다.

호서대학교 산업심리학과 김명소 교수 팀이 2003년 4월 21일부터 한 달 간 전국 7개 도시 20세 이상 64세 이하의 남녀 1,503명을 대상으로 행복지수를 조사한 '한국 여성의 삶의 질'이란 연구 결과에 따르면 경제력, 외모, 건강, 사회적 지위, 대외관계 등 16개 항목에 대해 지수화해 보았더니 한국인의 행복지수는 57.71점이었습니다. 여성의 행복지수는 56.87점으로 남성(58.59점)보다 약간 낮았습니다. 연령별로 행복의 조건이 다른데 20대는 외모와 건강으로 행복을 느끼고, 30대는 경제력과 사회적 지위로 행복을 느끼고, 40대는 여가와 사회봉사로 행복을 느끼고, 50대는 노후를 대비한 경제력, 건강, 배우자의 사랑 등이 행복의 주요 조건이었습니다. 그렇다면 우리 가정의 진정한 행복의 조건은 무엇일까요?

말씀대로 사는 삶

인류 최초의 부부인 아담과 하와는 에덴 동산에서 행복하게 살 수 있었습니다. 그러나 그들은 그 행복을 스스로 포기하고 불행해지고 말았습니다. 무엇보다 먼저 아담과 하와는 하나님의 말씀에 불순종하여 불행을 자초하였습니다. 하나님께서 분명히 "동산 각종 나무의 실과는 네가 임의로 먹되 선악을 알게 하는 나무의 실과는 먹지 말라 네가 먹는 날에는 정녕 죽으리라"(창 2:16-17)고 말씀하셨습니다. 그런데 들짐승 중에 가장 간교한 뱀이 하와에게 "하나님이 참으로 너희더러 동산 모든 나무의 실과를 먹지 말라 하시더냐" 하고 유혹합니다. 그러자 본문 2-3절에 "여자가 뱀에게 말하되 동산 나무의 실과를 우리가 먹을 수 있으나 동산 중앙에 있는 나무의 실과는 하나님의 말씀에 너희는 먹지도 말고 만지지도 말라 너희가 죽을까 하노라 하셨느니라"고 대답합니다.

하와는 자기 마음대로 하나님께서 말씀하신 "선악을 알게 하는 나무의 실과"를 '동산 중앙에 있는 나무의 실과'로 바꿔 버렸습니다. 그리고 하나님께서 "먹지 말라"고만 하셨는데 "먹지도 말고 만지지도 말라"고 하셨다고 말을 덧붙였습니다. 또 "네가 먹는 날에는 정녕 죽으리라(You will surely die)"고 하셨는데 "너희가 죽을까 하노라"고 의심합니다. 그러자 4-5절에 "뱀이 여자에게 이르되 너희가 결코 죽지 아니하리라 너희가 그것을 먹는 날에는 너희 눈이 밝아 하나님과 같이 되어 선악을 알 줄을 하나님이 아심이니라"고 더욱 강도 높게 유혹합니다. 그들은 결국 유혹에 넘어가 선악을 알게 하는 나무의 실과를 따 먹고 나서 영적으로는 죽고 죄의 눈을 뜨게 되었습니다. 그리고 그들에게 육신적인 죽음이 임하게 되었습니다.

오늘날 가정의 근본적인 불행의 원인이 어디에 있을까요? 그것이 가장 많은 이혼 사유로 가장 첫 번째 순서로 말하는 성격 차이 때문입니까? 경제적인 문제 때문입니까? 가정 불화나 배우자의 부정, 폭력, 학대나 건강 때문입니까? 서로에 대한 잘못과 신앙 때문입니까? 주위 사람 때문에 생긴 불화와 갈등이 원인입니까?

부부 사이가 불행해지고 이혼이 급증하다 보니 보건복지부에서는 '이혼 전 상담'을 의무화하고 이혼에 합의한 부부라도 3-6개월 간 공식적인 이혼을 유예하고 일정한 시간을 갖도록 하는 '이혼 숙려 기간'의 도입을 검토하고 있다고 합니다. 그 외에도 우리 교회에서 행하고 있는 '부부행복동산'처럼 행복한 가정의 회복을 위한 여러 가지 치유 프로그램이나 가족 관계 강화 프로그램 등을 시도하기도 합니다. 그러나 아무리 우리가 세상에서 지위가 높아지고, 물질적으로 풍요로워지고, 자녀들이 잘되고 형통해져도 부부의 영적인 회복 이전에는 어떠한 부부도 온전한 행복을 누릴 수 없습니다. 근본적으로 행복의 근원이신 하나님의 말씀대로 순종하기 전에는 어떠한 부부도 진정으로 행복을 회복할 수 없는 것입니다.

성경은 에베소서 5장과 골로새서 3장과 베드로전서 3장에서 부부에 대해서 집중적으로 같은 말씀을 되풀이하여 강조하고 있습니다. 그중 에베소서 5장 22절에서 "아내들이여 자기 남편에게 복종하기를 주께 하듯 하라"고 말씀하시고 25절에서는 "남편들아 아내 사랑하기를 그리스도께서 교회를 사랑하시고 위하여 자신을 주심같이 하라"고 말씀합니다. 그러나 우리나라 부부의 최대의 약점은 아내는 남편에게 복종이 안 되고 남편은 아내에게 사랑이 안 된다는 것입니다. 심지어 왜 복종을 안 하느냐는 질문에 "자기가 복종 받을 짓을 해야 복종하죠"라고 말하는 아내들도 있습니다. 그런데 여기 나오는 '복종'이란 단어는 맹목적이고 굴욕적인 복종을 의미하는 것이 아닙니다. 남편을 사랑하기 때문에 기쁘게 섬기는 것을 의미합니다. 그러면 우리가 왜 남편에게 복종이 안 되고 아내에게 사랑이 안 갑니까? 근본적으로 성령 충만하지 못하기 때문이고, 자아가 살아 있기 때문입니다. 그래서 남편의 이기심과 아내의 자존심 싸움은 끝이 없는 것입니다. 이는 근본적으로 하나님의 말씀에 대한 오해 때문에 일어난 것입니다. 분명한 것은 어떠한 아내도 남편에게 복종하기 전과 남편이 아내를 사랑하기 전에는 결코 행복해질 수 없다는 것입니다. 우리는 이것을 깨달아야 합니다. 그러므로 우리는 하나님의 말씀이 내 마음에 안 들고 내키지 않아도 이 말씀대로 살아야 합니다.

미국 커버넌트 신학대학원의 학장으로 있는 브라이언 체펠 박사가 최근에 《피차 복종하라》는 책을 출판했습니다. 원제목이 《Marriage as It's Meant to Be》인데 "원래 의미했던 그대로의 결혼 - 결혼의 참된 의미"라고 직역할 수 있을 것입니다. 그 책에서 보면 오늘날 크리스천들은 성경이 원래 의미했던 대로 결혼생활을 바르게 하지 않기 때문에 불행하다고 합니다. 많은 크리스천들이 성경의 표준을 너무나도 잘못 이해하고 있다는 것입니다. 하나님의 뜻대로 살려고 노력하는 사람들조차도 가정의 전통과 개인의 이기심 때문에 성경적 표준을 오해하고 있다고 질타합니다. 특히 남편과 아내가 예수님께서 보여주신 희생적인 사랑의 모범을 좇아 서로 복종하며 섬기는 종의 모습으로 살아갈 때, 우리의 가정이 더 이상 건물뿐인 '하우스(house)'가 아닌 진정으로 행복한 작은 천국인 '스위트 홈(sweet home)'을 회복할 수 있는 것입니다.

그러므로 우리는 가정이 진정으로 행복하길 원한다면 개인의 영성부터 회복해야 합니다. 새벽기도나 개인적인 경건의 시간이 우리 개인의 영성 회복의 지름길이지만, 하나님의 말씀을 함께 나누며 실천하는 가정예배와 기도회가 행복한 가정을 이루는 초석입니다. 이처럼 우리가 영적으로 성숙해지고 충만해질 때 아무리 불행한 관계라도 다른 남편이나 아내와 비교하지 않고 현재의 남편이나 아내에게 감사하게 됩니다. 또한 하나님께서 왜 저런 남편이나 아내를 주셨는가를 기억하며 고통 속에 임하는 하나님의 뜻을 구하게 됩니다. 더 나아가 더 이상 욕심을 부리지 않고 감사하며 행복을 지켜 나갈 수 있는 것입니다.

결혼 30주년을 맞이한 60세 동갑 부부가 있었습니다. 결혼기념일에 천사가 나타나 한 가지씩 소원을 들어 주겠다고 했습니다. 아내가 먼저 말했습니다. "그동안 워낙 가난하게 살다 보니 여행을 못했는데, 해외여행 한 번 해 보았으면 좋겠네요." 그러자 천사가 항공권과 여행경비를 건네주었습니다. 아내가 소원을 말하자마자 이루어지는 것을 곁에서 지켜 본 남편이 아내의 눈치를 슬슬 살피더니 멋쩍게 웃으면서 말했습니다. "나보다 서른 살 젊은 여자와 한 번 살아 봤으면 좋겠네요." 그 말을 들은 천사가 "그동안 두 분이 열심히 살아서 드리는 혜택인데 참 이상한 소원이군요. 그 소원을 안 들어 줄 수도 없고…… 아무튼 그렇게 원하신다면 이루어 드려야죠" 하면서 남편을 향해 날개를 폈습니다. 그런데 그 순간 할아버지보다 서른 살 젊은 예쁜 새댁이 나타난 것이 아니라 이 할아버지가 폭삭 늙어 90세 노인이 되어버린 것입니다.

  하나님의 말씀을 떠나 하나님께서 허락하신 분수를 모르고 내세우는 사람의 욕심이 얼마나 허망하고 불행한 것인지를 일깨워 주는 이야기입니다. 우리가 하나님께서 말씀하신 대로 살아갈 때 우리는 성령 충만함으로 어떠한 배우자를 만나 어떤 환경 속에서 살아갈지라도 감사하며 사랑으로 섬기며 행복하게 살아가게 될 것입니다.

은혜로 사는 삶

  그러면 아담과 하와가 하나님의 말씀을 거스려 범죄한 결과 어떻게 되었을까요? 본문 7절에 보니까 "이에 그들의 눈이 밝아 자기들의 몸이 벗은 줄을 알고 무화과나무 잎을 엮어 치마를 하였더라"고 말씀합니다. 그들은 5절에 나오는 뱀의 말처럼 눈이 밝아지긴 했습니다. 그러나 영적인 세계를 보는 안목과 비전이 밝아진 것이 아니라 육의 눈, 즉 죄의 눈이 밝아진 것입니다. 그래서 자신들이 벌거벗은 수치를 깨닫게 되고 불안과 공포를 느끼게 됩니다. 그래서 그들 나름대로 수치를 가릴 수 있는 방법을 모색해서 무화과 잎을 엮어 치마를 만들어 입은 것입니다. 그러나 인위적인 방법으로 인간의 수치를 가리려고 할 때 무화과 잎 치마는 햇볕을 받고 곧 말라 또르르 감기고 말았을 것입니다. 그들도 인간의 노력으로는 그들의 수치를 가리우고 행복을 회복할 수 없었습니다. 결국 하나님께서 양을 죽여 가죽옷을 지어 입혀 주십니다(21절). 그것은 영적으로 인간이 아무리 자신의 죄악의 수치를 가리려고 해도 안되지만 하나님의 어린 양 되신 예수님께서 죽으심으로 우리에게 의의 옷을 입혀 주시고 모든 죄의 수치를 가리워 주신 것을 상징합니다.

우리도 지금까지 내 노력이나 의지나 실력으로 살려고 할 때가 얼마나 많이 있었습니까? 그러다 보니 하나님의 은혜를 잃어버리고 진정한 축복도 잃어버리고 행복도 잃어버리고 살아갑니다. 그러나 우리가 아무리 애쓰고 수고해도 하나님께서 우리의 생명을 연장시켜 주셔야 하고, 우리의 건강을 붙들어 주셔야 하고, 우리의 가정을 지켜 주시며 우리의 생업을 축복해 주셔야 합니다. 그렇지 않으면 우리의 인생의 노력도 수고도 다 헛되고 맙니다. 그러므로 고린도전서 15장 10절의 "그러나 나의 나 된 것은 하나님의 은혜로 된 것이니 내게 주신 그의 은혜가 헛되지 아니하여 내가 모든 사도보다 더 많이 수고하였으나 내가 아니요 오직 나와 함께 하신 하나님의 은혜로다"는 바울 사도의 고백과 같이 하나님의 은혜를 잊어선 안 되고 감사하며 그 은혜를 늘 즐기면서 살아가길 원합니다.

우리는 이 은혜를 누구보다 먼저 사랑하는 부부 사이에 나누어야 합니다. 일에 너무 빠져서 사랑하는 가족들이 외롭고 불행을 느낀다면 이보다 안타까운 일이 어디에 있겠습니까? 미국에서는 가족들을 돌보기 위해 장관직을 사임한 장관들도 있었고 우리나라에서도 병든 부인의 간호를 위해 지난 총선에 출마하지 않은 국회의원들도 있었습니다. '양자 유체 발견 및 이론적 분석'으로 1998년 노벨 물리학상을 수상한 미국 스탠퍼드 대의 로버트 러플린 교수가 수상 이듬해 한국과학기술원(KAIST) 초청으로 방한해 기자 회견을 가진 적이 있었습니다. 이런 저런 질문 끝에 한 기자가 물었습니다. "교수님은 하루에 몇 시간이나 연구를 하십니까?" 그는 이렇게 대답했습니다. "제 아내가 허용하는 시간만큼만 합니다." 얼마나 의미 깊은 대답입니까?

우리가 사회적으로 성공하거나 출세하는 것도 중요하지만 그보다 먼저 가정에서 성공하는 것이 더욱 중요합니다. 우리는 가족들을 외면하고 외롭게 만들 때가 너무도 많습니다. 여러분 모두 가족과 많은 시간을 함께 할 수 있길 바랍니다. 많은 시간과 물질과 정성을 요하는 일회적 이벤트보다는 평상시에 '순간 행복'을 나누는 것이 소중합니다. 가족들이 만나거나 헤어질 때 서로 포옹하고 볼을 대거나 뽀뽀해 주고, 함께 앉아 있을 때 손을 잡거나 어깨동무를 하거나 안아 주십시오. 서로 힘들어할 때 "여보, 사랑해요" "고마워요" "수고했어요" "힘내세요"등의 한마디 말이라도 따뜻하게 해주고, 또한 "역시 당신이에요. 당신이나 되니까 그렇게 하지 누가 그렇게 하겠어요?" "당신이 최고예요"라고 칭찬을 아끼지 않아야 합니다. 말로 표현하기 힘들 때는 간단한 편지를 써서라도 서로를 위로하고 격려하십시오.

힘든 일을 서로 나누어 해야 합니다. 전통이라는 것에 얽매여 가정 일은 아내들의 몫이라는 고정관념을 깨뜨려야 합니다. 과거에는 남편이 밖으로 일하려 나가고 아내가 안에서 가정일을 해야 한다는 고정관념이 있었지만, 요즈음에는 아내 대신 전업주부(主婦)가 아닌 전업주부(主夫)인 남편들이 늘어가고 있습니다. 여성들의 활발한 사회 진출과 함께 일하는 아내를 위해 가사와 육아를 책임지는 남편이 점점 증가하고 있다는 것입니다. 그래서 아내를 자동차로 출퇴근 시켜 주는 '오토맨(Automan)'이 있고, 가게 문 셔터를 올려 주고 내려 주는 '셔터맨(Shutterman)'도 있습니다. 미국에서는 요즈음 '트로피 남편(Trophy Husband)'이 유행인데, 성공한 아내를 대신해서 아이들을 학교에 데려다주고 데려오고 각종 세금을 납부하고 정원을 가꾸고 저녁식사를 준비하는 등 트로피를 받을 만하다고 해서 붙은 이름이라고 합니다. 이제는 남녀 역할이 따로 있다는 고정관념을 깨뜨려야 하고 힘든 일은 서로 도우며 살아가야 합니다.

그리고 적어도 하루에 한 가지 이상 사랑을 표현하는 것도 중요합니다. 시간을 내어 외식도 하고 영화나 연극도 관람하십시오. 기회가 되면 여행도 가고, 그럴만한 여유가 없다면 가까운 데에 드라이브라도 하십시오. 특히 상대방의 생일을 기억하여 축하해 주고, 결혼기념일을 통해 결혼한 것을 후회하지 않고 결혼하길 참 잘했다고 생각하도록 행복하게 해주기 위해서 축하 카드나 장미꽃 한 다발이라도 준비하십시오 많은 돈이 드는 일 아닙니다. 모두 관심이고 정성입니다. 그리할 때 가슴이 확 트이고 답답했던 마음이 풀립니다. 쌓였던 스트레스도 해소되고 삶의 활력을 얻게 됩니다. 그렇게 못하다가 노년이 불행해진 사람들이 한둘이 아닙니다. 이처럼 서로에게서 사랑의 행복을 느낄 때 서로를 위해 죽음까지 각오하며 헌신하게 되는 것입니다.

여러분, 산다는 게 뭡니까? 그냥 열심히 일하고 고생만 하다가 어느 날 갑자기 쓰러져 세상 떠나버린다면 이보다 더 불행하고 가슴 아픈 일이 어디에 있겠습니까? 사랑하며 살아도 모자라는 짧은 인생인데 관습과 고정관념에 얽매여 감정을 마음껏 펼쳐 보지 못한다면 이 또한 얼마나 불행한 일입니까? 그러므로 모든 것이 하나님의 은혜임을 기억하고 감사하며 나누고 즐기며 살아갈 때 우리의 부부관계가 분명히 새롭고 풍성한 행복을 회복하게 될 것입니다.

원망하지 않는 삶

이처럼 아담과 하와가 범죄하고 불안에 떨고 있을 때 하나님께서는 "아담아, 네가 어디 있느냐"고 찾으십니다. 그의 영적 현주소를 물으신 것입니다. 그러자 아담이 "내가 동산에서 하나님의 소리를 듣고 내가 벗었으므로 두려워하여 숨었나이다"하고 대답합니다. 그때 하나님께서는 "누가 너의 벗었음을 네게 고하였느냐 내가 너더러 먹지 말라 명한 그 나무 실과를 네가 먹었느냐"고 책임을 추궁하십니다. 그러자 아담이 "⋯⋯하나님이 주셔서 나와 함께 하게 하신 여자 그가 그 나무 실과를 내게 주므로 내가 먹었나이다"(창 3:12)하고 대답하여 책임을 회피하며 아내에게 책임을 전가했습니다. 그리고 오히려 하나님을 원망합니다. 처음 하와를 허락하셨을 때 "이는 내 뼈 중의 뼈요 살 중의 살이라"고 할 때는 언제고 이제 와서는 감사할 줄도 모르고 하나님께 원망을 하고 있는 겁니다. 그러자 하나님께서 하와에게 "네가 어찌하여 이렇게 하였느냐"고 책임을 추궁하자 하와 또한 "⋯⋯뱀이 나를 꾀므로 내가 먹었나이다"(창 3:13)하고 책임을 회피하며 뱀을 원망합니다. 아담과 하와의 가정의 불행은 잘못에 대해서 '내 탓이요'하고 엎드리는 책임과 희생의식이 없었던 것입니다. 그들은 오히려 서로에 대한 불평과 원망을 했습니다. 그리고 그들은 결국 에덴 동산에서 쫓겨나 자신뿐만 아니라 자손 대대로 그 인생이 죄의 고통과 불행을 겪게 하고 만 것입니다.

　오래 전 KBS TV 인간극장의 5부작 '당신만을 사랑해'에서 결혼 71주년을 맞은 97세의 권병호 할아버지와 94세의 김은아 할머니의 이야기가 방송되었습니다. 두 분은 지리산 산골로 들어가 너무도 다정하게 감동적이고 행복한 노후생활을 보내고 있었습니다. 권 할아버지는 부부 해로의 비결에서 진정한 사랑을 이렇게 정의하셨습니다. 첫째, 상대방에 대해서 관심이 있어야 하고 둘째, 이해가 있어야 하고 셋째, 책임을 져야 하고 넷째, 희생정신이 있어야 하고 다섯째, 서로로 인해 기뻐해야 한다는 겁니다. 이 다섯 가지가 합해져야 완전한 사랑이 되며 그중에 하나라도 덜하면 완전한 사랑이 아니라는 것입니다. 우리는 어떻습니까? 우리는 서로에게 책임을 느끼고 희생하기보다는 서로에 대해 불평과 원망을 앞세울 때가 얼마나 많았습니까? 저는 인간극장의 노부부를 보면서 많은 것을 느낄 수 있었습니다.

　우리의 원망의 불행이 어디서 옵니까? 서로의 현실을 그대로 수용하려고 하지 않기 때문입니다. 상대방을 포용하려고 하지 않으면서도 상대방에 대한 기대치만 높습니다. 그러다 보니까 실망과 원망과 피해의식과 분노가 커지는 것입니다. 그러면서도 상대방에게 만족스런 존재가 되기 위한 노력은 게을리 합니다. 그래서 결과적으로 불행의 악순환이 되풀이 되는 것입니다. 그러나 이제는 내 욕심, 내 욕망, 내 주장만 내세우지 말고 서로를 이해하고 포용하며 사랑하려고 노력해야 할 것입니다.

　우리 나라의 이혼율이 미국에 이어 세계 2위의 '이혼 공화국'이 되어버렸습니다. 10년 사이에 급증세를 보여 세계 1위가 초읽기에 들어간 것입니다. 안 믿는 사람들은 말할 것도 없고, 이제는 안 믿는 배우자들에 의해 믿는 성도들까지 희생되고 있습니다. 더 나아가 믿는 성도들끼리도 조금만 참기 힘들면 이혼을 생각하게 되었습니다. 그래서 '묻지마 이혼'이나 '황혼 이혼'이란 말이 생길 정도로 이혼이 '망국병'이 되어버렸습니다.

여기서 우리가 주목해야 할 것은 이혼 사유입니다. 성격 차이 45.3퍼센트, 경제 문제 16.4퍼센트, 가정 불화 13.0퍼센트, 배우자 부정 7.3퍼센트, 폭력 학대 4.3퍼센트, 건강 문제 0.6퍼센트, 기타 13.1퍼센트 순입니다. 그런데 부부간의 성격 차이는 오히려 당연한 것 아닙니까? 세상에서 나와 똑같은 사람이 어디에 있습니까? 성격 차이가 있을수록 서로의 장단점을 인정해 주기만 하면 상호 보완하여 더 좋은 협력관계로 발전시킬 수 있습니다. 배우자로 하여금 다른 사람이 되라고 강요해서는 안됩니다. 서로의 차이를 당연한 것으로 이해하고 그대로 받아들여야 합니다. 즉 이혼 원인의 가장 큰 비중을 차지하는 성격 차이나 가정 불화는 조정이 충분히 가능하다는 것입니다.

미국의 심리학자 존 그레이(John Gray)가 쓴 《화성에서 온 남자, 금성에서 온 여자》에 따르면 이성적인 남성과 감성적인 여성은 차이가 있을 수밖에 없다고 합니다. 그래서 가치관과 스트레스 해결 방법, 동기를 부여하는 방법, 언어 사용이나 친밀감에의 욕구와 논쟁을 피하는 방법, 자기 의사를 전하는 방법, 협조를 구하는 일 등 모든 것이 너무도 다릅니다. 그러므로 남녀가 서로의 차이를 인정하고 서로를 존중해야만 비로소 진정한 사랑을 꽃피우고 행복을 열매 맺을 수 있다는 것입니다.

최근에 출간된 심리학자 수잔 놀런과 혹스마의 《생각이 너무 많은 여자》라는 책이 있습니다. 남자가 "미안해. 좀 늦었지? 급한 전화가 와서 말이야" 하고 말하면 여자는 "괜찮아요" 하고 말하면서도 속으로는 '혹시 딴 여자 생긴 거 아냐?'라고 생각한답니다. 남자가 아무 말도 안 하고 있으면 여자는 속으로 '새 옷 입고 왔는데 눈길도 안 주네. 그래. 나한테 관심이 없어진 기야' 하고 생각한다고 합니다. 남자가 "배고프지 않아? 뭐 좀 먹을까?"라고 말하면 여자는 속으로 '그래. 내가 뚱뚱하다 이거지?' 하고 생각합니다. 남자가 "왜 그래?" 하고 물으면 여자는 "아무것도 아니에요"라고 말하면서도 속으로는 '그래. 내가 뚱뚱하니까 딴 여자가 생길 수도 있지' 하고 생각합니다. 남자가 "도대체 왜 그래? 왜 그렇게 표정이 어두워?" 하고 물으면 여자는 속으로 '또 짜증내는 거 봐. 그래. 내가 지겨워졌다 이거지?' 하고 생각합니다. 남자가 "뭐라고 말 좀 해 봐. 답답하잖아?" 하고 말하면 여자는 속으로 '저 사람이 헤어지자고 하기 전에 내가 먼저 그만둬야지' 하고 생각하고는 "우리 이제 그만 만나요"라고 말합니다. 그러면 남자는 약속 시간에 조금 늦은 걸 가지고 헤어지자는 여자의 말에 너무도 황당하여 할 말을 잃고 만다고 합니다.

미시건대학교 교수이며 오버 씽킹(Overthinking)의 창시자인 혹스마 박사는 "여자는 생각 속에서 살아가기 때문에 생각이 너무 많은데, 남자는 현실 속에서 살아가기 때문에 그런 여자의 생각을 이해한다는 것은 거의 불가능하다"고 말합니다. 여자는 말 한마디를 하면서 남자가 열 가지를 알아주기를 바라지만, 남자는 여자가 열 마디를 말할 때 겨우 한 가지를 알아듣는다고 합니다.

이런 남자와 여자의 차이를 이해해야만 행복한 부부관계를 이룰 수 있다는 것입니다.

그래서 기독교 윤리학자 라인홀드 니버의 기도문 가운데 이런 기도가 있습니다.

> 하나님이여,
> 내가 변화시킬 수 없는 일에 대해서는
> 그것을 받아들일 수 있는 평정을 주시고,
> 내 힘으로 고칠 수 있는 일에 대해서는
> 그것을 고칠 수 있는 용기를 주시며,
> 그리고 이 두 가지 차이를 깨달아 알 수 있는
> 지혜를 허락해 주시옵소서.

그런데 많은 부부들이 서로를 이해하고 수용하여 대화로 가정의 문제를 풀지 못하고 폭력으로 서로에게 깊은 상처와 고통을 줍니다. 먼저 언어적 폭력을 가하는데, 욕설은 말할 것도 없고 "누가 너 같은 것하고 살고 싶어서 사는 줄 알아? 네가 잘난 게 뭐가 있어? 너희 집안 내세울 게 뭐가 있어"하고 심한 모욕까지 주기도 합니다.

더 나아가 신체적 폭력을 행사하기도 합니다. 주먹질이나 발길질은 예사고 욕조에 머리를 처박고 몽둥이로 내리치거나 물건을 집어던져서 상처를 가하기도 합니다. 여성부의 집계에 따르면 전국 가정폭력상담소에 접수된 상담 건수는 1999년 4만 1,497건, 2000년 7만 5,721건, 2001년 11만 4,612건, 2002년 17만 7,413건으로 폭력이 급성장하는 추세입니다. 실제로는 가정 폭력이 이보다 훨씬 더 많은 것으로 추정됩니다.

그러나 어떠한 이유로도 폭력이 용납되어서는 안 됩니다. 그래서 우리의 부부생활에 있어서 말라기 2장 16절의 "이스라엘의 하나님 여호와가 이르노니 나는 이혼하는 것과 학대로 옷을 가리우는 자를 미워하노라 만군의 여호와의 말이니라 그러므로 너희 심령을 삼가 지켜 궤사를 행치 말지니라"는 말씀을 결코 잊지 말아야 합니다. 참고 사는 것만이 능사는 아닙니다. 더욱이 자식을 위한다면 무조건 참는 게 해결책이 아니며, 적극적으로 문제를 해결해야 합니다. 가정 폭력은 상습적이고 지속적으로 은밀하게 반복되면서 시간이 갈수록 그 정도가 심해지기 때문입니다.

가정 폭력을 근절하기 위해서는 무엇보다 때리는 사람이 치유의 은혜를 체험하고 회개하고 거듭나야 합니다. 그리고 맞는 사람도 상대방의 감정을 건드리지 말아야 합니다. 그러므로 이제는 서로의 감정대로 폭력을 행사하고 학대하거나 이혼할 생각을 하지 말고 부부 사이에 감정이 솟구치면 얼른 그 순간을 피하십시오. 그리고 에베소서 4장 26-27절의 "분을 내어도 죄를 짓지 말며 해가 지도록 분을 품지 말고 마귀로 틈을 타지 못하게 하라"는 말씀처럼 해가 지기 전에 그러한 감정을 다 풀어버려야 할 것입니다.

두 분 다 환갑을 넘긴 어떤 집사님 부부는 부부 싸움도 잘하지만 화해도 잘합니다. 젊은 교인이 화해를 잘하는 비결을 묻자 "그건 '여보, 해가 지는구먼!'이야"라고 대답했습니다. 부부 싸움 후 분이 가시지 않은 상태에서 서로 말도 안 하고 있다가도 해가 서산으로 뉘엿뉘엿 지기 시작하면 "해가 지도록 분을 품지 말라"는 말씀이 떠올라 두 사람의 마음이 바빠진다는 겁니다. 그러다가 해가 넘어가기 직전에 어느 한 편이 "여보, 해가 지는구먼!" 하면 다른 쪽이 "그래요? 알았어요!" 하고 응답하여 부부 싸움이 종료된다고 합니다. 그리고 저녁식사를 하면서 대화를 하다 보면 모든 문제가 해결된답니다. 부부 싸움이 길어지면 서로가 손해입니다. 혹시 부부 싸움을 하게 되면 영적으로 성숙한 배우자가 먼저 "사랑하는 여보, 해가 지는구먼!" 하고 외쳐 보십시오. 그러면 모든 문제가 해결될 것입니다. 그리고 다시 한 번 행복한 부부의 사랑을 회복하게 될 것입니다.

우리의 가정에 놀라운 은혜의 말씀을 전해 주시는 정태기 목사님의 간증입니다. 부부 싸움에도 '사랑 싸움'이 있다는 사실을 몰랐던 그는, 부모님이 자주 싸우셨던 어린 시절의 아픈 기억 때문에 무조건 부부 싸움을 피하려고만 했습니다. 그래서 싸움이 될 것 같으면 얼른 집을 나가버리곤 했습니다. 그러던 중 비가 억수같이 쏟아지는 어느 날 무슨 일로 화가 났는지 아내가 싸움을 걸어왔습니다. 무섭게 쏟아지는 비 때문에 밖으로 나갈 수 없어 싸움을 피하려고 얼른 몸을 돌렸습니다. 그러자 아내가 왜 돌아서느냐며 그를 확 밀쳤습니다. 아내의 갑작스런 기습에 중심을 잃고 뒤로 넘어지는 순간에 그는 그만 자제력을 잃고 말았습니다. 그래서 벌떡 일어나 "어디 하늘 같은 남편을 밀쳐!" 하고 아내를 힘껏 밀쳐버렸습니다. 그리고는 눈 뜨고 볼 수 없는 육탄전이 계속되었습니다. 한참을 죽기살기로 싸우고 있을 때 뭔가가 자꾸 다리를 건드리는 느낌이 들어 귀찮아 몇 번을 털어 버렸는데 문득 이상한 생각이 들어 내려다보니까 세 살 먹은 딸아이가 새파

랗게 질린 얼굴로 자기 다리를 붙들고 있었습니다. 정태기 교수는 그때 자기를 바라보던 딸아이의 눈빛을 아마도 평생 잊지 못할 것 같더랍니다. 딸아이의 얼굴은 새파랗게 질리다 못해 검게 변해 있었습니다. 평소 그렇게 재잘거리며 명랑하던 아이가 얼마나 놀랐는지 입만 벙긋거리고 아무런 말소리도 내지 못하며 겨우 "아……싸……"라고만 했습니다. 아마도 딸아이는 "아빠, 싸우지 마!"라는 말을 하고 싶었나 봅니다. 순간 어린 시절의 "엄마, 아빠, 싸우지 마. 나 무서워" 하고 외치는 자신의 모습이 딸아이의 얼굴에 겹쳐져서 그만 딸아이를 끌어안고 엉엉 울어버리고 말았습니다. "미안하다. 아빠가 잘못했어. 이젠 싸우지 않을 테니까 아빠를 용서해 줘" 하고 말하자 안심이 되었는지 딸아이는 조그만 주먹으로 아빠의 가슴을 톡톡 치며 "아빠 나빠. 아빠 나빠……" 하면서 흐느껴 울었습니다.

그 일 이후로 목사님 부부는 아이들 보는 앞에서는 절대로 부부싸움을 하지 않았다고 합니다. 그때 놀라서 까맣게 변했던 딸아이의 얼굴을 못내 잊지 못하던 정 목사님은 시집보내기 전날에야 딸에게 이렇게 고백했습니다. "세 살배기 어린 너의 마음에 너무 큰 상처를 주어 미안하다. 이제라도 이 못난 아빠를 용서해 줄 수 있겠니?" 그때 딸아이가 "용서라니요? 아빠, 저는 전혀 생각도 안 나는데요. 전 아빠가 절 이렇게 잘 키워 주신 것이 고마울 뿐이에요" 하며 아빠의 품에 안겨 소리 없이 흐느껴 울었다고 합니다.

우리 부부의 불행은 우리의 불행만으로 끝나지 않습니다. 우리의 자녀들에게 말할 수 없이 큰 상처를 남기게 되고 그들을 불행하게 만듭니다. 뿐만 아니라 부모 형제들과 주위 사람들에게까지 큰 실망과 불행의 아픔을 남깁니다. 그러므로 우리 부부는 사별할 때까지 사명을 가지고 사랑해야 한다는 3사 운동을 일으켜야 합니다. 그리할 때 결론적으로 고린도전서 7장 14절의 "믿지 아니하는 남편이 아내로 인하여 거룩하게 되고 믿지 아니하는 아내가 남편으로 인하여 거룩하게 되나니 그렇지 아니하면 너희 자녀도 깨끗지 못하니라 그러나 이제 거룩하니라"는 말씀이 우리의 삶 가운데 그대로 실현될 것입니다.

부부의 문제점

사사기 13:2-11

"소라 땅에 단 지파의 가족 중 마노아라 이름하는 자가 있더라 그 아내가 잉태하지 못하므로 생산치 못하더니 여호와의 사자가 그 여인에게 나타나시고 그에게 이르시되 보라 네가 본래 잉태하지 못하므로 생산치 못하였으나 이제 잉태하여 아들을 낳으리니 그러므로 너는 삼가서 포도주와 독주를 마시지 말지며 무릇 부정한 것을 먹지 말지니라 보라 네가 잉태하여 아들을 낳으리니 그 머리에 삭도를 대지 말라 이 아이는 태에서 나옴으로부터 하나님께 바치운 나실인이 됨이라 그가 블레셋 사람의 손에서 이스라엘을 구원하기 시작하리라 이에 그 여인이 가서 그 남편에게 고하여 가로되 하나님의 사람이 내게 임하였는데 그 용모가 하나님의 사자의 용모 같아서 심히 두려우므로 어디서부터 온 것을 내가 묻지 못하였고 그도 자기 이름을 내게 이르지 아니하였으며 그가 내게 이르기를 보라 네가 잉태하여 아들을 낳으리니 포도주와 독주를 마시지 말며 무릇 부정한 것을 먹지 말라 이 아이는 태에서 나옴으로부터 죽을 날까지 하나님께 바치운 나실인이 됨이라 하더이다 마노아가 여호와께 기도하여 가로되 주여 구하옵나니 주의 보내셨던 하나님의 사람을 우리에게 다시 임하게 하사 그로 우리가 그 낳을 아이에게 어떻게 행할 것을 우리에게 가르치게 하소서 하나님이 마노아의 목소리를 들으시니라 여인이 밭에 앉았을 때에 하나님의 사자가 다시 그에게 임하셨으나 그 남편 마노아는 함께 있지 아니한지라 여인이 급히 달려가서 그 남편에게 고하여 가로되 보소서 전일에 내게 임하였던 사람이 또 내게 나타났나이다 마노아가 일어나 아내를 따라가서 그 사람에게 이르러 그에게 묻되 당신이 이 여인에게 말씀하신 사람이니이까 가라사대 그로라."

부부 중에는 하나 되지 못해서 불행을 느끼며 살아가는 부부들이 많이 있습니다. 그런데 그 불행의 근본적인 원인은 큰 문제에 있지 않고 아주 작고 사소한 문제에서 시작됩니다. 그러다 결국은 가정의 불행의 불씨가 싹트고 파탄과 이혼에 이르고 맙니다. 통계청이 발표한 '2006년 이혼 통계 결과'에 따르면 2006년 이혼이 총 12만 5,000건으로 재작년보다 2.7퍼센트 감소했지만 56세 이상의 황혼 이혼은 오히려 7.8퍼센트 증가했는데, 그것은 10년 전의 3.5배나 됩니다.

그러나 우리가 마음을 열고 부부간에 대화를 한다면 못 풀 문제가 없습니다. 그래서 의사소통 가족치료 이론에서는 부부의 근본적인 문제가 부부 대화의 결핍에 있다고 지적하고, 이를 해소하기 위해서 부부 대화에 대한 관심과 대화하는 기술이 절대적으로 필요하다고 말합니다.

그런데 본문 가운데 부부 대화를 잘 이룬 한 부부가 나옵니다. 그들은 마노아 부부로 예루살렘 서쪽 27킬로미터 지점에 있는 소라 땅에 살고 있었습니다. 그들은 하나님께 대한 믿음으로 부족함이 없이 살았는데 불행하게도 그 가정에는 자녀가 없었습니다. 그러니 얼마나 외로웠겠습니까? 그러던 어느 날 마노아라는 이름의 뜻 그대로 하나님의 '선물'이 그 가정에 임하게 되었습니다. 여호와의 사자가 마노아 부인에게 먼저 나타나 "이제 임신하여 아들을 낳으리니"라고 예언합니다. 대개 남성보다 여성들이 심성이 부드럽고 영적으로 열려 있어서 그러한 은혜를 많이 체험하게 되는데 그때 이 마노아 부인이 어떻게 했습니까?

남편과 대화를 시도하라

먼저 본문 6절 말씀을 보면 "이에 그 여인이 가서 그 남편에게 고하여 가로되 하나님의 사람이 내게 임하였는데 그 용모가 하나님의 사자의 용모 같아서 심히 두려우므로 어디서부터 온 것을 내가 묻지 못하였고 그도 자기 이름을 내게 이르지 아니하였으며"라고 기록하고 있습니다. 마노아 부인은 가장 먼저 이 기쁜 소식을 남편 마노아에게 전합니다. 하나님의 사자가 너무 위엄이 있어서 어디서 왔는지, 이름이 무엇인지 물어보지 못했지만 그가 자신이 임신하여 아들을 낳을 것이라고 말씀하고 '구별된 자' '헌신한 자'란 뜻의 나실인으로 부르셨다는 것입니다. 그래서 어려서부터 포도주와 독주를 마시게 하지도 말고, 부정한 것을 먹게 하지도 말고, 머리에 삭도를 대지도 말고, 하나님께 바치라는 것입니다. 아들을 낳게 된다는 것은 기쁜 소식이었지만, 동시에 모처럼 얻은 아들을 하나님께 바치라는 것은 육신적으로 보면 슬픈 소식이었을 것입니다. 그녀는 이 소식을 듣자마자 바로 남편에게 가서 대화를 나눴습니다.

그런데 우리는 부부의 대화를 얼마나 나누고 있습니까? 부부 대화는커녕 항상 화만 내고 신경질만 부리며 욕설까지 퍼붓거나 서로에게 무관심하고 불친절한 것은 말할 것도 없고 심지어 배우자를 학대하고 구타까지 하는 부부가 있습니다. 10년 동안 결혼 생활을 해 온 한 남자가 상담소를 찾아왔습니다. "처음 결혼했을 때 난 너무 행복했어요. 저녁에 직장에서 돌아오면 개가 먼저 나와 짖어대고 아내는 슬리퍼를 가져다 주었어요. 그런데 10년이 지난 지금은 정반대가 되었어요. 슬리퍼는 개가 물어다 주고 아내는 무서운 소리로 짖기만 해요." 그러자 그 말을 들은 상담자가 말했습니다. "당신이 받는 대우는 10년 전이나 지금이나 똑같은데 뭐가 불만이요?", "그게 어떻게 똑같습니까? 아내에게서 개로 대상이 완전히 달라졌는데요."

부부들이 신혼 초에는 잘하다가도 왜 세월이 흐를수록 서로에 대해 사랑의 정성이 식어집니까? 더욱이 밖에 나와서 남들에게는 잘 하면서도 왜 가장 가까운 부부 사이에는 정작 대화조차 안 합니까? 이제 결혼했으니까 내 소유가 됐다는 자만과 방심 때문입니까? 살다 보니까 서로에게 실망해서 사랑이 식어지고, 상처를 주고받다 보니 감정의 골이 더욱더 깊어져 미워집니다. 또 밖에서 피곤하게 일하다 보니까 집에 들어가서는 대화를 피하게 되고, 더구나 상대방이 내 말을 받아들이지 않기 때문에 아예 포기하고 마음의 문을 닫아버려서 더욱 그럴 수도 있습니다. 부부간에 벽이 쌓여서 아예 대화조차 없습니다.

그러나 이제는 대화의 시간과 장소를 만들어 부부 대화를 새롭게 시도해야 합니다. "여보, 우리 대화의 광장을 열어 봅시다" 하고 인위적으로 대화하기보다는 식사할 때나 TV를 볼 때나 차를 타고 교회에 오갈 때나 언제 어디서나 자연스럽게 대화할 수 있습니다. 그런데 대화 내용도 문제입니다. 불평과 원망만 쏟아 놓습니다. 상대방에게 "당신이 날 위해 해준 게 뭐가 있느냐?" "당신이 제대로 하는 게 뭐가 있느냐?" "당신이 하는 짓이 다 그 모양이지" "당신 집안이 다 그렇지 않느냐?"고 '당신'을 주어로 큰소리치며 감정만 쏟아 놓고 있지는 않습니까?

우스갯소리로, 성경적으로 볼 때 남편들은 아내를 절대로 이길 수가 없다고 합니다. 남자의 재료는 무엇입니까? 흙입니다. 그러면 여자의 재료는 무엇입니까? 뼈입니다. 그러니 흙으로 만든 연약한 남편이 뼈로 만든 힘센 아내를 이긴다는 건 불가능한 일인 것입니다.

이제부터는 대화를 나눌 때 미국의 미네소타대학교의 부부 대화(Couple Communications) 프로그램에 나와 있듯이 먼저 상대방에게 "그 문제에 대해서 당신은 어떻게 보았어요?"(사실), "당신은 어떻게 생각하세요?"(사고), "당신은 어떻게 느끼세요?"(감정), "당신은 어떻게 바라세요?"(소망), "당신은 어떻게 행동할 거예요?"(행동)를 묻고요. "그 문제에 대해서 나는 어떻게 보았고요"(사실), "나는 어떻게 생각하고요"(사고), "나는 어떤 느낌이 들고요"(감정), "나는 무엇을 바라고요"(소망), "나는 어떻게 노력할 거예요"(행동) 하고 의사 표현을 하는 것입니다. 여기서 '당신'을 주어로 상대방을 탓하며 공격하기보다는 '나'를 주어로 표현하며 고백하면 훨씬 겸손하고 진솔한 표현이 될 것입니다.

특별히 우리가 부부 대화 중에 다섯 가지 반칙을 피해야 합니다. 첫째, 과거의 잘못을 용서했다면 더 이상 기억하지 말고 둘째, 큰소리치지 말고 셋째, 상처 주는 말을 하지 말고 넷째, 폭력을 쓰지 말고 다섯째, 별거나 이혼은 절대 금물입니다. 그래서 시편 141편 3절에서 다윗은 "여호와여 내 입 앞에 파수꾼을 세우시고 내 입술의 문을 지키소서"라고 간구한 것입니다.

영국의 총리를 두 차례나 지냈던 벤저민 디즈레일리는 자기보다 15살이나 연상인 미망인 윈덤 루이스와 결혼했습니다. 그녀는 미인도 아니고 머리가 좋은 것도 아니고 교양이 높은 여인도 아니었습니다. 그러나 그녀가 디즈레일리의 사랑을 받으며 총리 아내의 역할을 잘 감당할 수 있었던 것은, 30년 결혼생활 동안 짜증 한 번 내지 않고, 남편의 말이라면 무조건 믿어 주고 침이 마르도록 칭찬해 주었고, 지쳐서 돌아온 남편을 편안하게 해주고, 남편에게 건네는 격려의 말이 큰 위로가 되고 힘이 되고 행복이 되었던 것입니다. 디즈레일리는 그런 아내를 자기 생명보다 더 귀중한 존재라고 자신 있게 고백했습니다. 이처럼 우리도 서로를 편안하게 해 주는 부부 대화를 새롭게 시도함으로써 더욱 풍요로운 은혜와 행복의 삶을 누리게 될 것입니다.

남편도 잘 받아들여야 한다

본문 8절에서 "마노아가 여호와께 기도하여 가로되 주여 구하옵나니 주의 보내셨던 하나님의 사람을 우리에게 다시 임하게 하사 그로 우리가 그 낳을 아이에게 어떻게 행할 것을 우리에게 가르치게 하소서"라고 했습니다.

구약 성경 당시의 이스라엘은 여성은 사람의 수에도 넣지 않을 정도로 무시하던 사회였습니다. 그러나 마노아는 아내의 말을 무시하지 않았고 아내가 말한 문제를 놓고 하나님께 기도했습니다. 그리고 주님께서 보내셨던 하나님의 사자를 다시 보내 주셔서 우리가 낳을 아이에게 어떻게 행할지를 가르쳐 달라고 구체적으로 간구한 것입니다. 마노아는 아내의 말을 확인하는 하나님의 응답을 받게 되었습니다.

한국의 남편들은 유교의 가부장적인 문화의 영향을 받아서 여성들을 무시하는 경향 때문에 아내의 말을 잘 안 듣습니다. 만약에 에덴동산이 한국 땅에 있었다면 인류는 범죄하지도 않고 타락하지도 않았을 거라고 합니다. 왜냐하면 뱀이 하와를 유혹하기 전에 그녀가 뱀을 잡아 뱀탕을 끓였을 것이고, 설사 하와가 뱀의 유혹에 넘어갔다 할지라도 아담은 아내의 말을 듣지 않고 무시했을 것이므로 타락하지 않았을 것입니다.

그러나 진정한 은혜를 체험하고 나면 남편들은 아내에 대해서 감사하는 마음을 가져야 합니다. 신앙의 아내를 둔 것을 감사해야 하고, 기도하는 아내를 둔 것에 대해 더욱 감사해야 하고, 헌신적인 아내에게는 더욱더 감사해야 합니다. 더 나아가 여자들이 말이 많다고 무시하지 말고 그들의 말에 귀를 기울여 잘 경청하고, 그들의 입장에 공감하고, 그들의 의견을 잘 수용해야 합니다.

언어학자들의 말에 따르면 보통 남자는 하루에 말을 하는 양이 25,000마디, 여자는 더 많은 30,000마디를 한다고 합니다. 그러니 하루종일 집안에서 지낸 아내들은 남편이나 자녀들을 만나면 얼마나 말을 하고 싶겠습니까? 그런데도 남편들이 넓은 마음으로 그걸 들어 주지 못하고 피곤하다고 짜증내고, 말도 안 되는 소리하지 말라고 무시하면서 오히려 감정적인 반응으로 아내에게 상처를 줄 때가 얼마나 많습니까?

피아노를 잘 치지도 못하면서 늘 시끄럽게 치는 아내가 하루는 남편에게 물었습니다. "여보, 피아노 위에다 하이든 흉상을 놓을까, 베토벤 흉상을 놓을까, 아니면 쇼팽의 흉상을 놓을까?" 그러자 남편이 "베토벤이 좋겠구만!" 그랬습니다. "왜요?" 하고 아내가 다시 묻자 남편이 그러더랍니다. "베토벤은 귀가 멀어서 잘 안 들리잖아?" 아무리 아내의 피아노 소리가 듣기 싫어도 이렇게 말하면 안 되는 것입니다.

일찍이 한국의 성자로 불리는 한경직 목사님은 대화 중에 두 마디를 즐겨 쓰셨습니다. 상대방이 옳은 말을 하면 "옳습니다"라고 하고, 틀린 말을 해도 "그럴 수도 있겠지요"라고 했습니다. 곧 말하는 사람의 수준이나 입장에서는 그럴 수도 있다는 것입니다. 우리 교회의 가정 세미나에서 말씀을 전해 주신 강사 목사님이 해주신 말씀 중에 집에 돌아와서 아내가 귀찮게 말을 걸어올 때는 "응, 그래?"라는 말만 해도 아내들이 큰 위로를 받는다고 하지 않았습니까?

그러나 우리가 상대방을 적극적으로 수용하기 위해서는 상대방이 좋아하는 것이 무엇이고 싫어하는 것이 무엇인지를 알아야 합니다. 부부 대화의 과제를 내주면 의외로 몇십 년씩 함께 산 부부들도 서로를 너무 모릅니다. 상대방이 좋아하는 것을 잘 알아서 열심히 해주고, 싫어하는 것은 하지 않으면 그 부부는 틀림없이 행복해집니다.

그런데 많은 경우 우리는 반대로 상대방이 좋아하는 것은 절대로 안 해주고, 싫어하는 것은 필사적으로 합니다. 그것이 지난날의 우리 부부의 불행이었던 것입니다.

우리의 마음을 울리는 55가지 감동 이야기를 엮은 《세상에서 가장 행복한 느낌》이란 책에 '아름다운 은혼식'이라는 글이 있습니다. 가난한 부부가 매 끼니마다 빵 한 조각을 가지고 나눠 먹었습니다. 오랜 세월 동안 그 부부는 한눈 팔지 않고 열심히 살아 가난을 이겨내고 안정된 생활을 하게 되었습니다. 결혼 40주년이 되던 날 부부는 가족과 친지들의 축하를 받으며 무척 행복했습니다. 그날 저녁 손님들이 모두 돌아간 후 부부는 두 사람만의 오붓한 식사를 하게 되었습니다. 온종일 손님 접대로 피곤해서 구운 빵 한 조각에 잼을 발라 나눠먹기로 했습니다. 할아버지가 "이렇게 빵 한 조각을 앞에 두고 마주 앉으니 가난했던 시절이 생각나는구려" 하고 말하자 할머니도 잔잔하게 미소를 지었습니다. 할아버지가 지난 40년 동안 항상 그래 왔듯이 빵의 껍질 부분을 잘라 할머니에게 주자 갑자기 할머니가 얼굴을 붉히며 화를 냈습니다.

"어떻게 당신은 오늘 같은 날에도 내게 딱딱한 빵 껍질을 줄 수가 있어요? 지난 40년 동안 난 날마다 당신이 나에게 딱딱한 빵 껍질을 주는 것이 불만스러웠지만 서운한 걸 지금까지 참고 살아왔는데, 설마 오늘 같은 특별한 날까지 이럴 줄은 몰랐어요."

할머니는 섭섭해 하며 눈물을 터트렸습니다. 할머니의 그런 모습에 할아버지는 너무 놀라 어쩔 줄을 몰랐습니다. 이윽고 할머니가 울음을 그치자 할아버지가 말했습니다.

"임자, 왜 진작 그런 말을 내게 해주지 않았소? 난 당신이 빵 껍질을 그렇게 싫어하는지 정말 몰랐소. 하지만 당신도 모르는 게 있소. 바삭바삭한 빵의 껍질 부분은 사실 내가 제일 좋아하는 부분이오."

서로를 너무 몰라서 부부가 서로 위한다는 것이 40년의 긴 세월 동안 오히려 고통을 안겨 주었던 것입니다.

그래서 베드로전서 3장 7절에 "남편된 자들아 이와 같이 지식을 따라 너희 아내와 동거하고 저는 더 연약한 그릇이요 또 생명의 은혜를 유업으로 함께 받을 자로 알아 귀히 여기라 이는 너희 기도가 막히지 아니하게 하려 함이라"고 권면했습니다. 이처럼 우리가 아내를 좀더 사랑으로 따뜻하게 대해 주고, 배려해 주고, 수용해 주길 바랍니다. 우리가 아내들을 잘 받아들이고 사랑으로 대할 때 우리의 기도가 막히지 않고, 더 놀랍게 응답받게 될 것입니다.

부부가 함께 일어서라

마노아의 기도는 다시 그의 아내를 통해 두 번째 예언을 경험하게 합니다. 그때 아내는 즉시 달려가 남편에게 고합니다. 그러자 마노아가 어떻게 합니까? 본문 11절 말씀을 보면 "마노아가 일어나 아내를 따라가서 그 사람에게 이르러 그에게 묻되 당신이 이 여인에게 말씀하신 사람이니이까 가라사대 그로라"고 증거합니다. 마노아는 일어나서 아내를 따라 그 여호와의 사자를 만나 확인합니다. 그리고 계속해서 보면 본문 18절에 마노아가 그 하나님의 사자의 이름이 무엇이냐고 묻자 그는 "내 이름은 기묘니라"고 대답합니다.

정확히 말해서 그가 누구입니까? 이사야 9장 6절에 보면 "이는 한 아기가 우리에게 났고 한 아들을 우리에게 주신 바 되었는데 그 어깨에는 정사를 메었고 그의 이름은 기묘자라, 모사라, 전능하신 하나님이라, 영존하시는 아버지라, 평강의 왕이라 할 것임이라"고 예수님의 탄생에 대해 700년 전에 증거하셨듯이 그가 바로 예수님이셨습니다. 마노아 부부는 주님을 만나는 영적인 깊은 체험을 하며 영적으로 일어서게 됩니다. 결국 그 예언의 약속대로 이 마노아 부부에게서 이스라엘을 블레셋의 압제에서 구해내는 위대한 사사 삼손이 탄생했습니다.

부부가 당면한 문제가 흔히들 부부간의 성격 문제나 물질 문제, 시댁 식구들과의 인간관계 문제나 건강 문제 등으로 생각하지만 사실 근본적인 문제는 영적인 문제입니다. 그러므로 부부가 여생을 진정으로 모든 문제를 해결하고 행복하고 축복되게 살려고 한다면 이제는 하나님의 은혜를 더욱 깊이 체험해야 합니다. 그래서 로마서 10장 17절에 "그러므로 믿음은 들음에서 나며 들음은 그리스도의 말씀으로 말미암았느니라"고 말씀하십니다. 어떻게 해서든지 예배에 빠지지 말아야 하고, 제자훈련도 받고, 치유동산에도 가고, 부부행복동산에도 가고, 아버지학교나 어머니학교에도 가고, 홀로서기 세미나에도 가야 합니다. 더 나아가 가정예배를 드리고 새벽기도로 매달려야 합니다.

한 젊은 부부가 결혼한 지 8년째인데 자녀가 없다며 기도를 받으려고 왔습니다. 그래서 우리 교회 부목사님 한 분이 8년 동안 자녀가 없다가 온 성도들이 합심해서 기도한 후 첫 딸을 얻었고 그 뒤로 아들 쌍둥이를 얻은 간증을 들려 주었습니다.

그러므로 이제는 부부가 먼저 영적으로 일어서고, 치유의 은혜를 체험하고, 믿음으로 행복하게 살아가야 합니다. 그렇게 할 때 믿음의 아내로 인해 남편이 주님 앞에 나오게 되고, 이렇게 믿음으로 일어서는 남편으로 인해 아내까지도 믿음으로 더욱 굳게 일어서게 됩니다. 아무리 사탄이 우리의 가정을 무너뜨리려고 하고 하나님의 교회를 뒤흔들려고 해도 가정들이 모든 시험을 이겨내고 믿음으로 든든히 서 가며, 교회는 계속해서 은혜롭게 부흥하여 마지막 때의 사명을 크게 감당하게 될 것입니다. 그래서 로마서 1장 17절에도 "복음에는 하나님의 의가 나타나서 믿음으로 믿음에 이르게 하나니 기록된 바 오직 의인은 믿음으로 말미암아 살리라……"고 증거하지 않습니까?

또한 자식이 아무리 잘해줘도 결국 죽는 날까지 우리가 진정으로 의지할 수 있는 사람은 배우자뿐입니다. 지금 내 곁에 있는 아내나 남편이 우리의 마지막 순간까지 믿음의 힘이 되어 줄 사람이며, 우리 또한 그 사람의 힘이 되어 주어야 합니다.

일본 오사카부 다카스키시의 시장이었던 애무라 도시오는 시장에 선출되어 훌륭히 임무를 수행하고 1년 후에 치를 시장 선거에 다시 출마하기로 했습니다. 그런데 거의 식물인간 상태로 8년 동안이나 투병 생활을 하고 있는 아내 때문에 걱정이 많았습니다. 어느 날 "의식이 없는 사람도 아내나 남편의 말에는 반응하는 경우가 많다"는 의사의 말을 듣고 그는 아내를 돌보기 위해 시장직을 그만두기로 했습니다. 주위 사람들은 시장으로서 직무를 잘 수행하는 것이 아내를 돌보는 것보다 사회를 위해서 더 중요하다고 충고했지만 그의 결심은 확고했습니다. 정식으로 시장직을 그만두는 날 그는 시민들에게 고개를 숙이고 이렇게 사죄했습니다.

"시장은 바꿀 수 있지만 남편은 바꿀 수 없습니다. 시민 여러분, 저를 너그럽게 용서해 주시기 바랍니다."

그날부터 그는 하루 24시간을 아내와 함께하며 씻겨 주고, 밥을 먹여 주고, 책을 읽어 주고 계속 이야기를 했습니다. 그러던 어느 날 아내에게 줄 간식을 만들어서 방으로 들어간 애무라 씨는 아내를 보고 깜짝 놀라 쟁반을 떨어뜨리고 말았습니다. 8년 동안이나 아무런 반응을 보이지 않던 아내가 그를 향해 웃으며 그러더랍니다. "여, 여보, 고-마우어." 부부의 얼굴은 눈물로 얼룩졌습니다.

부부가 서로 사랑으로 대화하고 섬기며 믿음으로 일어선다면 거기서부터 하나님의 기적이 일어나고, 가정의 모든 문제가 풀리고, 앞길이 열리게 될 것입니다. 그러나 우리가 이렇게 사랑으로 대화하며 믿음으로 살아갈 날들이 많이 남아 있지 않습니다.

TV 프로그램 「휴먼 다큐멘터리 사랑」에서 '안녕, 아빠'란 제목으로 한 가정의 아버지의 고통스런 투병 과정을 보았습니다. 수녀가 되려는 아내에게 사랑을 고백하며 결혼하여 가정을 꾸렸는데 남편이 그만 대장암에 걸려 장의 50퍼센트를 잘라냈습니다. 그러나 암이 위와 간과 췌장, 십이지장, 폐까지 전이되자 그 아내가 마지막으로 남편에게 사랑을 고백합니다.

"남편이 이렇게 죽게 되기 10년 전에 내가 남편의 소중함을 알았더라면 과거처럼 대하지 않았을 거예요. 이제야 남편이 얼마나 소중한지 알게 되었고 진심으로 사랑하게 되었어요. 이렇게 아프더라도 1년 만이라도 더 살았으면 좋겠어요…… 남편이 너무 불쌍해요. 11살 때 엄마가 대장암으로 돌아가시고 아버지가 재혼한 후 새엄마 밑에서 방황하며 유년기를 슬프게 보냈는데, 이제 우리 아이들이 그 슬픔을 겪게 되었어요." 그 아내는 너무나 가슴 아프고 눈물겹게 기도했습니다.

남편은 41살의 젊은 나이로 이 세상을 떠나기 전 그의 의식이 남아 있을 때 마지막으로 아내에게 고백합니다.

"여보, 미안해! 당신을 행복하게 못해 줘서 미안하고, 짐만 가득 지워주고 떠나가게 되어서 미안해……."

마지막 임종의 순간이 되었습니다. 사랑하는 아내와 어린 아들과 딸이 "아빠, 사랑해요. 안녕, 아빠!" 하고 눈물로 고백하자 의식이 없어진 줄 알았던 아빠가 그 말을 알아들었는지 눈가에서는 진한 눈물이 주루룩 흘러내렸습니다. 그는 마지막으로 사랑하는 아내와 자녀들의 사랑의 고백을 들으며 평안하게 천국으로 떠나갔습니다.

우리가 산다는 것이 이렇습니다. 우리의 인생은 너무도 빨리 지나갑니다. 그런 인생도 다 살지 못하고 떠나가는 사람들을 볼 때마다 우리가 살아 있는 동안이라도 오늘이 마지막 날이듯이 부부의 사랑을 나누며 대화하며 믿음으로 살아갈 수 있다면 이보다 더 행복할 수 없을 것입니다. 거기에 부부간 모든 문제의 해결점이 있는 것입니다.

행복의 지혜

잠언 15:16-18

"가산이 적어도 여호와를 경외하는 것이 크게 부하고 번뇌하는 것보다 나으니라 여간 채소를 먹으며 서로 사랑하는 것이 살진 소를 먹으며 서로 미워하는 것보다 나으니라 분을 쉽게 내는 자는 다툼을 일으켜도 노하기를 더디하는 자는 시비를 그치게 하느니라."

이 땅에 IMF가 터진 후부터 가정 해체 현상이 급속도로 증가하고 있습니다. 이혼율이 계속 증가하여 결혼한 세 가정 중 한 가정이 이혼하게 되었습니다. 최근 보도에 따르면 작년에 우리 나라에서 32만 1,000쌍이 결혼하였는데 13만 5,000쌍이 이혼했다고 합니다. 우리나라의 이혼율이 약 42퍼센트에 이른 것입니다.

그것은 크리스천 가정도 예외는 아닙니다. 겉으로 볼 때는 아무런 문제가 없어 보일지 모르지만 그 내면에 더 심각한 문제를 안고 살아가고 있습니다. 가족 치료학자인 윌리엄 레더러(William Lederer) 박사와 단 잭슨(Don Jackson) 박사가 쓴《결혼의 신기루(The Mirages of Marriage)》란 책 가운데 네 가지 결혼의 유형이 나옵니다. 외적으로 안정되고 내적으로도 만족한 결혼 (The Stable-Satisfactory Marriage)이 가장 이상적입니다. 그리고 외적으로는 불안정하지만 내적으로는 만족하는 결혼(The Unstable-Satisfactory Marriage)은 그래도 만족한 편입니다. 외적으로도 불안정하고 내적으로도 불만족한 결혼(The Unstable-Unsatisfactory Marriage)은 어떻게 해서든지 위기의 돌파구를 찾을 수가 있습니다. 그런데 가장 문제가 심각한 가정은 외적으로는 안정되어 보이지만 내적으로 불만스러운 결혼(The Stable-Unsatisfactory Marriage)입니다. 이러한 가정의 위기는 부부관계 뿐만 아니라 부모나 자녀와의 관계로까지 비화되어 온 가정이 불행을 겪고 있습니다.

그렇다면 우리는 가정의 위기를 어떻게 헤쳐 나가야 하겠습니까? 본문의 지혜자의 잠언의 말씀이 이 가정의 위기의 시대를 살아가는 우리 크리스천 가정에 놀라운 은혜와 희망을 안겨 줄 것입니다.

믿음의 가정

먼저 본문 16절에 보면 "가산이 적어도 여호와를 경외하는 것이 크게 부하고 번뇌하는 것보다 나으니라"고 말씀합니다. 잠언의 지혜자는 우리가 행복하려면 가산이 적더라도 하나님을 경외하는 삶을 살아야 한다는 것입니다. 여기서 '경외한다'는 것은 영어로 fear라고 해서 '하나님을 두려워한다'는 뜻입니다. 이처럼 재산이 적어도 하나님을 두려워하는 믿음으로 사는 것이 크게 부하고 번뇌하는 것보다 낫다는 말씀인 것입니다.

부자가 되면 행복할 것 같지만 오히려 가난할 때는 행복했었는데 부자 되고 불행해진 가정이 많습니다. 욕심에는 한이 없습니다. 그래서 부자들은 부를 지키기 위해서도 고민하고 부를 잃을까 번민합니다. 여러분, 세상 것으로 행복할 것 같으면 돈 많은 사람들만 행복할 것입니다. 그러나 인생은 그렇지 않습니다. 돈이 없으면 좀 불편할지는 모르지만 결코 불행하지는 않습니다.

거지 아버지와 아들이 살고 있었습니다. 큰 부잣집 담 밑에 가마니를 깔고 살았는데, 어느 날 한밤중에 그 부잣집에 불이 났습니다. 아들이 아버지를 흔들어 깨우며 소리쳤습니다. "아버지, 이 부잣집에 불이 났어요. 어떻게 하면 좋아요?" 그러자 아버지가 귀찮다는 듯이 돌아누우며 "야, 이 녀석아! 너는 아버지 잘 둔 덕분에 집에 불날 걱정 안 해도 돼. 그러니 걱정 말고 잠이나 푹 자라" 고 말했습니다.

여러분, 물질적으로 가난하다고 해서 불행한 건 결코 아닙니다. 이렇게 가난해도 마음 평안하게 살 수 있습니다. 오히려 세상의 부귀나 권세나 쾌락을 마음껏 누리지만 불행한 가정들이 많습니다. 또한 그 자녀들도 불행을 겪습니다. 역대 대통령 자녀들 가운데 문제가 없는 사람들이 없었습니다. 초대 이승만 전 대통령의 양아들 강석 씨는 4.19 혁명이 일어나자 친아버지인 이기붕 부통령 일가를 권총으로 살해하고 자살했습니다. 박정희 전 대통령의 아들 지만 씨는 사회에 적응하지 못해 마약 복용 혐의로 다섯 번째 구속되었습니다. 전두환 전 대통령의 아들 재국 씨도 부친의 비자금과 관련되어 조사를 받았습니다. 노태우 전 대통령의 딸 소영 씨도 19만 2,000달러의 외화를 밀반출한 혐의로 검찰에 불려갔으며 미국 법정에서 집행유예 1년 판결을 받기도 했습니다. 김영삼 전 대통령의 차남 현철 씨도 기업인들에게 66억여 원을 받아 구속되었습니다. 이 모든 것은 최고의 권력이나 부가 인생의 참된 만족과 행복을 가져다 줄 수 없다는 결론을 역설적으로 증거하고 있는 것입니다. 이제는 우리 가정이 행복과 축복의 근원이 되시는 하나님께 돌아가야 합니다. 우리의 자녀들에게 신앙의 유산을 남겨 주어야 할 때입니다.

미국에 라이언 와이츠라는 소년이 있었습니다. 그는 불행하게도 13살에 혈루병을 앓게 되어 수술을 받았는데 수술 중에 받은 수혈 때문에 후천성 면역 결핍증, 즉 에이즈(AIDS)에 걸리고 말았습니다. 이제는 속수무책으로 죽음을 기다릴 수밖에 없었습니다. 그러나 그 소년은 부모나 병원 의사나 주위 사람들, 그 누구도 원망하지 않았습니다. 그리고는 늘 밝은 얼굴로 지냈고 모든 사람을 친절하게 대했습니다. 오히려 걱정하는 부모님을 위로하며 기쁘게 살았습니다. 언론 매체를 통해 많은 사람들에게 간증을 했고 또 자기와 같은 병에 걸린 사람들을 위해서 기도했습니다. 그가 이렇게 유명해지자 레이건 전 대통령과 팝 가수 마이클 잭슨의 방문까지 받았습니다. 그렇게 5년을 더 살다가 18세에 세상을 떠났습니다. 그런데 그가 죽기 전 아버지와의 마지막 대화가 기독교 잡지에 소개되면서 온 국민에게 더 큰 감동을 안겨 주었습니다.

"사랑하는 아들아, 미안하다. 나는 네게 아무것도 해줄 것이 없구나. 이 아빠가 너에게 더 이상 어떤 선물도 해줄 수 없음을 용서해 다오."

"아니에요. 아빠, 저는 지금까지 많은 사람들로부터 너무도 많은 선물을 받았어요. 그러나 아무도 아빠와 같은 선물을 준 사람은 없었어요. 아빠는 저에게 천국의 열쇠를 주셨어요. 예수님을 소개해 주셨어요. 예수님을 믿고 영생을 얻게 되었고 천국의 소망 가운데 살게 해주셨어요. 세상에 이보다 더 큰 선물은 없을 거예요……."

그는 이 말을 남기고 조용히 세상을 떠나갔습니다.

여러분, 우리가 인생을 살면서 우리의 자녀들에게 줄 수 있는 최고의 선물이 무엇이겠습니까? 또 최고의 선물로 받을 수 있는 것이 무엇이겠습니까? 이제는 우리의 가족에게 신앙을 전해야 합니다. 우리의 자녀들에게 믿음을 심어 주어야 합니다. 우리의 가정에서부터 신앙을 함께 나누어야 합니다. 그래서 찰스 스펄전 목사님은 "화 있을진저 가정 제단이 무너진 가정이여" 하고 경고하였습니다. 이제라도 우리 부모가 먼저 본이 되는 신앙생활을 합시다. 가정예배나 기도회를 시작합시다. 그리하여 온 가족이 하나님을 두려워하며 믿음으로 살도록 합시다.

여호수아는 여호수아서 24장 15절에서 담대히 선언합니다. "만일 여호와를 섬기는 것이 너희에게 좋지 않게 보이거든 너희 열조가 강 저편에서 섬기던 신이든지 혹 너희의 거하는 땅 아모리 사람의 신이든지 너희 섬길 자를 오늘날 택하라 오직 나와 내 집은 여호와를 섬기겠노라." 이렇게 믿음으로 결단하는 가정에 가정 설계사이신 하나님의 은혜가 임하게 됩니다. 하나님의 축복이 함께하게 됩니다. 하나님의 행복이 싹트기 시작하는 것입니다. 여호와를 경외하는 삶을 사는 성도들과 그 자손들 위에 주님의 행복이 함께할 것입니다.

사랑의 가정

그 다음 본문 17절에 보면 "채소를 먹으며 서로 사랑하는 것이 살진 소를 먹으며 서로 미워하는 것보다 나으니라"고 말씀합니다. 잠언의 지혜자는 채소를 먹으면서도 서로 사랑하는 것이 살진 소, 곧 비싸고 좋은 음식을 먹으며 서로 미워하는 삶을 사는 것보다 행복하다는 것입니다. 그렇습니다. 살진 소를 먹고 힘이 넘치니까 얼마나 치열하게 싸우겠습니까? 비록 채소를 먹어도 서로 사랑하는 삶이 행복한 가정의 또 다른 비결이 되는 것입니다.

옛날에 비하면 요즈음 얼마나 잘 먹습니까? 어릴 적에는 고기국도 명절에나 한 번씩 먹을 수 있었습니다. 그것도 건더기는 어른들이 차지하고 어린아이들은 주로 국물만 먹었습니다. 그런데 요즈음에는 고기가 넘쳐나지만 다이어트다 웰빙이다 하면서 잘 안 먹으려고 합니다.

신혼 초에는 그렇게 어렵고 힘들었는데도 서로를 바라보며 뭐라고 고백했습니까? "당신 없이는 못 살아"였는데 이제는 "당신 때문에 못 살아"라고 하는 이유가 무엇입니까? 과거보다 삶이 훨씬 안정되고 풍요로워졌는데 왜 못 산다는 것입니까? 그것은 가장 중요한 사랑이 메말라버렸기 때문입니다. 이렇게 잘먹고 잘사는데도 가족간의 정은 더 메말라가고 있습니다. 오히려 가난했지만 지난날 어려웠던 시절이 훨씬 더 행복했습니다.

김소운 씨가 쓴 '가난한 날의 행복'이란 수필 가운데 감동적인 이야기가 나옵니다. 가난한 신혼 부부가 있었습니다. 남편이 갑작스럽게 실직하게 되어 집에 있게 되자 살림을 하던 아내가 집에서 가까운 회사에 다니게 되었습니다. 어느 날 아침, 쌀이 떨어져서 아내는 아침을 굶고 출근하게 되었습니다. 그러자 남편이 "어떻게든지 변통을 해서 점심을 지어 놓을 테니 그때까지만 참아요" 하고 미안한 마음으로 아내에게 말했습니다. 점심시간이 되어 아내가 집에 와 보니 남편은 보이지 않고 방 안에는 신문지로 덮은 밥상이 놓여 있었습니다. 아내가 신문지를 걷자 상 위에는 따뜻한 밥 한 그릇과 간장 한 종지가 놓여 있었습니다. 쌀은 어떻게 구했는데 반찬은 마련할 수가 없었던 모양입니다. 아내가 수저를 들려고 하다가 상 위에 놓인 쪽지를 보았습니다.

"왕후의 밥, 거지의 반찬……. 이걸로 우선 시장기만 속여 두오."

낯익은 남편의 글씨였습니다. 순간 아내는 눈물이 핑 돌았습니다. 그리고 왕후가 된 것보다 더 행복했습니다. 만금을 주고도 살 수 없는 행복감에 아내의 가슴이 뛰었습니다. 바로 이러한 부부의 사랑만 있다면 어떤 환경 속에서도 행복할 것입니다. 더 나아가 그 자녀들의 가슴 속에 이 부모의 사랑이 감동으로 깊이 간직될 것입니다. 그들도 지난날의 그 어려움 속에서 나눴던 부모님의 사랑을 잊지 못하며 행복하게 살아갈 것입니다.

젊은이들의 우상이었던 G.O.D의 '어머님께'라는 노래의 가사가 참 은혜가 되었습니다.

어려서부터 우리 집은 가난했었고
남들 다 하는 외식 몇 번 한 적이 없었고

일터에 나가신 어머니 집에 없으면
언제나 혼자서 끓여 먹었던 라면
그러다 라면이 너무 지겨워서
맛있는 것 좀 먹자고 대들었었어
그러자 어머님이 마지못해 꺼내신
숨겨 두신 비상금으로 시켜 주신
자장면 하나에 너무나 행복했었어
하지만 어머님은 웬지 드시지 않았어
어머님은 자장면이 싫다고 하셨어
어머님은 자장면이 싫다고 하셨어

야이야아아
그렇게 살아가고 그렇게 후회하고 눈물도 흘리고
야아이야아
그렇게 살아가고 너무나 아프고 하지만 다시 웃고

중학교 1학년 때 도시락 까먹을 때
다같이 학교 모여 도시락 뚜껑을 열었는데
부잣집 아들 녀석이 나에게 화를 냈어
반찬이 그게 뭐냐며 나에게 뭐라고 했어
창피해서 그만 눈물이 났어
그러자 그 녀석은 내가 운다고 놀려댔어
참을 수 없어서 얼굴로 날라간 내 주먹에
일터에 계시던 어머님은 또다시 학교에

불려 오셨어 아니 또 끌려 오셨어
다시는 이런 일이 없을 거라며 비셨어
그 녀석 어머니께 고개를 숙여 비셨어
우리 어머니가 비셨어
아버님 없이 마침내 우리는 해냈어
마침내 조그만 식당을 하나 갖게 됐어
그리 크진 않았지만 행복했어
주름진 어머니 눈가엔 눈물이 고였어
어머니와 내 이름에 앞 글자를 따서
식당 이름을 짓고 고사를 지내고
밤이 깊어가도 사람들은 떠날 줄 모르고
사람들의 축하는 계속 되었고
자정이 다 돼서야 돌아갔어
피곤하셨는지 어머님은 어느새 깊이 잠들어버리시고는
깨지 않으셨어 다시는

난 당신을 사랑했어요
한 번도 말은 못했지만
사랑해요 이젠 편히 쉬어요
내가 없는 세상에서 영원토록

가난 속에서 고생하다가 이제 살 만하니까 지쳐 쓰러져 세상을 떠나신 어머니의 사랑을 기억하며 노래한 것입니다.
비록 가난하지만 이러한 사랑의 가정에서 부모님의 사랑을 받고 자라나서 이 부모님의 사랑을 잊지 않고 감사하는 자녀들이라면 내일에 대한 희망이 있습니다. 서로 사랑하는 가정에는 아무리 가난하고 힘든 현실 속에서도 행복이 있는 것입니다. 그래서 하박국서 3장 17-18절에서 하박국 선지자는 이 감사의 행복을 고백하고 있습니다.

"비록 무화과나무가 무성치 못하며 포도나무에 열매가 없으며 감람나무에 소출이 없으며 밭에 식물이 없으며 우리에 양이 없으며 외양간에 소가 없을지라도 나는 여호와를 인하여 즐거워하며 나의 구원의 하나님을 인하여 기뻐하리로다."

비록 가난해도 서로 사랑하는 가정에 이러한 주님의 위로와 감사의 행복이 넘쳐날 것입니다.

소망의 가정

마지막으로 본문 18절 말씀에 보면 "분을 쉽게 내는 자는 다툼을 일으켜도 노하기를 더디하는 자는 시비를 그치게 하느니라"고 말씀합니다. 잠언의 지혜자는 분을 쉽게 내는 자는 다툼을 일으켜도 노하기를 더디 하는 자는 시비를 그치게 한다고 교훈합니다. 즉 소망 중에 인내하는 삶이 행복의 또 하나의 비결이라는 것입니다.

우리 가정의 큰 불행들은 사소한 문제에서 시작됩니다. 문제는 그 감정을 잘못 처리하는 데서 옵니다. 흔히 우리가 갈등과 불화에서 헤어나오지 못하는 이유는 자신의 마음이 상해 있을 때 그 감정을 거침없이 쏟아 놓으며 표현하기 때문입니다. 그 순간만 참으면 되는데 그걸 못 참아서 큰 문제로 터지는 것입니다. 우리가 화나고 참기 힘들 때 "죽여라 죽여" 하고 달려들지 말고 "주여" 하고 주님의 도우심을 구하며 그 순간을 이겨내야 합니다.

여성의 권리가 신장되어 활동 영역도 넓어지는 오늘날, 아내들의 입김이 점점 커지고 남편들은 점점 힘을 잃어가고 있습니다. 남편들이 20대에는 화려하게 결혼하고 신혼의 단꿈에 부풀어 있습니다. 30대에는 바쁘게 활동하며 사회 기반을 닦느라 정신이 없습니다. 40대에는 자신이 성공한 사람인지 자신의 일과 삶에 대해 흔들리기 시작합니다. 50대에는 가정에서 인기가 떨어지며 약해지는 반면 아내들은 나이가 들면서 더 거세집니다. 그래서 '나 이 집 남편인 거 맞아?' 하고 의심하게 됩니다. 60대에는 집에서 이사 간다고 하면 떼놓고 갈까 봐 얼른 이삿짐 트럭 조수석에 먼저 가서 앉아 있게 됩니다.

그래서 애처가였던 남편들이 점점 공처가로 변해 갑니다. 혹시 공처가와 애처가의 차이를 아십니까? "내 양말 빨 때 아내 양말도 빨아 줘야지"라고 생각하는 사람은 애처가이고 "아내 양말 빨 때 내 양말도 빨까?" 하고 생각하는 사람은 공처가랍니다.

어떤 집은 이것과 반대입니다. 신앙이 없는 남편들은 얼마나 아내들을 들볶습니까? 왜 아내를 그렇게 괴롭히고 심지어는 폭력까지 행사합니까? 집안에서 아내와 싸우다가 순교라도 하려는 것처럼 보입니다. 세상에서 제일 옹졸한 인간이 누구인지 아십니까? 마누라하고 싸워서 이기려고 목숨 거는 남자입니다.

심지어는 신앙이 있다고 하면서도 조금도 참지를 못합니다. 교회에 올 때도 자기만 후다닥 씻고 옷 싹 갈아입고는 대문밖에 서서 가족이 빨리 안 나온다고 "빨리 안 나와? 뭘 그렇게 꾸물거려?"

하고 큰소리치면서 오만상을 찌푸립니다.

　주일 아침에 아내는 아침 식탁 치우고 남편과 애들 준비해 주고 또 자기 머리하고 화장하고 옷 갈아입어야 합니다. 1인 3역, 4역을 해야 하니 얼마나 힘이 들겠습니까? 이제는 우리 남편들이 조금만 더 참고 기다려 줍시다.

　그리고 우리의 자녀들에 대해서도 조금만 더 참고 기다려 주어야 합니다.

　우리 이웃들의 가슴 찡한 감동적인 이야기를 담은《TV 동화 행복한 세상》에 '20억 년의 사랑'이란 글이 실려 있습니다. 엄마 아빠가 이혼한 후 십대인 딸은 점점 반항아가 되어 갔습니다. "대체 지금이 몇 신데……." 엄마는 밤마다 대문 밖에서 딸을 기다렸습니다. 밤늦도록 집에 돌아오지 않는 날이 부지기수였고 툭하면 사고를 쳐서 엄마의 애간장을 녹였습니다. 엄마의 주름살은 늘어만 가고 딸이 빠진 수렁은 깊어만 갔습니다. 경찰서에 잡혀 있으니 데려가라는 전화를 받던 날, 딸아이의 반항은 극에 달해 있었습니다. 나쁜 친구들과 어울려 늦도록 술을 마시고 큰길에서 소란을 피우다 잡혀 왔다는 것이었습니다. 엄마가 경찰서로 달려갔을 때 딸아이는 엄마를 쳐다보지도 않고 말했습니다. "제발 상관 마. 내가 어떻게 살든!" 엄마는 기가 막혀 아무 말도 할 수가 없었습니다. 딸은 엄마의 잔소리가 듣기 싫었습니다. 멋대로 살 테니까 제발 자기를 포기하라며 자꾸만 거칠고 모나게 뒤틀려 갔습니다. "가족? 홍 그게 다 뭐야. 다 필요 없다구……." 딸아이는 툭하면 제 방으로 들어가 문을 잠그기 일쑤였습니다.

　그 딸이 열여덟 살이 되던 생일날이었습니다. 새벽같이 나간 딸은 한밤중이 되어도 돌아오지 않았습니다. 딸아이의 어릴 적 사진을 보며 눈시울을 적시는 엄마는 시간을 되돌려 놓고만 싶었습니다. "어릴 땐 그토록 천사처럼 예쁘고 곱기만 한 아이였는데, 다시 그때로 돌릴 수만 있다면……." 그날 밤 엄마는 딸아이를 위해 선물을 만들었습니다. 그리고 편지를 써 내려갔습니다. 그날도 12시가 다 되어서야 돌아온 딸은 책상 위에 놓인 선물상자를 발견했습니다. 상자에는 편지와 함께 작은 돌멩이 하나가 들어있었습니다. "이게 뭐야?" 또 뻔한 잔소리려니 하고 심드렁하게 편지를 읽던 딸의 눈에 눈물이 고였습니다.

"사랑하는 딸아, 이 돌의 나이는 20억 살이란다. 내가 널 포기하려면 아마 그만큼의 시간이 걸리겠지……."

딸은 비로소 엄마의 사랑이 얼마나 크고 두터운지 깨달았습니다. 딸은 곤히 잠든 엄마의 머리맡에 앉아 조용히 속삭였습니다.

"엄마, 20억 년은 너무 길어. 그러니까 엄마…… 나 포기하지 마." 딸의 눈에는 눈물이 고였습니다. 딸은 그날 밤 긴 방황을 끝내고 엄마 품에 얼굴을 묻었습니다.

여러분, 우리가 이렇게만 기다려 줄 수 있다면 다만 시간이 문제일 뿐 우리 가정의 모든 문제는 해결될 것입니다. 그래서 로마서 5장 3-4절에 말씀합니다. "다만 이뿐 아니라 우리가 환난 중에도 즐거워하나니 이는 환난은 인내를, 인내는 연단을, 연단은 소망을 이루는 줄 앎이로다." 이처럼 환난 중에도 소망 가운데 인내하는 가정에 언젠가 모든 문제는 풀리고 모든 관계가 회복되는 행복이 함께할 것입니다.

저는 어느 목사님의 감동적인 간증을 잊을 수가 없습니다. 이 목사님이 장가를 갔는데 그 장모님이 중풍으로 쓰러진 장인 어른을 13년 동안이나 정성껏 병 수발을 하고 계셨습니다. 전신 마비인데도 냄새가 전혀 나지 않도록 깨끗하게 씻겨 드리고, 주일에는 넥타이까지 매서 휠체어에 태워 교회에 모시고 나갔습니다. 그렇게 할 수 있었던 것은 장모님의 성품도 좋았지만 장인 어른이 중풍으로 쓰러지기 전에 회개하고 돌아와 믿음으로 가정의 영적 제사장의 역할을 잘 감당하셨기 때문입니다. 온 가족들을 사랑으로 성실하게 보살펴주는 자상한 가장이었고, 고통 중에도 소망을 잃지 않고 가정을 이끌어 간 아버지였습니다.

병원에서 마지막 임종을 맞을 때였습니다. 장인 어른이 이 세상을 떠나갈 때 13년 동안을 보살핀 장모님이 마지막에 뭐라고 고백한 줄 아십니까? "아이고, 그 지겹던 병 수발 이젠 다 끝났어. 아이고 시원하다"가 아니고 "여보, 당신을 진심으로 사랑했어요. 여보 당신을 진심으로 사랑했어요" 하면서 옆에 딸들과 사위들이 있는데도 아랑곳하지 않고 남편의 차가워진 얼굴에 자신의 얼굴을 부비며 흐느껴 우는데, 장모님의 눈물의 사랑의 고백이 그렇게 감동적일 수 없었다고 합니다. 그녀에게 있어서는 13년이란 세월은 형극의 고통이 아니라 오히려 믿음의 열매를 맺었고, 그녀가 과거에 사랑을 받은 만큼 사랑을 베풀어 준 시간들이었고, 지난날 소망의 인내가 있었던 만큼 내일에 대한 천국의 소망이 깊어지는 순간이었습니다.

우리의 가정은 결코 부귀나 명예나 향락 등 세상의 것으로 행복과 불행이 좌우되지 않습니다. 어떠한 환경 속에서도 여호와를 경외하는 믿음과 서로 위하는 사랑과 소망 중에 인내할 수만 있다면 거기에 진정한 행복의 비결이 있는 것입니다. 그래서 주님께서 이 잠언의 지혜자의 말에 우리의 행복한 결혼생활에 꼭 필요한 고린도전서 13장 13절 말씀을 덧붙이십니다. "그런즉 믿음, 소망, 사랑, 이 세 가지는 항상 있을 것인데 그중에 제일은 사랑이라" 우리의 가정의 진정한 행복의 비결은 믿음과 소망과 사랑의 삶에 있는 것입니다.

나의 사랑하는 자여

아가 2:1-14

"나는 사론의 수선화요 골짜기의 백합화로구나 여자들 중에 내 사랑은 가시나무 가운데 백합화 같구나 남자들 중에 나의 사랑하는 자는 수풀 가운데 사과나무 같구나 내가 그 그늘에 앉아서 심히 기뻐하였고 그 실과는 내 입에 달았구나 그가 나를 인도하여 잔칫집에 들어갔으니 그 사랑이 내 위에 기로구나 너희는 건포도로 내 힘을 돕고 사과로 나를 시원케 하라 내가 사랑하므로 병이 났음이니라 그가 왼손으로 내 머리에 베게 하고 오른손으로 나를 안는구나 예루살렘 여자들아 내가 노루와 들사슴으로 너희에게 부탁한다 내 사랑이 원하기 전에는 흔들지 말고 깨우지 말지니라 나의 사랑하는 자의 목소리로구나 보라 그가 산에서 달리고 작은 산을 빨리 넘어오는구나 나의 사랑하는 자는 노루와도 같고 어린 사슴과도 같아서 우리 벽 뒤에 서서 창으로 들여다보며 창살 틈으로 엿보는구나 나의 사랑하는 자가 내게 말하여 이르기를 나의 사랑, 나의 어여쁜 자야 일어나서 함께 가자 겨울도 지나고 비도 그쳤고 지면에는 꽃이 피고 새의 노래할 때가 이르렀는데 반구의 소리가 우리 땅에 들리는구나 무화과나무에는 푸른 열매가 익었고 포도나무는 꽃이 피어 향기를 토하는구나 나의 사랑, 나의 어여쁜 자야 일어나서 함께 가자 바위 틈 낭떠러지 은밀한 곳에 있는 나의 비둘기야 나로 네 얼굴을 보게 하라 네 소리를 듣게 하라 네 소리는 부드럽고 네 얼굴은 아름답구나."

인생에서 가장 가까운 사이는 부부이기 때문에 부부 사이가 무촌인가 봅니다. 그런데 이처럼 가장 가깝게 사랑하며 행복해야 할 부부 사이가 서로를 가장 불행하게 만드는 원수 관계로 변하고 있는 것이 슬픈 현실입니다. 어떤 할아버지가 할머니에게 "'당신과 나 사이'를 네 글자로 뭐라고 하느냐?"고 묻자 기대했던 대답인 '천생연분'이 아니라 '평생 웬수'라고 할머니가 대답했다고 하지 않습니까?

그런데 본문 가운데에는 성경에서 가장 뜨거운 사랑을 나누었던 한 부부가 나옵니다. 그들은 솔로몬 왕과 술람미 여인입니다. 이 아가서의 말씀은 솔로몬 왕과 술람미 여인의 사랑의 관계를 통해 영적으로 그리스도와 우리 성도의 사랑의 관계를 묘사하고 있습니다. 그래서 아가서는 사랑의 구애(1:1-3:5), 사랑의 결실(3:6-5:1), 사랑의 시련(5:2-6:14), 사랑의 성숙(7:1-8:14)의 내용을 담고 있습니다. 본문에는 사랑의 구애의 장면이 나오기 때문에 "나의 사랑하는 자야"라는 호칭이 계속 되풀이 됩니다. 그렇다면 우리는 사랑하는 부부의 관계를 어떻게 지켜나가야 할까요?

고난 속에서도 인내하라

먼저 본문 이전인 아가 1장에서 솔로몬 왕이 술람미 여인의 아름다움을 극찬하자 본문 1절에서 술람미 여인은 "나는 사론의 수선화요 골짜기의 백합화로구나"라고 고백합니다. 사론은 팔레스타인에서 가장 넓은 평원 중의 하나인데, 그녀는 자신을 그 사론 평원에 피었다가 곧 시들어버리는 한낱 들꽃에 지나지 않는다고 겸손히 표현한 것입니다. 그러자 본문 2절에서 솔로몬 왕은 "여자들 중에 내 사랑은 가시나무 가운데 백합화 같구나"라고 극찬합니다. 성경에서 가시나무는 '죄와 고난'을 상징했고(창 3:18; 출 25:10), 백합화는 그와 반대로 '순결과 신령'(왕상 7:19; 시 60:1)을 상징했습니다. 곧 솔로몬 왕은 술람미 여인이 험한 세상에서도 순결한 아름다움을 지니고 있다며 칭찬한 것입니다. 이것은 영적으로 우리 성도들이 가시와 같은 고난의 인생 가운데서도 백합화와 같이 신앙의 순결을 지킴을 극찬한 것입니다.

돌이켜 보면 지나간 우리의 결혼생활 가운데에도 많은 고난이 있었을 것입니다. 부부간에 성격적인 충돌도 있었고 자녀들로 인한 갈등도 겪었을 것입니다. 처가나 시댁 식구들로 인한 불화도 겪었고 세상의 시험도 많았을 것입니다. 물질이나 건강의 위기도 겪었고, 신앙적인 갈등도 컸을 것입니다. 그럴 때마다 우리는 여러 가지 반응을 보입니다.

미국 윌로우 크릭 회중교회(Willow Creek Community Church)의 빌 하이벨즈(Bill Hybels) 목사님이 쓴 《부부가 하나 되기 위한 조화(*Fit To Be Tied*)》라는 책을 보면, 부부가 하나 되기 위해서 어떻게 서로를 맞춰 나갈 것인가에 대해서 이야기하면서 부부들이 겪는 갈등의 유형을 몇 가지로 나눠서 소개하고 있습니다. 먼저 에스키모형 부부가 있습니다. 그들은 부부 사이에 갈등이 있다는 것을 서로 잘 알지만 그것을 터뜨렸다가는 걷잡을 수 없는 불행이 예측되기 때문에 드러내 놓고 해결하길 원치 않습니다. 그래서 차갑게 냉전을 거듭하면서 살아갑니다. 다음으로 카우보이형 부부가 있습니다. 그들은 모든 일을 감정적으로 대하고, 큰소리를 지르며, 주먹을 휘두르고, 물건을 내던져서 서부 활

극에서 총알이 빗발치는 듯한 살벌한 분위기를 연출합니다. 그 결과 서로의 감정이 상할 대로 상해 결국 서로가 피해자가 되고 맙니다. 마지막으로 인디언형 부부가 있습니다. 그들은 상대방과 말만 하면 얼굴을 붉히고 싸우게 되니까 아예 서로 회피하게 됩니다. 마치 인디언처럼 격리된 삶을 살아갑니다. 실제로 별거를 하는 부부도 있고, 각 방을 쓰면서 비록 같이 살지만 마음은 이미 별거 상태인 부부도 있습니다.

그래서 정서적인 이혼상태(emotional divorce)에 있는 가정들이 우리 주위에 많이 있습니다. 더 나아가 많은 가정들이 이혼의 유혹을 받으며 살아가고 있는 것이 현실입니다. 그러므로 우리가 날마다 성령 충만하지 않으면 사단의 시험에 빠져 이혼에 이르고 마는 것입니다.

그런데 부부의 이혼은 자신들을 불행하게 만들 뿐만 아니라 하나님께서도 안타까워 하십니다. 부모님도 가슴 아파하시고, 자녀들에게도 일생토록 씻을 수 없는 큰 고통을 안겨다 줍니다. 결국 모두의 불행이 되고 마는 것입니다.

그러므로 우리 믿음의 성도들이 꼭 기억해야 할 말씀이 말라기 2장 16절에 있습니다.

"이스라엘의 하나님 여호와가 이르노니 나는 이혼하는 것과 학대로 옷을 가리우는 자를 미워하노라 만군의 여호와의 말이니라 그러므로 너희 심령을 삼가 지켜 궤사를 행치 말지니라."

구약성경에서 하나님이 강조하여 말씀하실 때 "만군의 여호와가 가라사대" 또는 "만군의 여호와의 말이니라"는 인용을 많이 합니다.

이 말씀에서 보면 하나님께서 가장 미워하시는 것 두 가지가 있는데, 하나는 부부가 이혼하는 것이고 또 하나는 상대방을 폭력으로 학대하는 것입니다. 그것을 행함으로 "궤사를 행치 말지니라(do not break faith)"고 말씀하십니다. 이혼과 학대는 항상 함께 역사합니다. 우리의 감정대로 서로를 학대하고 이혼한다면 끝까지 같이 살 가정이 그렇게 많지 않을 겁니다. 그러므로 어려울 때일수록 십자가를 굳게 붙잡고 끝까지 인내함으로 서로에게 사랑의 감동을 느끼고 나누는 행복한 삶을 살아가야 합니다.

보건복지부 산하 중앙건강가정지원센터가 2005년에 처음으로 공식 제정한 '가정의 날'(5월 15일)을 기념하기 위해 제1회 가족이야기 공모전을 실시했는데, 한 일간지에 공모전의 후보작이 실려 있었습니다. '전신 류머티스 관절염'이란 제목의 감동적인 글이었는데 23년째 1급 지체 장애인의 삶을 살아가는 48세 된 한 아내의 이야기였습니다. 그녀는 결혼한 지 4년째 되던 해에 둘째 아이를 낳고 갑자기 병을 얻어 대소변까지 다른 사람이 받아줘야 하는 신세가 되고 말았습니다. 걸음마를 갓 뗀 첫아이와 갓난아이를 시어머니가 맡아야 했고 그녀는 합병증으로 인해 요양소로 들어가야 했습니다. 그런데 요양소에 있는 기간이 길어지자 이를 보다 못한 친정아버지가 "미련을 버려라. 산 사람이라도 살아야 하지 않겠느냐"며 딸에게 안락사를 권할 정도였습니다.

아내는 남편에게 수차례 이혼을 권했지만 남편은 "부부는 그렇게 쉽게 헤어지는 것이 아니다"며 이를 거절하고 아내를 고쳐보려고 전국 곳곳의 병원과 요양소를 찾아다녔습니다. 시어머니도 "아이를 직접 키우고 싶다는 욕심이 있으면 건강 회복과 삶에 욕심을 가지라"며 용기를 북돋워 주었습니다. 그녀는 "그동안 수많은 수술을 할 때마다, '생명의 위험을 감수한다'는 동의서를 쓰며 남편이 마음 아파할 때마다 제 가슴도 너무 아팠다"고 회고했습니다. 이제는 간단한 집안 일을 할 수 있을 정도로 몸이 나아진 그녀는 "그때는 정말 죽고 싶을 때가 한두 번이 아니었지만, 남편의 변함없는 인내와 사랑에 감격스러워 혼자 눈물 흘리지 않을 수 없었습니다. 이제껏 가족들에게서 받은 사랑을 갚기에는 남은 시간도 모자랍니다. 이제는 가족들에게 밥을 퍼주는 순간에도 행복을 느끼며 하루하루를 감사하며 살아갑니다"라고 고백했습니다.

얼마나 감동적인 고백입니까? 이렇게 지체 장애인이 되어서도 끝까지 서로 붙들어 주며 행복하게 살아가는데, 부부가 건강하고 부족함이 없이 살면서 무슨 어려움인들 못 이겨내겠습니까? 그래서 로마서 5장 3-4절에 "다만 이뿐 아니라 우리가 환난 중에도 즐거워하나니 이는 환난은 인내를 인내는 연단을 연단은 소망을 이루는 줄 앎이로다"고 증거했습니다. 우리는 장래의 소망을 바라보며 현재의 고난을 이겨내야 합니다. 장래의 성공을 바라보며 현재의 실패를 이겨내야 합니다. 장래의 행복을 바라보며 현재의 불행을 이겨내야 하는 것입니다. 그렇게 할 때 우리가 어떠한 고난 속에서도 끝까지 인내함으로 장차 나타날 행복의 소망을 꼭 이루게 될 것입니다.

처음 사랑을 회복하라

계속해서 본문 5절에 술람미 여인은 "너희는 건포도로 내 힘을 돕고 사과로 나를 시원케 하라 내가 사랑하므로 병이 났음이니라"고 고백합니다. 술람미 여인은 솔로몬 왕을 너무도 사랑하여 사랑의 병에 걸린 것입니다. 여기 나오는 포도로 만든 건포도와 사과는 당시에 소성제로 귀하게 사용되었던 것들입니다(삼하 6:19; 대상 16:3; 사 16:7; 호 3:1). 사랑의 중병이 난 자신을 이런 소성제로 소성시켜 달라는 것입니다. 이는 성도들이 주님을 열렬히 사랑하며 주님과의 처음 사랑을 회복하는 것을 영적으로 보여 주고 있습니다.

부부에게도 처음 사랑의 회복이 절실합니다. 살면서 서로 상처를 주고 실망을 하면서 잃어버렸던 처음 사랑을 회복해야 한다는 것입니다. 평소에 아내에게 선물이란 걸 해 본 적이 없는 남편이 어느 날 아내에게 최신형 핸드폰을 사서는 목에 걸어 주었습니다. 아내가 얼마나 감격했겠습니까? 남편의 사랑의 마음을 느끼며 눈물까지 글썽거렸습니다. 그런데 며칠이 지나지 않아 남편이 자기에게 핸드폰을 사 준 진짜 이유를 알고는 그만 뒤로 넘어가고 말았습니다. 그 남편이 핸드폰을 사 준 이유는 남편이 소파에 누워서 TV를 보다가 아내에게 시키고 싶은 일이 있어 아내를 불러도 아내가 화장실에 있거나 부엌에서 설거지를 하거나 쓰레기를 버리러 나갔다가 남편이 부르는 소리를 못 듣기 때문이었습니다. 이래서 어떻게 사랑한다고 말할 수 있겠습니까?

아내가 잘 생긴 남편을 만나면 1년 행복하고, 돈 많은 남편을 만나면 10년 행복하고, 마음이 따뜻한 남편을 만나면 평생 행복하다고 합니다. 또한 남편도 예쁜 아내를 만나면 1년 행복하고, 착한 아내를 만나면 10년 행복하고, 지혜로운 아내를 만나면 평생 행복하다고 합니다. 그러므로 우리 모두 다 마음이 따뜻한 남편과 지혜로운 아내가 되어야겠습니다.

언젠가 신문에서 이런 칼럼을 읽은 적이 있습니다. 아내에게 늘 쥐어 사는 남편이 있었습니다. 하루는 사극을 보고 있었는데, 왕의 부인인 중전이 남편인 상감 마마에게 늘 고분고분하게 순종합니다. 그 모습을 본 이 남편이 자기가 아내를 중전으로 대하면 아내도 자기를 상감으로 생각하고 순종하지 않을까 하고 생각했습니다. 그래서 하루는 부엌에서 설거지를 하고 있는 아내를 향해 목소리를 가다듬고 "중전" 하고 불렀습니다. 그런데 아무 대답이 없었습니다. 그래서 다시 한 번 "중전" 하고 불렀더니 수돗물 쏟아지는 소리만 더 커질 뿐 여전히 아무런 대답이 없었습니다. 그래서 이번엔 "중전 마마" 하고 더 큰소리로 불렀습니다. 그랬더니 갑자기 아내가 휙 돌아서더니 "아니, 지금까지 그만큼 속을 썩였으면 됐지. 또 무슨 일을 벌여놓고 그러는 거예요?" 하고 소리치는 것입니다. 그래서 남편이 화가 나서 불평을 했답니다. "아니, 내가 당신을 '중전'이라고 부르면 당신도 나를 '전하'라고 한 번 불러주면 안 돼?" 그러자 아내가 어이없다는 표정으로 그러더랍니다. "전하, 정신 차리시옵소서!"

남편이 "중전" 하고 부른다면 그때 "상감 마마" 하고 대답 좀 해주면 어떻습니까? "중전, 큰일 났소" 했을 때 "상감 마마, 어이 된 일이옵니까?" 하고 대답해 주면 듣는 사람도 여유가 있고 행복을 느끼지 않겠습니까? 우리의 짧은 대화 한마디, 조그만 행동 하나 그리고 자그마한 사랑의 정성에 감동하는 게 부부 아닙니까?

남편이 퇴근길에 길거리 리어카에서 파는 오천 원짜리 귀고리 한 쌍을 사 가지고 집에 돌아와 아내에게 주자 아내는 그걸 귀에다 걸고 거울 앞에서 이리저리 비추어 보며 너무도 좋아합니다. 아내의 그런 모습을 보고 남편도 너무 기분이 좋아 큰소리를 쳤습니다. "조금만 기다려. 이번 달 월급 타면 당신 멋진 옷 한 벌 사 줄게." 남편은 오천 원짜리 선물에도 그렇게 감격하며 좋아하는 아내에게 너무 미안했습니다. 그러나 정작 월급날 남편은 빈손으로 돌아와 아내에게 슬그머니 월급 봉투만을 내밀었습니다. 월급을 받고서 부푼 마음으로 아내의 옷을 사려고 백화점에 갔다가 그 엄청난 가격에 그만 입이 벌어지고 말았던 겁니다. 드러누운 옷(?)들은 그런 대로 살 만했지만 서 있는 옷(?)들은 도저히 살 엄두가 안 났습니다. 아내가 입으면 정말 예쁠 것 같은 옷의 가격이 자기 월급의 절반도 넘어 도저히 살 수 없어 그냥 돌아와 풀이 잔뜩 죽어 있는 남편의 손을 꼭 잡으며 아내가 이렇게 말했습니다. "여보, 괜찮아요. 시장에 가면 값싸고 예쁜 옷들이 얼마나 많은데요. 그런 비싼 옷은 훗날 내가 나이가 많이 들어 당신 눈에 내가 늙고 추해 보일 때 그때나 입으면 돼요." 그 말을 들은 남편이 금방 생기를 되찾아 환하게 웃으며 아내를 껴안으며 말했습니다. "그럼 당신은 평생 가도 그런 비싼 옷은 못 입겠네. 세월이 아무리 많이 흘러도 내 눈에 보이는 당신은 항상 젊고 예쁠 테니까 말이야." 그 마지막 말이 아내의 눈에 눈물이 핑 돌도록 만들었습니다.

행복은 결코 물질의 많고 적음에 있지 않습니다. 사랑의 정성이 있느냐 없느냐의 문제입니다. 서로에게 대한 사랑의 정성이 있으면 가난한 날에도 행복합니다. 이제는 우리가 바로 그 처음 사랑의 행복을 회복해야 할 때입니다. 그래서 요한계시록 2장 4-5절에서 권면했습니다. "그러나 너를 책망할 것이 있나니 너의 처음 사랑을 버렸느니라 그러므로 어디서 떨어진 것을 생각하고 회개하여 처음 행위를 가지라……." 우리가 처음 만났을 때의 사랑을 회복하고 일생토록 간직할 수 있다면 주님 안에서 모두 다 행복한 가정을 회복하게 될 것입니다.

영적으로 일어서라

마지막으로 본문 10절과 13절에서 술람미 여인은 계속해서 반복하여 고백합니다. "나의 사랑하는 자가 내게 말하여 이르기를 나의 사랑, 나의 어여쁜 자야 일어나서 함께 가자……무화과나무에는 푸른 열매가 익었고 포도나무는 꽃이 피어 향기를 토하는구나 나의 사랑, 나의 어여쁜 자야 일어나서 함께 가자."

때는 봄철이고, 장소는 산과 들에 에워싸인 자연 동산이었습니다. 술람미 여인은 고향집에서 솔로몬 왕과의 첫 만남을 회상하면서 그를 사모하며 사랑을 고백한 것입니다. 특별히 솔로몬 왕이 술람미 여인에게 고백했던 "나의 사랑, 나의 어여쁜 자야 일어나서 함께 가자"는 말을 회상한 것입니다. 아마도 여기에 대해 더 이상의 대답이 필요없었습니다. 그녀는 즉각 일어나 솔로몬 왕과 더불어 들로 나가 마침 소생하는 봄철의 산야를 감상하면서 즐거운 동행을 했을 것입니다. 그리고 무화과나무가 푸른 열매를 맺고 포도나무의 꽃향기가 그윽한 풍요로운 삶을 누리게 되었을 것입니다. 이것은 영적으로 재림하시는 주님을 맞이하여 그와 함께

하는 천국의 영원한 행복을 누리는 것을 상징한 것입니다.

그런데 우리는 부부간에 영적으로 얼마나 서로를 일으켜 세워 주고 있습니까? 오히려 이기심과 자존심 때문에 세력 다툼(power struggle)을 하느라 갈등과 불화만 계속하고 있지는 않습니까?

남선교회 회원들이 모여서 모두들 아내가 자기 앞에서 꼼짝도 못한다고 자랑을 합니다. "내 아내는 내가 목마르다고 하면 자다가도 물을 떠 온다니까." "우리 집사람은 내가 먹고 싶은 것을 말만 하면 바로 대령해." "우리 식구들은 내가 큰소리 한 번만 치면 다들 고양이 앞에 쥐처럼 꼼짝도 못한다구." 그리고는 한쪽에서 아무 말도 안 하고 있는 소문난 경처가 김 집사에게 물었습니다. "자넨 요즘 어떤가?" 김 집사가 "아내가 내 앞에 드디어 무릎을 꿇었어" 하고 말하자 모두들 그 말에 깜짝 놀라 어떻게 된 거냐고 물었습니다. 그러자 김 집사가 이렇게 대답합니다.

"지난 달 카드 대금이 많은 것을 아내에게 들키고 말았어. 날 잡아먹을 듯이 따지고 들어 너무 겁이 나 우선 살아야겠다는 생각에 침대 밑으로 기어 들어갔지. 그러자 아내가 쫓아 와 내 앞에서 무릎을 꿇고는 침대 밑을 노려보며 그러더라고. '셋 셀 동안에 안 나오면 죽을 줄 알아!' 그래서 할 수 없이 끌려나오긴 했지만, 어쨌든 아내가 내 앞에 무릎을 꿇은 거잖아?"

남자가 이래서는 무슨 큰일을 할 수 있겠습니까? 또 남편을 그렇게 만들어서 무슨 큰 인물로 내조할 수 있겠습니까? 이제는 자아를 죽이고 상대방을 영적으로 세우는 일을 해야 합니다. 아무리 가정에 신경을 안 쓰고 속썩이는 남편이거나, 신경질적이고 불평과 원망이 많은 아내라 할지라도 내가 죽음으로 변화시킬 수 있습니다. 그렇게 변화된 부부는 서로의 일생에 이보다 더 행복하게 하는 존재가 없을 것입니다.

잭 니콜슨이 주연한 '이보다 더 좋을 수 없다'라는 영화에서 여자 주인공 헬렌 헌터가 "나를 칭찬하는 말을 해 달라"고 부탁하자 남자 주인공 잭 니콜슨이 이렇게 말합니다. "당신과의 만남이 나를 더 좋은 남자가 되게 만들었어요." 이 말을 들은 헬렌 헌터는 "내 생애 최고의 칭찬이에요"라며 감격해서 눈물을 글썽입니다. 서로에게 "당신 같은 인간을 만나 지금까지 살아온 걸 생각만 해도 치가 떨리고 이가 부들부들 갈린다"며 험한 말로 상처를 주기보다는 "당신과의 만남이 나를 더 좋은 남자로 만들었어요." "당신과의 만남이 나를 더 행복한 여자로 만들었어요"라는 말을 들을 수 있는 부부가 되어야 할 것입니다.

한 집사님에게 결혼생활 28년 동안 가슴에 맺힌 기도 제목이 있었는데, 그것은 불신 남편을 교회로 인도하는 것이었습니다. 새벽마다 주님 앞에 나아와 눈물로 기도하다가 드디어 다음 주일에 남편을 교회로 인도하려고 마음먹었는데, 그만 금요일에 남편이 쓰러지고 말았습니다. 정신을 잃고 숨도 잘 못 쉬어 중환자실로 들어갔는데 거기서도 남편 전도만 생각났습니다. 그래서 한 주간 더 병원에 있어야 하는데도 주일날 교회에 나오기 위해 토요일에 퇴원을 해버렸습니다. 그리고 남편에게 "내 평생의 소원이 당신이 교회에 나가는 것이다"며 애원하여 그 주일부터 남편과 함께 교회에 나왔습니다. 그런데 나중 된 자가 먼저 된다고, 뒤늦게 예수를 믿게 된 남편이 얼마나 열심히 전도를 하는지 모릅니다. 친구들이 주일날 만나자고 하면 자기는 교회에 나가기 때문에 곤란하다고 하며 친구들에게 교회로 만나러 오라고 할 정도였습니다. 그는 이런 방법으로 친구들을 교회로 인도했습니다. 이 얼마나 놀라운 일입니까? 결국 부인 집사님의 인내하는 믿음의 기도가 응답을 받아 그렇게 힘들었던 남편을 구원하는 놀라운 승리를 거둔 것입니다.

그래서 우리가 가정생활을 하면서 꼭 잊지 말아야 할 말씀이 갈라디아서 6장 9-10절에 있습니다. "우리가 선을 행하되 낙심하지 말지니 피곤하지 아니하면 때가 이르매 거두리라 그러므로 우리는 기회 있는 대로 모든 이에게 착한 일을 하되 더욱 믿음의 가정들에게 할지니라" 우리가 끝까지 낙심하지 않고 포기하지 않고 사랑으로 잘 섬기면 언젠가는 꼭 열매를 거두게 되는 것입니다.

항상 우리에게 가슴 뭉클한 뜨거운 눈물의 감동을 전해 주는 《TV 동화 행복한 세상》 1권에 '어떤 동행'이란 제목의 감동적인 글이 있습니다. 엄마의 예순두 번째 생일이 되어 엄마와 딸은 난생 처음으로 단 둘이 제주도 여행을 떠났습니다. 아버지가 돌아가신 후 한쪽 팔이 떨어져나간 것 같다며 힘들어하시는 엄마를 위로해 드리기 위해 딸이 드리는 작은 선물이었습니다. 그런데 몸만 단출하게 오시라는 당부에도 불구하고 엄마는 아주 큼직한 여행가방을 들고 오셨습니다. 그리고 그 속에 뭔가 아주 소중한 게 들었는지 딸이 들어 주겠다는 것도 거절하고 그 가방을 한시도 손에서 놓지 않으셨습니다.

다음날 성산 일출봉에 올라가려는데 엄마가 한복을 곱게 차려입고 손에는 뭔가를 싼 보자기까지 들고 있었습니다. 그리고 올라가는 내내 그 보자기를 품에 안고 있었습니다. 일출봉에 올라가던 사람들은 한복을 입고서 계속해서 땀을 흘리는 엄마를 모두들 이상한 눈으로 쳐다봤습니다. 그러나 엄마는 몇 번이나 가다 서기를 되풀이하면서도 그 보자기만은 절대로 놓지 않았습니다. 그런 엄마를 창피하고 못마땅하게 생각하던 딸은 정상에 도착했을 때에야 비로소 엄마의 깊은 속마음을 알 수 있었습니다. 엄마는 그토록 소중하게 품에 품고 온 보따리 속에서 아버지의 사진이 든 액자를 꺼내서 보며 다정하게 말했습니다.

"여보, 자 보시구려. 여기가 당신이 살아 생전에 그렇게 꼭 한 번 와 보고 싶다던 그 일출봉이래요."

엄마는 난생 처음 하는 제주도 여행에 돌아가신 아버지를 모시고 왔던 것입니다. 그것은 혼자만 좋은 것 보고, 맛있는 것 먹고, 호강하기가 미안한 엄마가 아버지께 바치는 가장 애틋한 사랑의 선물이었던 것입니다.

사랑하며 행복하게 살아도 지나고 나면 이렇게 너무도 짧은 인생입니다. 그렇다면 이제 얼마 남지 않은 짧은 여생을 하나님께서 허락하신 나의 사랑하는 자와 함께 어떻게 살아야 하겠습니까? 여러분 스스로 잘 생각하고 판단해 보시기 바랍니다.

이렇게 행복하라

에베소서 5:22-25

"아내들이여 자기 남편에게 복종하기를 주께 하듯 하라 이는 남편이 아내의 머리 됨이 그리스도께서 교회의 머리 됨과 같음이니 그가 친히 몸의 구주시니라 그러나 교회가 그리스도에게 하듯 아내들도 범사에 그 남편에게 복종할지니라 남편들아 아내 사랑하기를 그리스도께서 교회를 사랑하시고 위하여 자신을 주심같이 하라."

요즘 우리의 가정은 가정의 중심인 부부의 이혼과 가정 해체 현상이 극심해지고 있습니다. 우리 나라도 이제는 세 가정이 결혼하면 한 가정이 이혼할 정도로 가정 문제가 심각한 것이 현실입니다.

그래서 어떤 작가는 행복한 부부생활을 하기가 얼마나 힘이 드는지, 부부에 대해서 다음과 같이 묘사했습니다. 부부란 20대에는 행복의 꿈에 부풀어 신이 나서 살고, 30대에는 서로에게 실망을 느끼고 환멸을 참으며 살고, 40대에는 모든 것을 포기하고 마지못해 살고, 50대에는 서로 없어서는 안 되니까 의지하는 마음으로 살고, 60대에는 서로 안됐다 생각되어 가엾어서 살고, 70

대에는 지금까지 참고 살아 준 것만 해도 고마워서 산다고 합니다. 그러니 이런 부부가 일생 행복할 수 있겠습니까?

이것은 크리스천 부부도 예외가 아닙니다. 겉으로는 행복해 보일지 모르지만 불행의 아픔을 안고 살아가는 가정들이 너무도 많습니다. 어떤 가정 세미나에서 설문조사를 했습니다. "다시 태어나도 지금의 남편이나 아내와 다시 결혼하겠는가?" 여러 답안이 있었는데, 이런 답도 있었습니다. "골 비었나?" 어쩌면 이것이 오늘의 우리 부부들의 현실일 수 있습니다. 사랑하며 살아도 짧은 인생인데 우리가 언제까지 그 불행을 안고 살아가야 하겠습니까?

남편에게 복종하라

본문 말씀 가운데 부부 행복의 놀라운 비결이 기록되어 있습니다. 먼저 아내들에게 말씀하십니다. "아내들이여 자기 남편에게 복종하기를 주께 하듯 하라"(22절) 하나님께서는 아내들에게 "남편 내조 잘해라, 자식들 잘 길러라, 시부모님 잘 모셔라, 몸단장 잘해라, 집안 살림 잘해라, 바깥 활동도 잘해라" 등의 말씀을 하지 않으셨습니다. "자기 남편에게 복종하기를 주께 하듯 하라"는 것입니다. 그런데 하나님께서 남편에 대한 복종을 왜 이렇게 강조하셨을까요? 그것은 그것이 아내들의 최대의 약점임을 이미 아셨기 때문입니다. 또한 아내들이 남편에게 이처럼 복종하기 전에는 아내가 결코 행복할 수 없기 때문입니다.

그런데도 왜 아내들은 자기 남편에게 복종이 안 될까요? 어느 교회의 가정 세미나를 인도하며 물었더니 한 여집사님이 이렇게 대답했습니다. "자기가 복종 받을 짓을 해야 복종하지요." 하나님께서 "남편이 복종 받을 짓을 하면 복종하라"고 말씀하셨으면 그렇게 해야 합니다. 그러나 성경은 "자기 남편에게 복종하기를 주께 하듯 하라"고 말씀합니다. 우리는 주님께 대해서 복종할 만하다고 믿어져서 복종하는 것입니다. 이렇게 남편에게 복종하기를 주께 하듯 하라는 것입니다.

그런데도 아내들이 왜 남편에게 복종하지 못합니까? 근본적으로 본문 이전인 18절에 "술 취하지 말라 이는 방탕한 것이니 오직 성령의 충만을 받으라"고 증거하고 있듯이 성령 충만하지 못하기 때문입니다. 우리가 성령 충만하면 어떤 남편에게도 사랑으로 복종할 수 있습니다. 그러나 성령 충만하지 않으면 남편이 미워 보이고 복종이 안 되는 것입니다.

그러나 무엇보다도 말씀을 왜곡하기 때문에 복종하지 못합니다. 여기 나오는 '복종하라'는 단어는 헬라어 원어 성경에 '횟포탓세스테'로 기록되어 있는데, 우리가 유교 문화 속에서 자라나면서 강요받아 왔던 맹목적이고 굴욕적인 복종을 의미하는 것이 아닙니다. 그것은 남편을 사랑하여 기쁨으로 섬기는 의미의 복종입니다.

그런데도 남편들에게 복종하지 못하는 이유를 심리적으로 더 깊이 들어가 보면 아내들의 자존심 때문입니다. 순종을 잘 하던 아내도 이 자존심이 한계에 이르면 더 이상 남편에게 순종하고 싶지 않아집니다. 예수 믿는 가정들이 겉으로 볼 때는 남편들이 큰소리치며 사는 것 같아도 실제로는 그렇지 못합니다. 대부분의 가정들의 실세가 아내들입니다. 교회에서도 회의할 때 보면 금방 알 수 있습니다. 대개 남자들이 큰소리치는데, 말이 심해진다 싶으면 저쪽에 앉아 있던 아내가 남편을 척 쳐다봅니다. 그때 눈길이 마주쳐서 아내들이 사인을 보내고 나면 그 남편의 발언은 끝이 납니다. 그래도 끝까지 버티는 남편은 보지 못했습니다.

남자들이 가정에서 얼마나 억눌려 사는지 한때는 '간 큰 남자 시리즈'까지 나왔습니다. 아내가 밤늦게 외출하려고 하면 30대 남편은 "여자가 어디 밤늦게 돌아다니려고 해?" 하고 큰소리친다고 합니다. 40대 남편은 말이 달라져서 "몇 시에 들어올 거야?" 하고 목소리가 낮아진다고 합니다. 50대 남편은 아내의 눈치를 보면서 "일찍 들어올 거지?"라고 합니다. 60대 남편은 젊은 날 아내에게 잘못한 남편일수록 눈물을 글썽이면서 떨리는 목소리로 "꼭 와!" 그런다고 합니다. 그런데 이처럼 남편들이 집에서 기가 죽어서야 어디 가서 무슨 큰일을 할 수 있겠습니까?

그래서 히브리 속담에 이런 말이 있습니다. "남편을 왕처럼 모셔라. 그리하면 당신은 왕비가 될 것이다." 남편을 하인처럼 부리면 아내는 무엇이 될까요? 하녀가 되는 것입니다. 그러므로 이제부터는 남편을 사랑으로 섬기며 기를 세워 주어야 합니다. 아무리 무능한 남편이라도 밖에 나가서 더 힘있게 일할 수 있도록 붙들어 주고 힘을 더해 주어야 합니다. 그리고 말 한마디라도 따뜻하게 해주고 사랑으로 섬길 수 있길 바랍니다.

IMF가 터져 모두들 힘들게 살아갈 때 TV에 축산협동조합 선전이 나오는 것을 보았습니다. 한 남편이 어렵게 직장생활을 하는데 아내가 남편을 위해서 정성껏 도시락을 싸 주면서 그 안에 사랑의 편지를 끼워 넣었습니다. 남편이 직장에 가서 도시락을 먹으려고 하는데 편지가 들어 있어서 펼쳐 보니까 "여보, 요즈음 얼마나 힘드세요? 그래도 열심히 뛰는 당신의 모습이 자랑스러워요. 고기 좀 샀다고 화내지 마세요. 당신이 고기를 먹고 힘을 내야지요. 여보, 사랑해요!"라고 쓰여 있었습니다. 저는 그 선전을 보면서 얼마나 은혜를 받았는지 모릅니다. TV 선전을 보면서도 이렇게 은혜를 받는데, 힘들게 살아가다가 아내의 이런 사랑의 편지를 받고 눈물 흘리지 않을 남편이 어디에 있겠습니까?

물론 살다 보면 남편에 대해서 불평이나 원망이 왜 없겠습니까? 그러나 남편을 향해서 큰소리치고 잔소리해도 남편도 평생 안 변합니다. 큰소리치고 잔소리해서 남편을 뜯어고칠 수 있다고 착각하지 마시길 바랍니다. 그러므로 남편에게 신경질 부려서 서로 마음 상하기보다는 오히려 주님 앞에 나와서 남편을 위해서 기도하시기 바랍니다. 하나님께서 아내들의 눈물의 하소연을 들으시고 남편을 한 번 손보시면 변화의 역사가 일어납니다. 그러므로 이제는 남편에 대한 모든 문제를 주님께 맡기고 오히려 남편에게 순종하며 더 적극적으로 사랑으로 섬겨서 남편을 감동시키고 변화시켜 나가야 합니다. 그리할 때 아무리 강퍅하고 완악한 남편이라 할지라도 언젠가는 주님의 품으로 돌아와 아내를 사랑하며 행복한 가정을 회복하게 될 것입니다.

아내를 사랑하라

그 다음 남편들에게 권면하십니다. "남편들아 아내 사랑하기를 그리스도께서 교회를 사랑하시고 위하여 자신을 주심 같이 하라"(25절). 이 말씀은 아내들에게 주신 말씀보다 훨씬 더 두렵고 떨리는 말씀입니다. 왜냐하면 아내는 남편에게 복종하기를 교회가 그리스도께 하듯 하라고 했는데, 교회는 그리스도께 교회를 복종하지 못할 때가 많습니다. 그런데 남편은 아내 사랑하기를 그리스도께서 교회를 사랑하시고 그 교회를 위하여 자신을 주심같이 하라고 하셨습니다. 주님같이 사랑하기가 쉬운 일입니까?

왜 남편들에게 이 말씀을 주셨을까요? 남편들에 대한 아내의 불만이 바로 이 사랑 문제이기 때문입니다. "왜 요즘 나를 사랑해 주지 않느냐? 왜 가정에 관심이 없느냐?"는 아내들의 불만이 끊이지 않습니다. 하나님께서 이러한 남편들의 최대의 약점을 아신 것입니다. 또한 남편들이 이렇게 아내를 사랑하지 않고는 어떠한 남편도 행복할 수 없기 때문입니다.

그런데 왜 남편들이 아내를 사랑하지 못합니까? 18절 말씀처럼 성령 충만하지 못하기 때문에 사랑이 안 가는 것입니다. 성령 충만하면 아무리 못 생긴 아내도 예뻐 보이고 아무리 허물 많은 아내도 사랑스럽습니다. 더 나아가 본문 말씀을 깊이 깨닫지 못하기 때문입니다. 여기 '사랑하라'는 단어가 원어 성경에 '아가파테'라고 기록되어 있는데, 그 뜻은 무조건적이고 희생적인 사랑을 말합니다. 예수님께서 십자가에서 죽기까지 우리를 사랑하신 그런 희생적인 사랑을 의미하고 있습니다.

남편들은 그런 희생을 실천하려고 하지 않는데, 심리적으로 보다 더 깊이 들어가 보면 남자들에게 이기심이 있기 때문입니다. 남자들이 겉으로는 마음이 넓은 것 같아도 얼마나 자기 중심적인지 모릅니다. 아내가 몸이 아프다고 하면 신혼 초에는 "여보, 빨리 병원에 갑시다" 하고 서두르는데, 몇 년만 지나면 "자기 몸은 자기가 알아서 해야지. 어째 허구헌날 몸이 성할 날이 없어?" 하고 신경질을 냅니다. 그러다가 자기가 감기 몸살이라도 앓아보세요. 마치 죽을 병에 걸린 것처럼 "아이고, 죽겠네! 여보, 약 좀 빨리 지어다 줘" 하고 엄살을 부립니다. 또 반찬 투정이나 하고 TV를 볼 때도 채널 때문에 아이들하고 싸웁니다. 아내와 물건을 사러 가서도 자기 물건 고를 때는 시간 가는 줄 모르면서 아내가 옷 좀 고르느라고 가격표 보고, 치수 보고, 메이커 보느라고 뒤적이면 "대충 사지 뭘 그렇게 뒤적거려?" 하면서 화를 냅니다. 또 가족들이 어디 놀러가자고 하면 "바쁘다, 피곤하다, 할 일이 많다" 핑계도 많으면서 자기 재미있는 일 있으면 새벽 1시고 2시고 피곤한 줄 모르고 돌아다닙니다.

그러나 이제는 남편들이 시간을 내어 가족들과 함께 해야 합니다. 아무리 직장이나 사업이 바쁘고 일이 많아도 시간을 내어 가족과 함께 패밀리 타임(Family Time)을 갖고 사랑을 나눠야 합니다. 아내들은 남편들에게 거창한 것을 바라지 않습니다. 많은 돈을 벌어오고, 큰 평수의 아파트를 사 주고, 고급 승용차를 타고, 밍크 코트에 큰 다이아몬드 반지를 사 달라는 것이 아닙니다. 그저 남편의 사랑의 조그만 정성을 바랄 뿐입니다. 그리고 그 조그만 사랑에 감동받고 눈물 흘립니다.

미국에서 목회할 때 잊혀지지 않는 장로님이 한 분 계십니다. 이분은 해군 사관학교를 나와 해병대 지역사령관까지 지냈는데, 젊은 날에는 군기가 충일해서 집에서도 조용조용 말하는 법이 없었다고 합니다. 마치 사단 병력에게 호령하듯이 "욱 욱" 하고 소리를 질러 아내 되시는 권사님이 심장병까지 생길 정도였습니다. 그런데 이 장로님이 60살이 다 되셔서 은혜를 받은 것입니다. 그래서 권사님 생신 때 생일 축하 카드와 장미 꽃다발을 사 가지고 와서는 "여보, 당신 생일 축하해!" 하면서 내밀었습니다. 권사님이 너무 감동을 받고는 카드를 펼쳐 보았습니다.

"사랑하는 여보, 나를 만난 후 그동안 얼마나 고생이 많았소? 한국에 있을 때는 후방에서 전방으로, 육지에서 섬으로 정처없이 다니다가 미국까지 와서 아침 일찍부터 공장에 나가느라고 얼마나 고생이 많소? 나는 당신에게 할 말이 없는 남편이오. 그런데도 당신이 지금까지 잘 참고 살아준 것에 대해 고마운 마음뿐이오. 당신의 생일을 진심으로 축하하며 나의 사랑의 마음을 전하오. 당신의 영원한 사랑으로부터." 이 카드를 읽던 권사님이 갑자기 방으로 뛰어들어가 문을 걸어 잠그고 한 시간 동안이나 흐느껴 울더랍니다. 장로님이 문 밖에서 그 울음 소리를 듣는데 가슴이 미어지는 것 같았다고 합니다. 그날 저녁에 어머니의 생일을 축하하기 위해 아들 부부와 딸 부부가 오자 그 장미꽃을 들고 나와 "너희 아버지가 줬다"면서 자랑을 했습니다. 그날 밤 그토록 행복해 하는 권사님의 모습을 보면서 장로님은 "저 사람을 진작 저렇게 행복하게 해 줄 수 있었는데 왜 그렇게 못 했을까?" 하며 마음속으로 뜨거운 눈물을 흘렸다고 합니다.

자신의 책임을 다하라

우리가 부부간에 행복을 회복하는 방법은 하루빨리 주님의 품으로 돌아오는 것입니다. 말씀의 행복을 회복하는 것입니다. 그런데 우리의 문제는 말씀대로 살지 못하는 데 있습니다. 예수 믿는 가정이 부부싸움을 하면 남편이 큰소리치면서 "당신처럼 신경질적인 여자가 어디 있어? 나나 되니까 참고 살지"라고 합니다. 그러면 아내도 지지 않고 "그런 소리 말아요. 당신처럼 자기만 잘 났다고 하는 남자가 어디 또 있어요? 나나 되니까 죽어지내지"라고 합니다. 그러면 말로 이기지 못하는 남편이 설교 시간에 들은 말씀을 들먹입니다. "당신 혼자 예수 잘 믿는 체하는데, 성경 말씀대로 제대로 한 번 해 봐. 에베소서 5장 22절에 뭐라고 하셨어? 자기 남편에게 복종하기를 주께 하듯 하라고 했잖아?" 그러면 아내가 또 반격을 합니다. "그런 말 하지도 말아요. 당신 성경은 그 다음이 찢어졌어요? 그 다음 25절에 뭐라고 하셨어요? 아내 사랑하기를 그리스도께서 교회를 사랑하시고 위하여 자신을 주심같이 하라고 했잖아요?" 그러면 남편이 "이 사람아, 당신이 복종을 해 봐. 평생 업고 다니면서 사랑할게" 그럽니다. 그러면 또 아내가 "당신이 사랑만 해 봐요. 당신 발바닥이라도 핥으며 복종할게요" 그럽니다.

많은 가정들이 평생 이 문제로 싸웁니다. 그러나 성경 어디를 보아도 남편이 아내에게 복종하지 않는다고 야단치고 아내가 남편에게 사랑해 주지 않는다고 불평하라는 말씀이 없습니다. 아내는 남편에게 복종하기를 교회가 그리스도께 하듯 하기만 하면 되고, 남편은 아내 사랑하기를 그리스도께서 교회를 사랑하듯이 하기만 하면 되는 것입니다. 문제는 상대방에게 있는 것이 아니라 자기 자신에게 있음을 깨달아야 합니다. 내가 먼저 변화될 때 상대방을 변화시킬 수 있습니다. 그래서 고린도전서 7장에서 부부의 이혼 문제를 다루면서 "믿지 아니하는 남편이 아내로 인하여 거룩하게 되고 믿지 아니하는 아내가 남편으로 인하여 거룩하게 되나니 그렇지 아니하면 너희 자녀도 깨끗지 못하니라 그러나 이제 거룩하니라"(고전 7:14)고 말씀하십니다.

그러므로 이제 나에게 허락하신 남편이나 아내에 대해 하나님께 감사하면서 나에게 맡겨진 가정에서의 사명을 성실하게 실천해 나가야 합니다. 우리가 이렇게 사랑하며 행복할 수 있는 날들도 그렇게 많이 남아 있지 않기 때문입니다. 사랑하는 남편을 갑작스럽게 떠나보낸 집사님 한 분을 만나서 "요즈음 어떻게 잘 지내십니까?" 하고 물었더니 "남편이 세상을 떠났을 때도 힘들었지만 시간이 지날수록 남편 생각이 더 나고 슬픔을 이겨내기가 더 힘드네요" 하고 대답하면서 눈물을 흘리는데, 얼마나 마음이 아팠는지 모릅니다.

돌이켜 보면 얼마 남지 않은 우리의 인생 가운데 우리가 사랑해야 할 아내가 있고 순종할 수 있는 남편이 있음을 진심으로 감사해야 합니다. 그리고 남은 생애 하나님의 말씀을 회복해야 합니다. 말씀 속에서의 우리의 믿음의 결단이 우리 부부의 행복을 새롭게 회복시켜 줄 것입니다.

진정한 행복의 비결

베드로전서 3:1-7

"아내 된 자들아 이와 같이 자기 남편에게 순복하라 이는 혹 도를 순종치 않는 자라도 말로 말미암지 않고 그 아내의 행위로 말미암아 구원을 얻게 하려 함이니 너희의 두려워하며 정결한 행위를 봄이라 너희 단장은 머리를 꾸미고 금을 차고 아름다운 옷을 입는 외모로 하지 말고 오직 마음에 숨은 사람을 온유하고 안정한 심령의 썩지 아니할 것으로 하라 이는 하나님 앞에 값진 것이니라 전에 하나님께 소망을 두었던 거룩한 부녀들도 이와 같이 자기 남편에게 순복함으로 자기를 단장하였나니 사라가 아브라함을 주라 칭하여 복종한 것같이 너희가 선을 행하고 아무 두려운 일에도 놀라지 아니함으로 그의 딸이 되었느니라 남편 된 자들아 이와 같이 지식을 따라 너희 아내와 동거하고 저는 더 연약한 그릇이요 또 생명의 은혜를 유업으로 함께 받을 자로 알아 귀히 여기라 이는 너희 기도가 막히지 아니하게 하려 함이라."

5월 21일은 '부부의 날'입니다. 이 '부부의 날'은 1995년 경남 창원에서 빈민층 청소년들을 상대로 선도 활동을 벌이고 있는 권재도 목사님의 제안으로 시작되었습니다. 어린이날에 부모님이 이혼한 한 아이에게 소원을 묻자 눈물을 흘리면서 "헤어진 엄마, 아빠와 함께 살고 싶어요"라고 말하는 것을 듣고 큰 충격을 받고 부부의 행복의 소중함을 느끼며 이 '부부의 날' 운동을 일으키게 되었다고 합니다.

부부는 가정의 핵심이요 기초입니다. 부부가 행복할 때 연로하신 부모님께도 효도하게 되고, 사랑하는 자녀들도 잘 기르게 됩니다. 온 가정의 행복은 바로 이 부부에게 달려 있는 것입니다. 이처럼 부부는 가정에서 가장 중요한 존재입니다. 그래서 이 부부의 행복은 무엇보다 소중한 것입니다. 그런데 본문 가운데 어떻게 하면 진정으로 행복할 수 있는가 그 비결이 잘 나와 있습니다.

아내: 순종하라

(1) 순종의 의미

먼저 1절 상반절에 "아내들아 이와 같이 자기 남편에게 순종하라"고 말씀하고 있습니다. 성경에서 부부관계에 대해서 집중적으로 말씀하신 곳이 에베소서 5장, 골로새서 3장, 그리고 오늘 본문인 베드로전서 3장인데, 공통점은 당시 사람 수에도 헤아리지 않을 정도로 무시하던 아내에 대해서 남편보다 먼저 언급하고 있다는 것입니다. 그 이유가 어디에 있을까요? 어떤 남자 집사님이 말했습니다. "가정마다 아내들이 문제니까 그렇지요." 그 집사님 그날밤에 편히 주무셨는지 모르겠습니다. 그러나 저는 해석을 달리하고 싶습니다. 적어도 우리의 가정에서 아내만큼 중요한 사람이 없기 때문이라고 바꾸고 싶습니다.

성경은 끊임없이 "자기 남편에게 순복하라"는 말씀을 되풀이하여 강조하고 있습니다. 당시의 로마 사회의 가정 윤리는 극도로 타락하여, 귀부인들이 기생이 되고 남자를 둔 경우가 많았다고 합니다. 요즈음에는 애인을 둔 여자들이 많다고 합니다. 그래서 애인 없는 여자는 돈이 없어 못 돌아다니는 여자나, 성질이 사나워서 누가 안 붙어 있는 여자나, 몸이 아파서 도저히 돌아다닐 수 없는 여자나, 미친 여자뿐이라는 우스개 소리까지 있습니다. 그것도 자기보다 연상의 남자면 동메달이고, 자기와 같은 나이의 남자면 은메달이고, 자기보다 연하의 남자면 금메달이고, 이도 저도 없으면 목메달(?)이랍니다. 그러나 이제는 다른 남자에게 잘하려고 하지 말고 자기 남편에게 잘해야 합니다.

요즘 남편들이 얼마나 힘들게 사는지 아십니까? 몇 년 전 시중에 '사오정 시리즈'라는 개그가 유행했었습니다. 그 '사오정'이 요즘 씁쓸한 자조까지 섞인 우스갯소리로 샐러리맨들 입에 다시 오르내리고 있는데 '사오정'은 '45세에 정년 퇴직한 사람'을 말하고 '오륙도'는 '56세까지 회사에 남아 있는 사람은 도둑'이라는 뜻이랍니다.

이렇게 직장에서 정리해고되거나 사업이 부도가 나서 일자리도 잃어버리고 고개 숙인 남편들이 얼마나 많이 있습니까? 누가 뭐라고 말하지 않아도 스스로 무력감과 상실감과 좌절감을 느끼는데, 사랑하는 가족들마저도 외면할 때 소외감과 배신감과 분노에 사로잡히게 됩니다. 설령 직장생활이나 사업을 하고 있는 남편이라도 요즘은 얼마나 어렵고 힘들게 살아가고 있는지 모릅니다. 그런데 그런 남편의 마음을 이해하지 못하고 순종하지 않으면 얼마나 힘들겠습니까? 아무리 돈 못 벌고 내세울 것 없어도 가정에서 남편을 세워주지 않으면 어디에도 설 땅이 없습니다. 가정에서 위로받지 못하고 힘을 얻지 못하면 어디 가서도 위로받고 힘을 얻을 수가 없습니다. 그러므로 우리 아내들이 남편들에게 순복하면서 남편을 위로하고 격려하고 기를 살려주고 힘을 북돋아주어야 합니다. 우리가 남편을 사랑함으로 기쁘게 섬길 때 우리 남편들도 영육간에 새 힘을 얻고 큰 일을 할 수 있게 될 것입니다.

(2) 구원의 목적

계속해서 1절 하반절-2절 말씀을 보면 "이는 혹 도를 순종치 않는 자라도 말로 말미암지 않고 그 아내의 행위로 말미암아 구원을 얻게 하려 함이니 너희의 두려워하며 정결한 행위를 봄이라"고 말씀합니다. 아내들이 이렇게 남편에게 순종해야 하는 목적은 궁극적으로 남편을 구원하기 위해서라는 것입니다. 여기 처음에 나오는 '말씀'은 관사가 있어 복음을 가리키지만, 그 다음에 나오는 '말'에는 관사가 없으므로 아내의 말을 가리킵니다. 그런데 남편의 구원은 아내의 말로 말미암지 않고 아내의 행위로 말미암아 남편이 구원에 이른다는 것입니다. 아무리 잔소리하고 큰소리쳐도 남편은 평생 가도 절대 변하지 않습니다. 남편은 아내의 하나님을 두려워하는 신앙과 정결한 삶의 행동을 보고 감동을 받게 됩니다.

부부행복세미나에 참석한 한 집사님은 남편의 신앙을 위해 사순절 40일 특별새벽기도회를 하루도 빠짐없이 하고 또 남편을 이번 부부행복세미나에 참석시키기 위해서 눈물로 기도하고 사랑으로 섬기며 애를 참 많이 썼습니다. 그래서 그 남편이 억지로 부부행복세미나에 참석하게 되었는데, 진행되는 프로그램을 통해서 시간마다 변화되기 시작했습니다. 둘째 날 프로그램을 하는 가운데 결국 그 남편이 아내 앞에서 고백을 하게 되었습니다. "나를 위해서 그렇게 기도해 주고 끝까지 믿음으로 붙잡아 주었는데, 내가 앞으로는 주일 잘 지키고 신앙생활 정말 잘 할게……" 그 아내의 눈물의 기도와 사랑의 헌신이 마침내 남편의 마음을 감동시키고 구원의 믿음에 이르게 한 것입니다.

그렇습니다. 아내 한 사람을 통해 우리 남편을 구원시킬 때 우리 자녀들까지도 변화시키고 온 가족이 거룩하게 되는 것입니다. 세상에 내세울 것 없어도 바로 예수님을 모시고 믿음으로 사는 가정이 이 땅의 천국과 같은 가정이 될 것입니다.

(3) 내면의 순종

그 다음 3-4절 말씀을 보면 "너희 단장은 머리를 꾸미고 금을 차고 아름다운 옷을 입는 외모로 하지 말고 오직 마음에 숨은 사람을 온유하고 안정한 심령의 썩지 아니할 것으로 하라 이는 하나님 앞에 값진 것이니라"고 말씀합니다. 아내가 남편에게 순종을 실천하는데, 머리의 단장이나 금은 장신구나 아름다운 옷을 입는 외모로 하지 말라는 것입니다. 당시 로마의 부인들은 특히 머리 단장에 능했고, 장신구 등 귀금속을 많이 착용하고, 아름답고 멋진 옷으로 화려하게 꾸몄다고 합니다. 요즈음에도 아내들이 이렇게 몸단장에 얼마나 많은 시간과 정성과 물질을 쏟는지 모릅니다. 화장발로 안 되니까 조명 받고요, 조명으로도 안 되니까 성형까지 받는 겁니다. 그런데 외모에 치우치는 여자일수록 내면이 충실치 못한 사람이 많습니다. 그래서 남편을 위로하고 힘이 되어 주는 내조를 하는 것이 아니라 남편을 더 고통스럽고 불행하게 만드는 것입니다.

　미국의 한 정신병원에서 있었던 일입니다. 그 정신병원의 한 남자가 창 밖을 바라보면서 "루루" "루루" 하고 루루를 부르고 있었습니다. 그런데 또 다른 남자가 벽에다 머리를 찧으면서 "루루" "루루" 하고 괴로운 듯이 소리치고 있었습니다. 그래서 이상한 생각이 들어 "왜 저 사람들이 '루루'를 부르면서 저렇게 하고 있습니까?" 하고 담당 의사에게 물었습니다. 그랬더니 그 의사가 "창 밖을 바라보며 "루루" "루루"라고 부르는 사람은 청년 때 루루라는 여자에게 실연당한 사람이고, 벽에 머리를 찧으며 "루루" "루루"라고 소리치고 있는 사람은 그 루루라는 여자와 결혼해서 10년을 산 루루 남편입니다"라고 하더랍니다. 두 사람 다 그 루루라는 여자 때문에 정신병원에 들어온 것입니다.

　그러나 우리가 기억해야 할 것은 외모보다 더 중요한 것이 있다는 것입니다. 그래서 고린도후서 4장 16절에 "그러므로 우리가 낙심하지 아니하노니 겉사람은 후패하나 우리의 속사람은 날로 새롭도다"고 증거합니다. 세월이 흘러갈수록 우리의 겉사람은 늙어가고 젊은 날의 매력도 다 사라집니다. 그러나 속사람은 날로 새로워지기 때문에 멋진 외모보다 더 소중하고 평생토록 가고 훨씬 감동적인 것입니다. 왜냐하면 외모의 단장이 사람을 상대한 것이라면 마음의 단장은 하나님을 상대한 것이기 때문입니다. 또한 외모의 단장은 남편의 마음을 일시적으로 끄는 것이지만 마음의 단장은 남편의 마음을 영원히 끄는 것이기 때문입니다. 그래서 오직 마음에 숨은 사람을 온유하고 안정한 심령의 썩지 아니할 것으로 하라는 것입니다. 이것이 하나님 앞에 값진 것입니다.

그러므로 우리 아내들이 성령으로 충만하여 심령이 온유하고, 겸손하고, 말이나 행동에 사랑이 넘치고, 남편에게 순종하는 삶을 살 때 감동을 주는 것입니다. 신학자 벵겔(Bengel)의 말대로 하나님께 소망을 두는 것이 참된 거룩일 뿐만 아니라 기본적인 삶의 순종인 것입니다. 그러므로 사라가 아브라함을 사랑함으로 '주'라고 부를 정도로 순종하였듯이 우리 아내들도 모두 다 사라처럼 내면의 사랑으로 남편에게 순종함으로 남편을 감동시키고 변화시키는 믿음의 딸이 되어야 할 것입니다.

남편: 사랑하라

(1) 지식의 동거

그 다음에 이제 남편들을 향해 7절 상반절에 "남편된 자들아 이와 같이 지식을 따라 너희 아내와 동거하고"라고 말씀합니다. 여기 '이와 같이'라는 것은 아내들이 남편에게 순종의 의무를 다하듯이 남편들도 아내에 대한 의무를 다해야 한다는 것입니다. 성경이 끊임없이 강조하는 아내에 대한 의무는 아내를 사랑하는 것입니다. 이렇게 아내를 사랑하기 전에는 어떠한 남편도 행복할 수 없음을 주님께서 아신 것입니다.

더 나아가 본문은 그 사랑을 더 구체적으로 설명하는데, 지식을 따라 아내와 동거하라는 것입니다. 영어 성경을 보면 그 뜻이 더욱 명확해집니다. "Be considerate as you live with your wives(너희 아내와 살면서 배려하라)." 아내와 살면서 아내의 마음을 헤아려 달라는 것입니다. 그런데 남편들은 아내가 왜 요즘 자꾸 우울한지, 왜 신경질적인지, 왜 입맛이 없는지, 왜 밤잠을 못 자는지, 왜 불행을 느끼며 눈물을 흘리는지 아내의 마음을 하나도 모릅니다. 이렇게 서로의 마음을 몰라 줄 때 결과적으로는 부부가 함께 불행을 겪고 맙니다.

매력적인 남자 배우 멜 깁슨이 주연한 '왓 위먼 원트(What Women Want : 여자들이 원하는 것)'라는 영화가 있습니다. 남자 주인공은 여자들의 마음을 다 읽을 수 있는 능력이 있어서 여자들의 마음을 기쁘게 해주기 때문에 모든 여자들에게 인기가 있었습니다. 그렇게 남편들이 아내의 마음을 다 알 수 있다면 아마도 부부 갈등은 없을 것입니다. 그런데 실제로는 남편들이 아내의 마음을 헤아리기란 무척 어렵습니다.

아내가 콧소리를 섞어서 "자기 나 사랑해?" 하고 묻는 것은 "사랑하느냐"고 묻는 것이 아니고 사실은 "나 갖고 싶은 거 있는데 사 줄 거야?" 하고 묻는 거랍니다. "자기, 나 얼마만큼 사랑해?"라는 말은 "나 비싼 거 샀는데 괜찮지?"라는 뜻이고, "어머, 쓰레기봉투가 벌써 다 찼네!"라는 말은 "그렇게 앉아만 있지 말고 빨리 갖다 버리란 말이야!"라는 뜻이고, "화 안 났어!"라는 말은 "나 지금 엄청 열 받았단 말야"라는 뜻이고, "당신 맘대로 해"라는 말은 "절대로 하면 안돼. 그렇게 하기만 해 봐"라는 뜻이고, "차가 너무 지저분하네"라는 말은 "그렇게 게으름만 피우고 있지 말고 빨리 차 청소하란 말이야"라는 뜻이고, 아내가 목소리를 착 가라앉히며 조용히 "당신, 나하고 이야기 좀 해요" 하고 분위기를 잡으면 그날은 죽었다고 생각해야 된답니다.

남편들이 아내의 마음을 잘 헤아려 보살펴주어야 합니다.
한 성도님이 메일로 보내 주신 시가 가슴에 와 닿았습니다.

소와 사자가 있었습니다
둘은 죽도록 사랑합니다
둘은 혼인해 살게 됩니다
둘은 최선을 다하기로 약속합니다.

소가 최선을 다해서
맛있는 풀을 날마다
사자에게 대접했습니다
사자는 싫었지만 참았습니다.

사자도 최선을 다해서
맛있는 살코기를 날마다
소에게 대접했습니다
소도 괴로웠지만 참았습니다.

참을성은 한계가 있습니다
둘은 마주앉아 얘기합니다
문제를 잘못 풀어 놓으면
큰 사건이 되고 맙니다.

소와 사자는 다툽니다

끝내 헤어지고 맙니다
헤어지며 서로에게 한 말
"난 최선을 다했어"였습니다.

소가 소의 눈으로만 세상을 보고
사자가 사자의 눈으로만 세상을 보면
그들의 세상은 혼자 사는 무인도입니다
소의 세상, 사자의 세상일 뿐입니다.

나 위주로 생각하는 최선
상대를 못 보는 최선
그 최선은 최선일수록
최악을 낳고 맙니다.

이제는 남편들이 아내의 마음을 헤아려 주고 배려해 주고, 이해함으로 서로의 마음을 풀고 삶에서 조금씩 행복을 회복해 나가야 할 것입니다.

(2) 사랑의 돌봄

계속해서 7절 중반절에 "저는 더 연약한 그릇이요 또 생명의 은혜를 유업으로 함께 받을 자로 알아 귀히 여기라"고 말씀합니다. 아내는 남성에 비해 육체적으로나 정신적으로 더 연약한 그릇입니다. 그러므로 더욱 소중하게 돌봐 주어야 합니다. 이제는 아내를 생명의 은혜를 유업으로 함께 받을 자로 알아 귀히 여기라는 것입니다. 그래서 성경은 남편들에게 "남편들아 아내를 사랑하며 괴롭게 하지 말라"(골 3:19)고 말씀하지 않습니까? 아내를 더 이상 정신적으로나 육체적으로 경제적으로 괴롭게 하지 말고, 아내를 소중하게 여기고 더 적극적으로 사랑을 베풀어 주어야 할 것입니다. 얼마 전 방송의 발표를 보니까 전업주부의 한달 수고료가 평균 113만 원 가치가 있다고 했습니다. 아내들의 수고를 꼭 물질적으로 계산하기 전에 우리에게 시집와서 일생토록 상처 입고 고생한 것을 생각한다면, 그 희생의 노고에 대해서 진정으로 감사하며 더욱더 사랑을 베풀어 행복하게 해주어야 할 것입니다. 그런데 남편들이 이 사랑을 표현하지 못합니다. 표현하는 데 익숙하지 않습니다.

부부행복세미나를 해보면 대부분의 남편들이 아내에게 할 수 없이 끌려와서 처음에는 손잡는 것도 어색해 합니다. 유교의 가부장적 문화라는 전통에 젖어 있어 남성들이 권위에 사로잡혀 살아왔고, 어렸을 때부터 부모님에게 부부 사랑에 대해서 배운 것이 아무것도 없습니다. 그러다 보니까 남편이 아내를 사랑하는 데 익숙해 있지 않습니다. 그런데 은혜 받고 나면 손잡는 것이나 서로 포옹하는 것을 자연스럽게 하게 됩니다. 그뿐 아니라 하룻밤 지나고 둘째 날 아침부터는 아내가 녹차 한 잔 마시고 싶다니까 척 갖다 바치는 모습을 보게 됩니다. 모두들 아내들에게 그렇게 잘하게 되는데, 한 남편이 부부행복세미나를 하다가 남편들 다 버렸다고 푸념 아닌 푸념을 털어놓았습니다. 그래서 제가 "저게 정상이에요. 그거 안 하다가 노년을 불행하게 사는 남자가 한두 명이 아닙니다. 나중에 버림받기 전에 자진 납세하여 노후 대

책을 세우시기 바랍니다"라고 해서 한바탕 웃은 적이 있습니다.

아내를 연약한 그릇으로 알고 더 소중하게 여기고 적극적으로 사랑함으로써 지난 날의 상처가 치유되고 진정한 행복도 회복하게 될 것입니다.

(3) 기도의 감동

마지막으로 7절 하반절에 "이는 너희 기도가 막히지 아니하게 하려 함이라"고 말씀합니다. 부부싸움을 하고 나면 기도가 안 나옵니다. 아내를 경멸하고 박대하는 마음에 진정한 기도가 있을 수 없습니다. 섬김의 삶 속에서 진정한 기도가 나오는 것입니다. 그리고 기도로 아내의 마음을 감동시키며 남편의 진정한 영적 권위를 세워 나가야 할 것입니다. 그리하여 결국 아내를 신앙에 굳게 세우고, 온 가정이 믿음으로 인생의 모든 고난을 헤쳐 나가는 것입니다. 시련과 역경이 없는 가정이 어디에 있습니까? 한 번쯤 이혼을 생각해 보지 않은 가정이 어디에 있겠습니까?

이번 부부행복세미나도 너무도 은혜롭게 잘 마쳤습니다. 몇몇 가정이 이혼을 앞두고 참석했다가 성령의 은혜를 체험하고 놀랍게 회복되기도 했습니다. 그중에 남편의 실직으로 부부의 갈등이 심각한 가정이 있었습니다. 제가 처음 참석을 권면하려고 전화를 했더니 남편이 "아내가 어젯밤 짐을 싸들고 집을 나갔습니다. 오늘 법원에 가서 이혼할 겁니다" 하는 것입니다. 그래서 제가 "이혼을 하시더라도 이번 부부행복 세미나에 꼭 한 번 참석하시고 나서 그 다음에 하세요" 하고 권면했습니다. 그분의 말을 듣고 너무나 가슴이 아프고 앞이 캄캄했습니다. 교인 가정이 깨진다는 말을 들으니 목사의 가슴이 찢어지는 것 같아서 전화를 끊고 주님께 간절히 눈물로 기도했습니다.

"하나님 아버지, 주님 사랑하시는 가정이 깨어지려고 합니다. 주여 도와주시옵소서. 역사해 주시옵소서. 꼭 이번 부부행복 세미나에 참석하게 해주시고 끝까지 붙들어 주시옵소서."

얼마나 간절히 기도했는지 모릅니다. 그랬더니 그 부부가 마지막 출발하는 날 아침까지 실랑이를 하다가 극적으로 참석하게 되었습니다. 처음에는 마음 문이 닫혀 있어서 서로 얼굴이 굳어진 채 참석해서 얼마나 보기에 민망했는지 모릅니다. 그런데 시간이 지날수록 성령께서 역사하심을 느낄 수 있었습니다. 결국 남편 집사님이 먼저 성령의 은혜를 체험하고 지난날의 자존심을 모두 다 버리고 믿음으로 결단했습니다. 그리고 부인 집사님도 마음 문이 열려고 남편을 용서하고 사랑으로 받아들이게 되었습니다. 그래서 눈물로 화해하고 서로 포옹하는데 얼마나 감격적이고 은혜로웠는지 모릅니다. 그 부부들 때문에 이번 부부행복세미나가 더욱 은혜롭게 빛날 수 있었습니다. 그래서 이 부부가 함께 나눈 사랑의 편지에 함께 은혜를 나누고자 합니다.

사랑하는 아내에게

여보, 당신이 나 하나 믿고 아무것도 없는 나에게 시집 온 지도 벌써 25년이 지났구려. 미아리 길음동 달동네 판자집에서 신혼 살림을 시작해 그동안 얼마나 많은 이사를 다녔소? 당신께 너무나 고생을 많이 시켰는데도 당신은 고생스럽다는 말 한마디 없이 꿋꿋하게 살아오며 자식도 둘이나 낳아 잘 길러 주었는데, 나는 당신께 해준 것이 너무나도 없구려. 뿐만 아니라 당신이 조금만 실수라도 하면 구박하고 면박 주고 무시하며 얼마나 당신 마음을 상하게 했소? 그때 조금만 참고 사랑으로 감싸주었다면 오늘처럼 눈물 흘리며 후회하지 않을텐데, 정말 미안하구려. 늦게나마 부부행복세미나에 참석하여 부부가 무엇이며 가정이 무엇인지 알게 되어 너무 행복하여 하나님께 감사드린다오. 여보, 이번 세미나가 일회용이 아니었다는 것 당신께 보여드리겠소. 여보 사랑해요.

당신의 남편이

사랑합니다. 믿음의 가정이라 해서 당신 한 사람 믿고 시집온 지 25년. 새댁 소리 들은 게 엊그제 같은데 벌써 아이들이 성년이 되어 결혼할 나이가 되었군요. 우리가 목사님 주례로 서로 아끼며 사랑하고 괴로우나 즐거우나 영원히 함께하겠다고 성혼 서약을 했지요. 그런데 그 약속을 저버리려고 했습니다. 그러나 하나님께서는 약속을 지키게 하기 위해서 부부행복세미나에 당신과 나를 초청하여 주신 것입니다. 우리 부부, 정말로 하나님께서 맺어 주신 것을 오늘 확실히 알게 되었습니다.

당신한테 받은 상처 도저히 회복할 수 없었고, 상처 받은 내 자존심을 그 누구한테도 보상받을 수 없었지요. 외롭고 가슴이 터지고 미어질 것만 같아 아무도 모르는 곳으로 도피하고 싶었으나 세미나를 통해 모든 것이 내 탓이라는 것을 알게 되었지요. 내가 지혜롭지 못했고 아내로서 아이들 엄마로서 인내하지 못했다는 것 말씀을 듣고 알았어요. 늦었지만 이제라도 못다한 사랑, 믿음과 말씀 안에서 기도하면서 신앙 생활하며 사랑과 행복이 넘치는 가정이 되도록 열심히 노력하고 허물을 감싸 주는 삶이 되도록 노력할게요. 미안해요.

당신의 아내가

한 남편의 믿음의 결단이 아내를 감동시키고 가정이 깨어질 위기에서 행복을 회복시키는 감동적인 장면을 보면서 모두들 얼마나 눈물을 흘렸는지 모릅니다. 우리가 살면 얼마나 살겠습니까? 즐거워도 한평생, 괴로워도 한평생입니다. 얼마나 빨리 지나가는지 모릅니다. 사랑하는 남편이나 아내가 갑자기 떠나고 나면 불행했던 과거가 마음을 아프게 합니다. "이렇게 갑자기 떠날 줄 알았더라면 좀더 사랑하고 행복하게 살 걸……." 그게 그렇게 마음에 걸리고 가슴 아플 수가 없습니다. 사랑하며 살아도 너무도 짧은 인생인데, 이제 얼마 남지 않은 우리의 남은 생애를 어떻게 살아야 하겠습니까? 그 답은 여러분 가슴 속에 있습니다.

11. 부모 관계의 회복

상담 치유의 말씀

그 아버지의 그 아들

창세기 22:1-14

"그 일 후에 하나님이 아브라함을 시험하시려고 그를 부르시되 아브라함아 하시니 그가 가로되 내가 여기 있나이다 여호와께서 가라사대 네 아들 네 사랑하는 독자 이삭을 데리고 모리아 땅으로 가서 내가 네게 지시하는 한 산 거기서 그를 번제로 드리라 아브라함이 아침에 일찍이 일어나 나귀에 안장을 지우고 두 사환과 그 아들 이삭을 데리고 번제에 쓸 나무를 쪼개어 가지고 떠나 하나님의 자기에게 지시하시는 곳으로 가더니 제 삼 일에 아브라함이 눈을 들어 그 곳을 멀리 바라본지라 이에 아브라함이 사환에게 이르되 너희는 나귀와 함께 여기서 기다리라 내가 아이와 함께 저기 가서 경배하고 너희에게로 돌아오리라 하고 아브라함이 이에 번제 나무를 취하여 그 아들 이삭에게 지우고 자기는 불과 칼을 손에 들고 두 사람이 동행하더니 이삭이 그 아비 아브라함에게 말하여 가로되 내 아버지여 하니 그가 가로되 내 아들아 내가 여기 있노라 이삭이 가로되 불과 나무는 있거니와 번제할 어린 양은 어디 있나이까 아브라함이 가로되 아들아 번제할 어린 양은 하나님이 자기를 위하여 친히 준비하시리라 하고 두 사람이 함께 나아가서 하나님이 그에게 지시하신 곳에 이른지라 이에 아브라함이 그 곳에 단을 쌓고 나무를 벌여 놓고 그 아들 이삭을 결박하여 단 나무 위에 놓고 손을 내밀어 칼을 잡고 그 아들을 잡으려 하더니 여호와의 사자가 하늘에서부터 그를 불러 가라사대 아브라함아 아브라함아 하시는지라 아브라함이 가로되 내가 여기 있나이다 하매 사자가 가라사대 그 아이에게 네 손을 대지 말라 아무 일도 그에게 하지 말라 네가 네 아들 네 독자라도 내게 아끼지 아니하였으니 내가 이제야 네가 하나님을 경외하는 줄을 아노라 아브라함이 눈을 들어 살펴본즉 한 숫양이 뒤에 있는데 뿔이 수풀에 걸렸는지라 아브라함이 가서 그 숫양을 가져다가 아들을 대신하여 번제로 드렸더라 아브라함이 그 땅 이름을 여호와 이레라 하였으므로 오늘까지 사람들이 이르기를 여호와의 산에서 준비되리라 하더라."

우리는 어버이주일을 맞이할 때마다 연례적인 어버이주일로 지켜선 안 됩니다. 성경적으로 진정한 효도가 무엇인지 깨닫고 행해야 할 것입니다. 그런데 본문 가운데 바로 그런 진정한 효도를 하였던 한 아들의 이야기가 나옵니다. 그는 바로 믿음의 조상 아브라함의 아들 이삭입니다. 그는 '그 아버지에 그 아들'이었습니다.

자녀들은 그 부모의 신앙을 그대로 본받아 배웁니다. 그래서 부모님이 성령 충만해서 감동적인 신앙생활을 하면 자녀들도 벌써 감동이 있습니다. 그러나 부모님이 혈기 충만해서 감정적인 신앙생활을 하면 자녀들도 매사가 부정적이고 비판적인 삶에 빠지고 마는 것입니다. 우리는 흔히 부정적인 의미로 '그 아버지에 그 아들'이란 말을 많이 씁니다만 본문은 긍정적인 의미의 '그 아버지에 그 아들'인 것입니다.

더구나 우리는 본문 말씀을 읽을 때 흔히 복의 근원이 되었던 아버지 아브라함의 신앙에 초점을 맞추기 쉽습니다. 그러나 믿음의 아들 이삭이 없었다면 믿음의 조상 아브라함이 빛을 발할 수 없었을 것입니다. 그러므로 그 아들 이삭의 신앙에 초점을 맞춰 본문 말씀을 풀어 나가고자 합니다.

신앙의 순종

먼저 본문 3절 말씀에 보면 "아브라함이 아침에 일찍이 일어나 나귀에 안장을 지우고 두 사환과 그 아들 이삭을 데리고 번제에 쓸 나무를 쪼개어 가지고 떠나 하나님이 자기에게 지시하시는 곳으로 가더니"라고 말씀합니다. 하나님께서는 아브라함에게 사랑하는 독자 이삭을 바치라고 합니다. 그런데 이삭이 어떻게 얻은 아들입니까? 아내 사라의 경수가 끊긴 후 아브라함이 100세에 어렵게 얻은 아들이 아닙니까? 그런데 이렇게 귀하게 얻은 아들을 '번제'로 드리라는 것입니다. '번제'라는 것은 'burnt offering'이라고 해서 제물 전체를 태워서 드리는 제사를 말합니다. 그렇게 귀한 아들을 번제로 드려야 할 때, 이 아버지의 심정이 어떠했을까요? 차라리 자신을 바치는 게 낫지 자식을 불태워 드린다는 것은 부모의 입장에서 너무도 감당하기 힘들었을 것입니다. 이것은 엄청난 믿음이 없이는 결코 불가능한 일이었습니다.

아들 이삭이 자신이 제물로 드려진다는 사실을 몰랐을지라도 아침 일찍이 일어나 아버지를 따라 번제를 드리러 나섰다는 사실은 갸륵한 일입니다. 그것도 무더위 속에서 브엘세바에서 예루살렘까지 75킬로미터의 사흘길 거리를 따라나선 것입니다. 험난한 사막 길을 사흘 동안 갈 때 불평과 불만이 있을 법도 했지만 이삭에게도 믿음이 있었기에 말없이 순종할 수 있었습니다. 바로 '그 아버지에 그 아들'의 신앙의 순종이 있었던 것입니다.

우리에게 가장 근본적으로 해야 할 효도가 있다면 그것은 신앙의 순종입니다. 우리가 부모님께 선물이나 하고 용돈 좀 드린다고 해서 효도를 다했다고 생각하면 안 됩니다. 그것은 물질 만능주의에 사로잡힌 편의주의 세태인 것입니다.

6.25 한국전쟁으로 남편을 잃고 혼자 된 부인이 있었는데, 남편을 잃은 뒤 유복자를 낳았습니다. 20대에 과부가 된 그 부인으로서는 삶이 너무도 고달팠지만 아들이 그녀의 희망이요, 기쁨이요, 생명 그 자체가 되었습니다. 그렇게 젊음을 바치고 평생을 바

쳐서 아들을 키웠습니다. 그리고 때가 되어 결혼을 시키고 2, 3년 동안 아들 내외와 함께 참으로 행복하게 살았습니다. 그러나 그 기쁨도 잠깐 사이에 지나가고, 어느 날 아들 부부가 어머니께 찾아와서는 "어머니, 우리 이민 가겠습니다" 하는 것이었습니다. 어머니는 그토록 사랑하는 아들과 헤어져야 한다는 그 말에 너무도 큰 충격을 받고 낙심했습니다. 그러나 아들 내외는 어머니의 반대는 아랑곳하지 않고 모든 수속을 마친 후 "어머니, 생활비는 보내드릴게요"라는 한마디 말만 남기고는 이민을 떠나버렸습니다.

이 아들을 보면서 우리는 무엇을 느낍니까? 그 아들에게는 어머니의 은혜에 대한 보답은 말할 것도 없거니와 어머니를 위해 희생하고 싶은 생각은 더더욱 없었던 것입니다. 그까짓 생활비 조금 보내면서 자기는 어머니를 사랑한다고 생각할지 모르지만 그것은 사랑이 아닙니다. 효도를 다한 것이 아니기 때문입니다.

우리가 부모님께 가장 먼저 해야 할 효도는 신앙의 순종입니다. 먼저 부모님 살아 생전에 예수님을 믿게 해야 합니다. 우리가 세상에서 아무리 육신을 편하게 해드리고 잘 모셔도 예수님을 안 믿어서 지옥 불못에 떨어져 영원히 고통을 겪게 된다면 그것은 영원한 불효인 것입니다. 그래서 집사님 한 분은 시골 고향에 계시는 부모님의 구원을 위해 새벽마다 눈물로 기도하고 사랑으로 감동시켰습니다. 그리고는 서울에 올라오시게 해서 우리 교회에 나오시도록 하여 예수님을 영접하게 되는 은혜를 나눈 적이 있습니다. 이 얼마나 아름답고 소중한 효도입니까?

여기서 더 나아가 믿음으로 사시는 부모님께도 순종해야 합니다. 여러분, 믿음으로 사는 부모님들이 자식들에게 가장 바라는 것이 무엇인지 아십니까? 제가 목회하면서 외롭게 사시는 연로하신 권사님이나 집사님들을 찾아뵙고 자식들에게 바라는 것이 무엇이냐고 물으면 이구동성으로 하시는 말씀이 있습니다. "모두들 예수 잘 믿고 자기들 복받고 형통하게 사는 것 말고는 더 바랄 게 없다"는 겁니다. 크고 많은 것을 바라시는 게 아닌데도 우리 자녀들이 그 소원 하나 제대로 못 들어드립니다. 무엇이 그렇게 바쁘고 무엇이 그렇게 피곤하고 교회에 못 나오게 만듭니까? 우리의 부모님들은 지금도 자식들이 회개하고 돌아와 믿음으로 살게 되기만을 새벽마다 간절히 눈물로 부르짖고 계십니다. 언제까지 그렇게 부모님 속을 썩이고 힘들게 하실 겁니까? 우리가 신앙생활을 제대로 못하다가 어느 날 갑자기 부모님이 세상을 떠나시고 나서 눈물 콧물 쏟으며 흐느껴 운들 무슨 소용이 있겠습니까? 청개구리가 불효하다가 늦게서야 후회하고 그렇게 밤낮으로 운다고 하는데, 그렇다면 우리가 청개구리와 다른 게 뭐가 있습니까?

그래서 에베소서 6장 1절에 우리가 근본적으로 이루어야 할 부모 효도에 대해서 간곡히 말씀하고 있습니다. "자녀들아 주 안에서 너희 부모를 순종하라 이것이 옳으니라." 이제는 우리가 주 안에서 부모님께 순종함으로 그분들 마음을 평안하게 잘 모시라는 것입니다. 이것이 옳은 일이고 가장 소중한 효도입니다. 그리 할 때 우리는 이 땅에서도 부모님과 마음 평안하고 화목하게 살뿐만 아니라 천국에도 함께 가서 영원한 복락을 누리게 될 것입니다.

미국의 한 신실한 신앙의 가정에서 어머니가 세상을 떠나게 되었습니다. 자녀들을 모아놓고 마지막 인사를 하는데, 신앙생활을 잘 하는 자녀들에게는 "My sweetie, see you later in heaven(사랑하는 아이들아, 천국에서 다시 만나자)" 하고 눈물로 작별의 정을 나누었습니다. 그런데 어머니의 눈물의 기도와 사랑의 권면을 끝까지 외면했던 막내아들에게는 "My dear son, goodbye(사랑하는 내 아들아 잘 있거라)" 하고 마지막 작별인사를 했습니다. 그러자 막내아들이 "어머니, 다른 형제들에게는 '천국에서 다시 만나자' 하시고 왜 저에게는 '잘 있거라'라고 하시는 거예요?"라고 항의를 했습니다. 그때 어머니가 "예수님을 믿는 자녀들은 천국에서 다시 만날 수 있지만 너는 예수님을 안 믿어 지옥으로 갈 테니 지금이 너와 영영 이별하는 순간이기 때문이다"라고 대답하면서 아들의 영혼에 대한 뜨거운 사랑 때문에 두 눈에서 눈물을 주루룩 흘렸습니다. 결국 막내아들은 어머니의 그 말에 충격을 받고 그 어머니의 임종 앞에서 회개하고 예수님을 믿음으로 영접하게 되었다고 합니다.

　이처럼 온 가족이 부모님을 모시고 하늘나라의 소망 가운데 한 교회에서 함께 신앙생활하는 것이 얼마나 복된 일인 줄 아십니까? 세상 자녀들은 결혼하면 다 우리 곁을 떠나가지만 신앙의 자녀들은 주일마다 교회에 와서 만날 수 있으니 얼마나 좋습니까? 또한 부모님이 평생을 섬기신 교회에서 자녀들이 장로, 권사, 집사가 되어 부모님의 뒤를 이어 충성하는 것보다 더 축복되고 영광스러운 일이 어디에 있겠습니까? 이처럼 우리가 부모님의 신앙에 순종하며 살아간다면, 이 땅에 사는 동안에도 은혜롭고 축복되게 쓰임 받을 뿐만 아니라 이 세상을 떠날 때에도 영원한 천국에서 함께 살아갈 그 부모님의 그 자녀로서 신앙의 은총을 함께 나누게 될 것입니다.

사랑의 대화

계속해서 7-8절에 보면 아버지 아브라함과 아들 이삭의 대화가 나옵니다.

"이삭이 그 아비 아브라함에게 말하여 가로되 내 아버지여 하니 그가 가로되 내 아들아 내가 여기 있노라 이삭이 가로되 불과 나무는 있거니와 번제할 어린 양은 어디 있나이까 아브라함이 가로되 아들아 번제할 어린 양은 하나님이 자기를 위하여 친히 준비하시리라 하고 두 사람이 함께 나아가서."

아브라함은 모리아 땅에 이르렀을 때 종들을 그곳에 머물게 하고 이삭만 데리고 모리아 산, 즉 지금의 예루살렘의 성전이 있는 산으로 올라갑니다. 이렇게 부자가 모리아 산이 눈에 보이는 약 5킬로미터의 거리를 함께 걸어갈 때였습니다. 그때 주목해야 할 사실은 아들 이삭이 먼저 아버지에게 말을 걸어 왔다는 것입니다. 또한 아들의 질문에 아버지는 "내 아들아, 아들아" 하면서 친절하게 잘 대답해 주었습니다. 곧 '그 아버지의 그 아들'의 사랑의 대화가 있었던 것입니다.

늘 외롭게 사는 우리 부모님들이 자녀들에게 신앙 다음으로 가장 바라는 것이 있다면 그것은 자녀들과의 사랑의 만남과 대화의 시간일 것입니다. 제가 교수 시절 장모님을 모시고 살았는데, 몸이 불편하여 하루 종일 혼자 집에 계신 것이 너무 외로워 보여서 "하루 종일 외롭지 않으세요?" 하고 물으니까 "외로울 때마다 집에서 키우는 화초들하고 이야기를 나눈다"고 하는 것입니다.

식구들이 다 나가고 집안에 아무도 없으니까 외로울 때마다 화초하고 이야기하신다는 말을 듣고 너무 가슴이 아팠습니다.

이렇게 하루 종일 외롭게 우리만 기다리며 사시는 부모님께 우리는 말 한마디 따뜻하게 안 합니다. 부모님이 자식들 일이 궁금해서 자꾸 물어 보면 "뭘 그렇게 간섭하세요? 뭘 그렇게 알려고 그러세요? 모르셔도 돼요" 하고 톡 쏩니다. 그러니 부모님이 누구와 마음 편하게 대화를 나누며 살겠습니까?

더욱이 요즈음에는 자녀들이 부모님 눈치를 보는 것이 아니라 부모님들이 자녀들 눈치를 보십니다. 안부 전화도 먼저 하시고, 아침에 일찍 일어나야 하면 연락해서 깨워 주시고, 맛있는 것도 해서 갖다 주십니다. 용돈 좀 받아 쓰느라고 눈치 보는 데다 심지어 며느리 눈치를 보면서 사는 시부모님들도 얼마나 많은지 모릅니다.

외롭고 의지할 데 없는 부모님들의 심정을 이해하면서 우리가 먼저 말 한마디라도 따뜻하게 해 드리길 원합니다. "사랑하는 아버지, 어머니, 평안하셨어요? 요즘 건강은 어떠세요? 뭐 필요한 건 없으세요? 부모님 위해 매일 기도하고 있습니다. 부모님, 힘내세요. 존경합니다. 사랑해요." 간단한 말들이지만 말 한마디가 부모님의 그동안의 고생을 얼마나 위로하고 그 마음에 얼마나 힘을 더해 주겠습니까?

국민일보에 이런 글이 나와 있었습니다. 세상에서 가장 아름다운 관계는 '가족'인데 이 '가족'을 영어로는 'FAMILY'라고 합니다. 이 단어의 어원은 'Father, Mother, I Love You(아버지, 어머니, 당신을 사랑합니다)'의 첫 글자들을 합성한 것이라고 합니다. 그래서 가정은 "엄마, 아빠 사랑해요!"라는 부모님께 대한 사랑의 고백에서 시작됩니다.

그리할 때 아버지, 어머니들도 사랑으로 행복해지면서 자녀들에게 더 많은 사랑의 감동을 남기는 것입니다. 부모님들의 사랑의 가르침은 평생 계속된다고 하지 않습니까? 그래서 여든살이 넘으신 어머니가 외출하는 예순살이 넘은 아들을 보고 "아가, 차 조심해라" 그러십니다. 부모의 눈에는 자녀들이 항상 어린애로만 보이는 것입니다. 늙은 아버지가 중년의 아들과 기차표를 끊으며 "어른 하나에 애 하나요"라고 한 경우도 있다고 합니다. 부모의 눈에는 자녀는 항상 사랑으로 돌봐 주어야 할 어린 애로만 보이는 겁니다. 그러므로 우리는 자녀들을 사랑하는 부모님들의 사랑의 권면에 늘 귀기울이고 마음판에 새겨야 할 것입니다.

그래서 잠언의 지혜서에도 보면 1-7장에 "내 아들아" "내 아들아" 하면서 계속 강조하며 권면합니다. 특별히 잠언 3장 1-2절에 "내 아들아 나의 법을 잊어버리지 말고 네 마음으로 나의 명령을 지키라 그리하면 그것이 너로 장수하여 많은 해를 누리게 하며 평강을 더하게 하리라"고 약속하고 있습니다. 그래서 지금도 저는 교회와 노회와 총회에서 한평생을 봉사하며 보내신 저희 부모님께서 해주시는 목회에 대한 조언에 귀를 기울이며 목회하고 있습니다. 그것이 저에게 참으로 많은 참고와 유익이 되기 때문입니다.

우리 부모님들은 일평생 동안 자녀들 잘되기만을 바라며 온갖 사랑의 정성을 다 쏟으며 일생을 보낸 경우가 많습니다. 《TV 동화 행복한 세상》 2권에 가슴에 뜨겁게 와 닿는 '어머니 당신은……'이란 제목의 글이 있습니다.

스물하나.
당신은 굽이굽이 험한 고개를 열두 개나 넘어
얼굴 한 번 본 적 없는 김씨 집안 맏아들에게 시집을 왔습니다.

스물여섯.
눈이 온 세상을 하얗게 덮던 겨울날, 시집온 지 5년 만에 자식을 낳고
그제서야 당신은 시댁 어른들한테 며느리 대접을 받았습니다.

서른둘.
자식이 급체를 했습니다.
당신은 그 불덩이를 업고 읍내 병원까지 밤길 20리를 달렸습니다.

마흔.
그 해 겨울은 유난히 추웠습니다.
당신은 자식이 학교에서 돌아올 무렵이면
자식의 외투를 입고 동구 밖으로 나갔습니다.
그리고 마냥 기다리며 당신의 체온으로 덥혀진 외투를
돌아오는 자식에게 따뜻하게 입혀 주었습니다.

쉰둘.
시리게 파란 하늘 아래 빠알간 고추를 펴 말리던 가을날,
자식이 결혼할 여자를 집으로 데리고 왔습니다.

당신은 짙은 분칠이 마음에 들지 않았지만
자식이 좋다니까 그저 좋다고 하셨습니다.

예순.
집배원이 자전거를 타고 다녀갔습니다.
환갑이라고 자식들이 모처럼 돈을 보냈습니다.
당신은 그 돈으로 자식들 보약을 지었습니다.
그러나 바빠서 오지 못한다는 자식들의 전화에는
애써 서운한 기색을 감추시며 전화를 끊으셨습니다.

예순다섯.
자식 내외가 바쁘다고 명절에 못 온다고 했습니다.
동네 사람들과 둘러앉아 만두를 빚으면서
평생 처음으로 거짓말을 하였습니다.
아들이 왔다가 바빠서 아침 일찍 다시 돌아갔다고…….
그날 밤, 당신은 방안에 혼자 앉아서 자식들 사진을 꺼내 보셨습니다.

오직 하나,
자식 잘되기만을 꿈에도 바라며 평생을 외롭게 홀로 사시다가
이제 성성한 백발에 골 깊은 주름으로 남은 당신,
우리는 그런 당신을 어머니라고 부릅니다.

    이렇게 우리를 위해 한평생 희생만 하신 부모님의 지나온 생애를 진정으로 이해하고 사랑하게 될 때, 우리는 부모님께 사랑

을 고백하고 부모님의 말씀에 귀를 기울이면서 사랑의 대화로 남은 세월을 행복하게 사시게 할 수 있습니다. 지난날 부모님과의 관계에서 서운했던 것이나 상처 받았던 것들조차도 다 용서하고 치유될 뿐만 아니라 '그 부모님의 그 자식'의 행복한 사랑의 관계를 분명히 회복하게 될 것입니다.

생명의 헌신

본문 9-10절에 보면 "하나님이 그에게 지시하신 곳에 이른지라 이에 아브라함이 그곳에 단을 쌓고 나무를 벌여 놓고 그 아들 이삭을 결박하여 단 나무 위에 놓고 손을 내밀어 칼을 잡고 그 아들을 잡으려 하더니"라고 기록하고 있습니다. 분명히 조금 전 걸어올 때까지만 해도 아브라함은 하나님께서 번제할 양을 친히 준비하신다고 말했습니다. 그런데 하나님께서 지시하신 곳에 이르러서는 아들을 결박하고 단 나무 위에 놓고 칼을 잡아 죽이려고 하는 이때, 여러분이라면 어떠한 반응을 보이겠습니까? "번제할 어린 양은 하나님이 친히 준비하신다더니 믿음의 아버지가 거짓말까지 하네!" "아들을 잡아 죽이려고 해?" "이 노인네가 노망한 거 아냐?" 하고 거부했을지 모릅니다.

더욱이 이때 이삭의 나이가 16-17세로 한창 힘이 넘치는 젊은 아들이 생명의 위기 속에서 116-117세나 되는 늙은 아버지에게 달려들었다면 그 아비가 어떻게 감당했겠습니까? 그러나 생명까지도 아낌없이 바치는 이삭의 믿음의 헌신과 말없는 순종이 있었기에 아브라함의 위대한 신앙의 제사가 가능했던 것입니다. '그 아버지의 그 아들'의 생명의 헌신이 있었던 것입니다.

이처럼 아버지의 신앙 못지않은 '그 아버지의 그 아들'의 신앙을 가졌을 때 하나님께서는 그들의 믿음을 인정하시고 제물로 드릴 수양을 준비하셨습니다. 그래서 그 땅 이름을 '여호와 이레', 곧 '여호와께서 보심' 즉 '여호와께서 준비하신다'는 뜻으로 정한 것입니다.

하나님께서 아브라함과 이삭의 생애뿐만 아니라 그 후손들의 생애에까지 오늘날 이스라엘을 얼마나 축복해 주시고 강대한 민족을 이루게 하셨습니까? 사실 이 이삭은 출생 전 예언부터 출생, 죽게 된 것, 죽게 되었던 장소, 부활한 날수, 그의 여생까지도 예수 그리스도를 상징하고 있습니다. 그리하여 아버지의 뒤를 이어 그를 통해 복의 근원으로 채워 주고 많은 후손이 복을 누리게 된 것입니다.

그러나 오늘의 현실은 이렇게 아름다운 생명의 헌신은커녕 오히려 부모님의 생명까지 해하려고 하는 불효자식들이 이 땅에 가득합니다. 지금 우리 나라의 고령화 속도는 세계 최고로 이미 UN이 정한 '고령화 사회(Aging Society)'에 진입했습니다. 또한 현재와 같은 저출산율이 계속될 경우 2019년에는 65세 이상 인구가 14.4퍼센트를 넘어 '고령 사회(Aged Society)'에 진입하고, 2026년에는 총인구의 20퍼센트를 웃도는 '초고령 사회(Over-aged Society)'에 이를 전망입니다. 또한 의료기술 향상과 함께 평균 수명이 늘어나는 건 고맙지만 치매 환자도 더불어 증가하고 있습니다. 그리하여 현재 우리나라 전체 노인 인구의 8.3퍼센트인 30여만 명이 치매를 앓고 있다고 합니다.

한 아들이 치매와 정신 질환으로 요양원에 입원 중인 65세 된 어머니의 간병에 들어가는 치료비가 부담이 되자, 어머니를 퇴원시켜 낙동강 하구인 을숙도 공원에 데리고 가서 벤치에 앉아 있으라고 한 뒤 "빵을 사 오겠다"고 하고는 그대로 도망쳐버린 사건이 있었습니다. 결국 그 어머니는 아들을 기다리다 지쳐 찾아 헤매다가 그만 강물에 빠져 숨지고 말았습니다. 해양 경찰대는 별다른 외상이 없는 점으로 미뤄 그 할머니가 굶주림에 지쳐 실족사했거나 스스로 강물에 뛰어들어 목숨을 끊은 것으로 추정하고 있습니다. 치료비가 많이 든다며 어머니를 버려 죽게 만들었다면 이것이 '현대판 고려장'이 아니고 무엇이겠습니까?

그러나 이처럼 부모님을 버려 죽게 한 비정한 자녀도 있지만 부모님을 위해 목숨을 바친 갸륵한 효성의 자녀들도 있다는 것이 우리에게 큰 도전과 위로가 됩니다. 가슴 찡한 우리 이웃들의 이야기인 《연탄길》 1권에는 '사랑이 있는 한 우리는'이란 제목의 감동적인 이야기가 나옵니다.

엄마는 오랫동안 신부전증을 앓았는데 결국은 한 달 전에 병원에 다시 입원했습니다. 얼굴과 손발이 풍선처럼 부은 채 희망 없이 누워 있는 엄마를 바라보며, 남매는 눈물만 흘렸습니다. 엄마는 다른 사람의 신장을 이식받는 길밖에 없었습니다. 어느 날 아버지는 남매를 앉혀 놓고 "아빠는 내일 아침에 병원에서 엄마에게 신장 이식을 할 수 있는지 정밀검사를 받을 거다. 엄마에겐 비밀로 하라"고 말씀하시며 젖은 눈으로 울고 있는 남매의 눈물을 닦아 주셨습니다. 그러나 불행하게도 아버지의 신장은 엄마에게 맞지 않았습니다. 그러자 며칠 후 아들이 아버지의 반대에도 불구하고 검사를 받았는데 엄마에게 신장을 줄 수 있다는 검사 결과가 나왔습니다. 그래서 엄마 몰래 수술 날짜를 잡았습니다. 평소와는 다른 식구들의 모습에 엄마는 꼬치꼬치 캐물었지만 모두들 거짓말을 했습니다.

드디어 수술이 시작되었는데 시작된 지 얼마 안 돼 의사 선생님이 밖으로 나와서는 엄마의 환자복에서 나왔다며 한 통의 편지를 아버지에게 주었습니다.

"의사 선생님, 만일 내가 식구들로부터 신장을 이식받아야 한다면 절대로 그렇게 하시면 안 됩니다. 내가 세상에서 가장 사랑하는 사람들을 나와 같은 아픔을 가지고 반쪽으로 살아가게 하는 건 아내로서, 어미로서, 죽음보다 더 감당하기 힘든 고통입니다. 그러니 저의 뜻을 받아주십시오."

뜻밖의 상황에 망설이는 의사 선생님께 아버지는 목이 메인 채 수술을 해 달라고 했습니다. 결국 신장 이식 수술은 진행되었고 수술 후 엄마는 아들보다 회복이 한참 느렸습니다. 그런데도 아버지의 부축을 받으며 기어이 아들보다 더 먼저 걸었습니다. 그리고는 아픈 배를 움켜쥐고 눈물을 흘리며 아들의 얼굴을 보러 갔습니다. 그런 엄마의 모습을 보며 아들은 괜찮다며 빙그레 웃었습니다.

만성신부전증을 앓고 있던 아버지를 위해 둘째 아들이 어버이날 선물로 자신의 오른쪽 신장을 드렸다는 감동적인 신문기사가 있었습니다. 결혼을 앞두고 있는 큰아들도 아버지에게 신장을 기증하려 했지만 "홀몸이라 자유로운 내가 드리겠다"는 동생의 의지를 꺾을 수가 없었다는 것입니다. 수술 후 어버이날을 맞아 아들이 미리 준비해 놓았던 카네이션을 달아드리자 아버지가 눈물을 흘리며 "생애 최고의 어버이날 선물을 받았다. 회복되면 전보다 더 열심히 사랑할 거야" 하면서 그렇게 감격의 눈물을 흘리더랍니다.

이라크 전후 복구를 위해 파병되었다가 간암 말기 환자인 어머니께 자신의 간을 이식하기 위해 급히 귀국한 아들 장병도 있었고, 11년 동안 간경화로 투병 중인 아버지를 위해 수술이 가능한 법정 연령이 되자마자 22시간의 수술 끝에 자신의 간을 떼어 드린 '여고생 심청이' 딸도 있었습니다. 또한 지병인 간염이 악화돼 간경화로 이어진 아버지를 위해 간이식 수술을 해준 효자인 두 아들도 있었고, 간경화로 4년째 투병 중인 시어머니께 자신의 간 60퍼센트를 떼어 드리고 기증 사유란에 "그분을 사랑합니다"라고 적었던 결혼 3년 차인 며느리도 있었습니다.

이렇게 효도하는 자녀들을 향해 에베소서 6장 2-3절에 분명히 약속하십니다. "네 아버지와 어머니를 공경하라 이것이 약속 있는 첫 계명이니 이로써 네가 잘되고 땅에서 장수하리라." 목숨까지도 아까워하지 않고 정성을 다해서 모든 것을 다 쏟아 공경하며 살아가는 자녀들이 '그 부모의 그 자녀'의 물질의 축복과 장수의 건강을 누리게 될 것입니다.

그런데 우리가 신앙의 순종과 사랑의 대화와 생명의 헌신까지 아끼지 않으며 효도하고 싶어도 우리에게 많은 시간이 남아 있지 않습니다. 2004년 4월 3일 농협중앙회가 주는 효행상 대상 수상자로 충북 충주시 동량면 조동리의 안임순 권사님이 선정되었습니다. 그는 1962년 23세의 나이에 중매로 시집와 가정 형편은 넉

넉하지 않았지만 가족들과 화목하게 지냈습니다. 그러나 시집갔던 시누이가 정신 질환으로 세 살 난 아이와 함께 쫓겨와 같이 살게 된 77년부터 고난이 시작되었습니다. 그 후 85년에 시아버지가 중풍으로 쓰러지셨고, 91년엔 시할머니가 치매를 앓기 시작했습니다. 또한 시어머니마저도 심한 골다공증으로 허리가 심하게 굽어 거동도 못하고 드러눕게 됐습니다. 식구들 중 어느 누구도 눈길과 손길을 뗄 수 없는 상태여서 권사님은 주님의 사랑으로 밤낮없이 식구들의 대소변을 받아내며 돌봐 왔습니다. 결국 시아버지는 10년의 병치레 끝에 95년에 돌아가시고, 시할머니는 5년의 병치레 끝에 96년에 세상을 떠나셨습니다. 이제 병치레에서 한숨 돌리는가 싶었더니 99년엔 건강했던 남편마저 중풍으로 쓰러져 팔다리가 마비되고 말았습니다.

안 권사님의 결혼생활은 이처럼 파란만장한 40여 년의 세월 속에 눈물의 골짜기를 걸어왔습니다. 그러나 외롭고 힘들 때마다 주님 전에 찾아가 눈물로 하소연하며 믿음으로 모든 고난을 이겨 냈습니다. 2,000여 평의 벼, 고추 농사를 혼자 짓다 보니 자신도 10년 전부터 관절염 때문에 고생하면서도 가족들을 돌보며 사랑으로 섬겨 왔습니다. 안 권사님은 치매 시할머니와 중풍 시아버지와 남편을 지극 정성으로 모실 수 있었던 것을 수상 소감에서 이렇게 밝혔습니다.

"부모님이 한 번 떠나면 아무리 후회해도 다시는 못 모십니다……. 물질적으로는 풍족하게 해드리지 못해도 후회하지 않도록 마음만이라도 정성껏 보살피고자 했을 뿐이었습니다."

왜 우리 곁에 계시던 부모님이 세상을 떠나면 슬픈지 아십니까? 사랑하고 싶어도 더 이상 사랑할 수 없고 효도하고 싶어도 더 이상 효도할 부모님이 안 계시기 때문입니다. 그래서 옛날 송강 정철 선생도 "어버이 살아 계실 제 섬기기란 다하여라"며 시를 읊지 않았습니까? 부모님 살아 계실 때 효도를 다함으로 '그 아버지의 그 아들'이 아니라 '그 아버지보다 더 나은 아들' '그 부모의 그 자녀'가 아니라 '그 부모보다 더 나은 자녀'가 되어야 할 것입니다.

어머니를 지킨 딸

룻기 1:6-18

"그가 모압 지방에 있어서 여호와께서 자기 백성을 권고하사 그들에게 양식을 주셨다 함을 들었으므로 이에 두 자부와 함께 일어나 모압 지방에서 돌아오려 하여 있던 곳을 떠나고 두 자부도 그와 함께하여 유다 땅으로 돌아오려고 길을 행하다가 나오미가 두 자부에게 이르되 너희는 각각 어미의 집으로 돌아가라 너희가 죽은 자와 나를 선대한 것같이 여호와께서 너희를 선대하시기를 원하며 여호와께서 너희로 각각 남편의 집에서 평안함을 얻게 하시기를 원하노라 하고 그들에게 입맞추매 그들이 소리를 높여 울며 나오미에게 이르되 아니니이다 우리는 어머니와 함께 어머니의 백성에게로 돌아가겠나이다 나오미가 가로되 내 딸들아 돌아가라 너희가 어찌 나와 함께 가려느냐 나의 태중에 너희 남편 될 아들들이 오히려 있느냐 내 딸들아 돌이켜 너희 길로 가라 나는 늙었으니 남편을 두지 못할지라 가령 내가 소망이 있다고 말한다든지 오늘 밤에 남편을 두어서 아들들을 생산한다 하자 너희가 어찌 그것을 인하여 그들의 자라기를 기다리겠느냐 어찌 그것을 인하여 남편 두기를 멈추겠느냐 내 딸들아 그렇지 아니하니라 여호와의 손이 나를 치셨으므로 나는 너희로 인하여 더욱 마음이 아프도다 그들이 소리를 높여 다시 울더니 오르바는 그 시모에게 입맞추되 룻은 그를 붙좇았더라 나오미가 또 가로되 보라 네 동서는 그 백성과 그 신에게로 돌아가나니 너도 동서를 따라 돌아가라 룻이 가로되 나로 어머니를 떠나며 어머니를 따르지 말고 돌아가라 강권하지 마옵소서 어머니께서 가시는 곳에 나도 가고 어머니께서 유숙하시는 곳에서 나도 유숙하겠나이다 어머니의 백성이 나의 백성이 되고 어머니의 하나님이 나의 하나님이 되시리니 어머니께서 죽으시는 곳에서 나도 죽어 거기 장사될 것이라 만일 내가 죽는 일 외에 어머니와 떠나면 여호와께서 내게 벌을 내리시고 더 내리시기를 원하나이다 나오미가 룻의 자기와 함께 가기로 굳게 결심함을 보고 그에게 말하기를 그치니라."

한 사회학자는 "19세기는 여성을 발견한 세기요, 20세기는 아동을 발견한 세기요, 21세기는 노인을 발견한 세기라"고 말하였습니다. 우리는 흔히 65세 이상을 '노인'이라고 하는데, 보건복지부의 통계에 따르면 우리 나라의 노인 인구가 1960년에는 전체 인구의 2.9퍼센트(72만 6,450명), 1970년에는 3.1퍼센트(99만 1,308명), 1980년에는 3.8퍼센트(145만 6,033명), 1990년에는 5.1퍼센트(219만 5,084명), 2000년에는 7.2퍼센트(339만 4,896명), 2003년에는 8.3퍼센트(396만 9,036명), 2005년에는 9.0퍼센트(436만 5,963명)에 이를 것으로 추정하고 있습니다.

　이처럼 노인 인구가 계속 급증하는 것은 그만큼 현대 의학이나 문화 수준, 그리고 삶의 질이 높아져서 모두들 건강하고 장수하기 때문입니다. 우리가 나이먹는 것도 신경써야 합니다만 갈수록 연로하신 부모님을 모시는 일에 더욱 마음을 써야 합니다. 연로하신 부모님을 잘 모신다는 것이 결코 쉬운 일은 아닙니다.

　그런데 본문에 성경 가운데 가장 모범적인 부모와 자녀의 관계가 나옵니다. 그것은 시어머니 나오미와 며느리 룻과의 관계입니다. 영원한 미해결의 과제인 고부관계가 어떻게 이렇게 아름답고 은혜로운 관계가 되었을까요?

어머니의 행복 추구

　먼저 본문 9-10절 말씀에 보면 "여호와께서 너희로 각각 남편의 집에서 평안함을 얻게 하시기를 원하노라 하고 그들에게 입맞추매 그들이 소리를 높여 울며 나오미에게 이르되 아니니이다 우리는 어머니와 함께 어머니의 백성에게로 돌아가겠나이다" 하는지라 고백합니다.

시어머니 나오미는 사랑하는 남편과 함께 유다 땅 베들레헴에서 살고 있었습니다. 그런데 그 땅에 흉년이 들자 사해 동편 모압 지방으로 이사를 온 것입니다. 그리고 그 이방 땅에서 두 아들 말론과 기룐을 장가 보내서 룻과 오르바라는 며느리를 얻었습니다. 한때 온 가족이 행복하게 살기도 했습니다. 그런데 어느 날 갑자기 남편이 세상을 떠나더니, 두 아들마저도 그 뒤를 따르고 맙니다. 사랑하는 남편과 두 아들을 한꺼번에 모두 다 잃어버린 나오미의 심정이 어떠했을까요? 신학자 모리슨(Morison)은 "인류 가운데 수많은 남성들이 고난을 당했지만 욥과 같이 고난을 당한 사람이 없었고, 수많은 여성들이 환난을 당했지만 나오미와 같이 환난을 겪은 여자는 없었다"고 말했습니다. 그 정도로 나오미가 당한 환난은 감당하기 어려운 것이었습니다. 나오미는 이제 의지할 데가 아무 데도 없었습니다. 그래서 젊은 며느리들이라도 붙잡고 같이 살고 싶었을 것입니다.

그러나 나오미는 그들에게 각각 친정으로 돌아가라고 말합니다. 그리고 재혼을 해서 각자의 행복을 찾아가라는 것입니다. 그런데도 이 며느리들이 자신들의 행복을 스스로 포기하면서까지 어머니를 따라가겠다는 것은 바로 어머니의 행복을 위해서였습니다.

나오미와 룻, 오르바의 관계는 어머니와 딸의 관계가 아닙니다. 동서고금을 막론하고 가장 불편한 관계인 시어머니와 며느리의 관계인 것입니다. 그런데도 룻기에서 보면 이 시어머니 나오미는 한 번도 그들을 'Daughters-in-law(며느리들)'이라고 부르지 않습니다. 더욱이 큰며느리와 작은며느리를 편애하지도 않습니다. 오직 'My daughters(내 딸들아)'라고 부릅니다. 여기에 신앙의 어머니의 진정한 사랑의 모습이 있습니다.

어느 동물학자가 모성애와 부성애 중 어느 편이 강한지에 대해서 실험을 했습니다. 좀 잔인한 실험이긴 합니다만 한 통 안에는 엄마 원숭이와 아들 원숭이를 넣고, 다른 통 안에는 아빠 원숭이와 아들 원숭이를 넣고는 한참 동안 불을 지폈습니다. 그러자 원숭이들이 바닥이 뜨거워서 펄쩍펄쩍 뛰면서 어쩔 줄을 몰라 했습니다. 그런데 엄마 원숭이와 아들 원숭이를 넣은 통에서는 엄마 원숭이가 아들 원숭이를 목에 태우고 펄쩍펄쩍 뛰고 있었습니다. 반면에 아빠 원숭이와 아들 원숭이를 넣은 통에서는 아빠 원숭이가 아들 원숭이 목에 올라타고 펄쩍펄쩍 뛰고 있었습니다. 그저 원숭이를 통한 동물 실험이었지만 아버지의 사랑이 아무리 강하다고 하더라도 어머니의 사랑에는 비교할 수가 없다는 것을 보여줍니다.

그런데 친어머니도 아닌 시어머니의 이러한 내리사랑이 며느리들의 마음을 감동시킨 것입니다. 그리하여 자신들의 행복을 포기하면서까지 어머니를 따르기로 한 것입니다. 저는 주례를 할 때 신랑, 신부가 부모님께 인사드리는 순서에서 딸을 시집보내는 부모님들은 딸 잃었다고 서운해하지 말고 새 아들을 하나 얻었다고 위로받으라고 합니다. 또한 아들을 장가보내는 부모님들은 며느리 얻었다고 구박하려 하지 마시고 귀여운 딸 하나 얻었다고 생각하고 사랑을 베풀어 달라고 합니다.

그때 당시는 시어머니가 큰소리치는 세상이었는데도 불구하고 며느리들에게 기회를 주었다는 것은 대단한 일이었습니다. 더구나 며느리들이 자신들의 행복을 포기하면서까지 그렇게 결단한 것은 참으로 놀라운 일이었습니다.

우리도 부모님께 효도하기 위해서 어떻게 합니까? 부모님께 선물이나 돈 좀 보내 드리고 효도 다했다고 착각해선 안 됩니다. 우리가 가장 근본적으로 해야 할 일은 부모님의 마음을 편안하게 해 드리는 것입니다. 그런데 요즈음 부모와 자식 사이가 어떠합니까? 절반 이상의 노인들이 자녀들과 같이 살고 싶지 않다고 답했습니다. 그만큼 부모와 자식 사이가 멀어져 있다는 것을 통계적으로 보여주는 것입니다. 그래서 에베소서 6장 1절에 "자녀들아 너희 부모를 주 안에서 순종하라 이것이 옳으니라"고 말씀하십니다. 설령 내 마음에 내키지 않더라도 부모님 말씀을 잘 들으며 마음 편안하게 잘 모시라는 것입니다. 서운한 감정이 있으면 다 풀어버리고 부모님과의 화평의 관계를 먼저 회복하라는 것입니다. 그리하여 부모님의 여생을 행복하게 모시라는 것입니다.

세 살 때부터 부모님과 떨어져 살았던 한 어린 소녀가 있었습니다. 아버지는 사업에 실패하면서 미국으로 갔고 어머니 역시 타지에서 살았기 때문에 어렸을 때부터 할머니의 손에서 자라났습니다. 그러던 중 열 살 때 낯선 미국 땅으로 건너가 부모님과 함께 살게 되었습니다. 그러나 열 살 때 만난 부모님에게 그녀는 선뜻 다가설 수 없었습니다. 그저 낯설기만 한 부모님께 쉽게 '엄마' '아빠'라고 부르지 못했습니다. 2년이란 세월이 지난 뒤에야 비로소 부모님을 '엄마' '아빠'라고 부를 수 있었습니다. 유년 시절에 오랫동안 부모님과 떨어져 지낸 것이 그녀에게는 큰 상처가 되었던 것입니다. 그래서 부모님과 함께 살고 경제적인 여유를 누리게 되었지만 부모님에 대한 사랑까지 느끼게 해주지는 못했습니다. 부모님과의 친밀감이 없는 가운데 보이지 않는 간격이 그녀의 성격을 비뚤어지게 만들고 방황하게 했습니다. 그녀는 부모님을 향한 애정 결핍으로 인해 외로움 속에서 지내며 한때는 음란물에 빠지기도 했습니다. 자살까지 시도해 보았지만 그것마저 뜻대로 되지 않았습니다.

그러던 중 대학 때의 선배 권유로 교회에 나가게 되었습니다. 그의 신앙생활에 별다른 진전이 없다가 예수전도단의 세미나에서 통역을 하던 중 큰 은혜를 체험하게 되었습니다. 거기서 주님을 새롭게 만나고 거듭나게 된 것입니다. 그리고 열 살이 되도록 자신을 방치해서 어린 마음에 큰 상처를 주었던 아버지와 어머니를 비로소 용서하게 되었습니다.

부모님을 용서하게 되자 부모님의 어려웠던 사정을 이해하게 되고 부모님과의 관계가 놀랍게 회복되었습니다. 그녀는 지금 국제적인 선교 활동을 하고 있는데, 외국에 나가게 되면 휴대폰으로 통화하며 아버지의 안부를 묻는 것은 물론이고 사랑한다는 내용을 담은 메시지를 자주 남길 정도로 아버지와의 사이에 전에는 상상도 하지 못할 친밀감이 생긴 것입니다. 그런데 이상하게도 어머니만은 쉽게 "미안하다"는 말씀을 안 하시는 것이었습니다.

그러던 어느 주일, 하나님께 자신의 쌓인 감정을 다 쏟아 놓는 기도를 드리고 찬양하는 가운데 주님의 위로의 음성을 듣게 되었습니다.

"간음하다 잡혀온 여인이 내 앞에 끌려왔을 때 그녀는 내게 미안하다는 말, 용서해 달라는 말 한마디 하지 않았다. 그러나 나는 그녀를 용서하고 보내 주었다. 너도 어머니를 그렇게 용서할 수 없겠느냐?" 그때 비로소 자신의 이기적인 모습을 깨닫게 되었고, 미안하다는 말씀은 안 하셔도 엄마를 진정으로 용서하게 되었습니다. 그리고 나면서부터 그녀는 부모님과의 모든 관계가 급속도로 회복되어 주님 안에서 진정한 행복을 온전히 누리게 되었다고 합니다. 그녀가 바로 예수전도단 열방대학교에서 기독교상담학을 가르치는 크리스티 김 교수인데 그 간증을 《인생의 응어리를 풀라(Pour out Your Heart to God)》는 책을 통해 감동적으로 기록하고 있습니다.

여러분, 우리는 지난날 부모님이 우리에게 상처 주신 것조차도 용서해야 우리 자신도 행복해지고 부모님의 여생도 행복하게 해 드릴 수 있습니다. 설령 우리의 마음에 내키지 않더라도 우리의 자존심부터 버리고 부모님과의 서운한 감정을 풀어야 합니다. 자신의 행복을 포기하는 한이 있더라도 부모님과의 관계를 회복할 때, 우리를 위해서 일생을 희생하신 부모님과 더불어 행복을 회복하게 될 것입니다.

전인적인 섬김

계속해서 13-14절 말씀에 보면 "너희가 어찌 그것을 인하여 그들의 자라기를 기다리겠느냐 어찌 그것을 인하여 남편 두기를 멈추겠느냐 내 딸들아 그렇지 아니하니라 여호와의 손이 나를 치셨으므로 나는 너희로 인하여 더욱 마음이 아프도다 그들이 소리를 높여 다시 울더니 오르바는 그의 시모에게 입맞추되 룻은 그를 붙좇았더라"고 기록합니다. 사랑하는 남편과 두 아들을 모두 잃은 나오미보다 더 비참한 인생이 세상에 없었을 것입니다. 그런데도 끝까지 자신보다 며느리들을 더 생각한 것입니다. 며느리들에게는 자식도 없으니까 자신들의 행복을 찾아가라는 것입니다. 더욱이 유대의 관습대로 자신이 이제 결혼해서 아들을 낳아 형수들을 취한다 할지라도 언제까지 기다릴 수 있겠느냐는 것입니다.

더 나아가 그녀는 한 번도 며느리들을 잘못 얻어 집안이 이렇게 되었다고 책임을 전가하지 않습니다. 오히려 자신이 잘못되어 하나님의 손이 자신을 쳐 며느리들까지 불행하게 되어 가슴이 아프다며 각자의 길을 찾아가라고 합니다.

이쯤 되면 며느리들의 심정이 어떠했겠어요? 그들은 소리 높여 통곡하며 웁니다. 그리고 둘째 며느리인 오르바는 결국 시어머니의 곁을 떠나갑니다. 그러나 첫째 며느리인 룻은 어떠했습니까? "룻은 그를 붙좇았더라"라고 기록하고 있습니다. 영어 성경에 보면 그 뜻이 더 명확해지는데, "Ruth clung to her"라고 해서 룻이 시어머니 나오미에게 달라붙고 매어 달렸다는 것입니다. 떨어지지 않고 일생을 연합했다는 뜻입니다. 그는 그 이후부터 시어머니 나오미를 위해 일생을 전적으로 섬기며 살아간 것입니다.

우리에게도 부모님께 몸과 마음으로 뿐만 아니라 물질까지 아낌없이 드리며 섬기는 전인적인 효도가 필요한 것입니다. 돌이켜보면 우리 자녀들이 부모님에게 받은 것이 얼마나 많습니까? 우리를 낳아 주셨고, 길러 주셨고 학교에 보내 주셨고, 용돈도 대 주셨고, 병들었을 때 간호해 주셨습니다. 결혼도 시켜 주셨을 뿐만 아니라 그 뒤로 뒷바라지도 해주셨습니다. 부모님이 지금까지 우리에게 베풀어 주신 것을 다 헤아려 보면 돈으로 다 계산할 수가 없습니다. 그 정도 해주셨으면 되었지 그 이상 더 바랄 게 뭐가 있겠습니까? 그런데도 부모님께 불평하며 무언가를 더 바라는 자녀들이 많이 있습니다. 그러다 보니까 바라는 것만 많고 부모님의 여생을 진정으로 편히 모시지 못합니다.

우스갯소리입니다만 아들 하나 있는 부모는 골방에서 죽는다고 합니다. 하나밖에 없는 아들이 책임감 때문에 부모를 못 내보내니까 골방에서 외롭게 지내다가 세상을 떠난다는 것입니다. 그런데 아들이 둘 있는 부모는 길에서 죽는다고 합니다. 아들들이 서로 안 모시려고 미루다 보니까 큰아들 집과 작은아들 집을 전전하다가 결국 길에서 세상을 떠난다는 것입니다. 그런데 딸 둘 있는 부모는 비행기 안에서 죽는다고 합니다. 딸들이 서로 잘 모시려고 하니까 큰딸 집과 작은딸 집을 왔다갔다 하다가 비행기 안에서 세상을 떠난다는 것입니다. 그런데 딸 하나 있는 부모는 싱크대 앞에서 죽는다고 합니다. 하나밖에 없는 딸 집에 가서 죽도록 일해 주다가 싱크대 앞에서 세상을 떠난다는 것입니다. 그 이야기를 들으니까 딸 하나밖에 없는 저의 장래를 보는 것 같았습니다.

이처럼 부모님을 잘 모시지 못하는 것은 말할 것도 없고, 더 심한 경우는 부모님 말씀 안 듣고 마음을 상하게 하고 문제를 일으켜 평생 가슴에 못질까지 하고 피눈물을 흘리게 합니다. 또한 부모님을 유기하고 방임하고 위협하고 협박하고, 심지어는 학대하고 폭력까지 행사하는 불효 자식들이 있다고 합니다. 그런 자식들은 어떤 하나님의 벌을 받게 될지 모르겠습니다. 사회복지

공동모금회가 설문조사한 결과에 따르면, 노부모에 대한 폭언 등 언어 심리적 학대가 32.9퍼센트로 가장 많았고, 장기간 식사를 주지 않는 등의 방임형 학대가 23.8퍼센트이고, 폭행 등 신체적 학대가 17.1퍼센트였으며, 용돈을 주지 않는 등의 경제적 학대도 11퍼센트나 되었습니다. 그것도 가해자가 아들인 경우가 42.8퍼센트로 가장 많았고 그 다음이 며느리(25.7퍼센트)이고 그 다음이 딸이나 사위, 손자 손녀 등의 가족(14퍼센트)이고 심지어는 배우자(9퍼센트)까지 학대를 한다고 합니다.

이제는 그동안 베풀어 주신 부모님의 은혜에 감사하며 남은 여생 어떻게 보답할 것인가를 생각해야 합니다. 그래서 저는 매년 어버이주일에 한 달 소득의 1/10은 영의 아버지인 하나님께 바쳐서 어려운 이웃을 위해 주의 일을 하고 1/10은 또 따로 떼어서 양가 부모님께 나눠서 보내 드리라고 강조하고 있습니다. 그래서 에베소서 6장 2-3절에 "네 아버지와 어머니를 공경하라 이것이 약속 있는 첫 계명이니 이는 네가 잘 되고 땅에서 장수하리라"고 말씀합니다. 부모님이 물질적으로 부족함이 없도록 잘 공경하라는 것입니다. 우리가 이렇게 모든 힘을 다해 부모님을 섬기면 하나님께서 우리에게 축복으로 갚아 주십니다. 그래서 우리가 형통하게 잘 되고 건강하게 장수하게 됩니다.

이제는 부모님의 은혜에 감사하며 보답할 수 있는 것이라면 무엇이든지 아낌없이 줄 수 있는 믿음을 가져야 합니다. 참으로 감동적인 것은 간경화로 투병중인 아버지에게 현역 의무경찰과 육군사병인 두 청년이 각자 자신의 간을 떼어내 어버이날 선물로 '새 생명'을 드린 일이 있었습니다. 그들은 10여 년째 간경화로 투병중이던 아버지들의 병세가 호전되지 않고 악화돼, 간 이식 수술 외에는 별다른 치료 방법이 없게 되자 가족들의 만류에도 불구하고 간의 60퍼센트씩 기증하기로 결심한 것입니다. 그들은 나중에 "어머니께서는 '잘못하면 너까지 위험할 수 있다'고 울면서 말리셨어요. 하지만 아버지께서 저희를 길러 주신 것에 비하면 아무것도 아니라고 생각했습니다. 다행히 수술이 잘 돼 제가 처음으로 아버지께 보탬이 됐다는 마음에 뿌듯할 따름입니다" 라고 고백했습니다.

이렇게 젊은 아들들은 아버지를 구하기 위해 자신의 간까지 바쳤는데, 우리는 우리를 낳아 주시고 기르시느라 일생을 희생하신 부모님을 위해 무엇을 드렸습니까? 자신의 모든 것을 아낌없이 드리는 전인적인 섬김이 있을 때 우리는 아무리 어렵고 힘들게 살아도 거기에 부모 자식간의 사랑의 진정한 행복이 함께할 것입니다.

믿음의 헌신

이제 시어머니 나오미는 룻에게 마지막으로 부탁합니다. "네 동서는 그 백성과 그 신에게로 돌아가나니 너도 동서를 따라 돌아가라" 그러나 이 마지막 부탁 앞에서 며느리 룻은 16-17절에 "룻이 가로되 나로 어머니를 떠나며 어머니를 따르지 말고 돌아가라 강권하지 마옵소서 어머니께서 가시는 곳에 나도 가고 어머니께서 유숙하시는 곳에서 나도 유숙하겠나이다 어머니의 백성이 나의 백성이 되고 어머니의 하나님이 나의 하나님이 되시리니 어머니께서 죽으시는 곳에서 나도 죽어 거기 장사될 것이라 만일 내가 죽는 일 외에 어머니와 떠나면 여호와께서 내게 벌을 내리시고 더 내리시기를 원하나이다"라고 단호하게 고백합니다. 일생토록 어머니를 모시며 어머니의 신앙을 따라 헌신하겠다는 것입니다.

우리가 부모님께 할 수 있는 마지막 가장 소중한 효도는 부모님의 신앙을 이어받는 것입니다. 또한 부모님이 신앙을 갖지 않으셨다면 세상 떠나시기 전에 꼭 신앙을 갖도록 하는 것입니다. 우리가 육신적으로 잘 해드렸을지라도 부모님이 믿음을 갖지 못하여 천국에 이르지 못한다면 이보다 불행한 일이 어디에 있겠습니까? 그러므로 우리가 믿음으로 헌신하는 것이 이 땅에서뿐만 아니라 영원히 부모님께 효도하는 길인 것입니다.

이렇게 마지막으로 믿음으로까지 어머니 나오미를 지켰던 며느리 룻에게 어떠한 축복이 주어졌습니까? 룻은 자상하고 따뜻한 사랑의 마음을 지닌 부자 청년 보아스를 만나 행복한 가정을 이루게 됩니다. 그리고 오벳이란 아들을 낳게 되는데, 그 오벳이 이새를 낳았고 이새가 다윗을 낳았고 그 다윗의 후손 가운데 예수 그리스도가 탄생하는 놀라운 역사를 이루게 됩니다. 다시 말하면 룻이 메시아의 계보를 이루는 영광과 축복을 누리게 된 것입니다.

그래서 출애굽기 20장 6절의 "나를 사랑하고 내 계명을 지키는 자에게는 천대까지 은혜를 베푸느니라"는 말씀을 통해서 주님을 사랑하고 섬기는 자에게 자손 대대로 하나님의 은혜와 축복을 약속하시지 않습니까? 그러므로 우리가 부모님께 드릴 수 있는 마지막 가장 소중한 효도는 남은 여생을 믿음으로 사시게 하는 것입니다. 이 땅에 사는 동안에 은혜와 축복이 넘치는 삶을 살 뿐만 아니라 영원한 천국에 이르러서도 온 가족이 다함께 영생 복락을 누리게 될 것입니다.

요즈음 연로하신 우리 부모님이 갈수록 건강이 쇠해지고 있습니다. 어제까지 건강하셨던 부모님이 오늘 갑자기 쓰러져 세상을 떠납니다. 그리고 나면 전도할 기회를 영영 잃어버리고, 효도할 기회도 영영 놓쳐버리고 마는 것입니다. 그렇게 한 번 떠나가시면 이 땅에서는 다시 뵐 수가 없습니다. 아버지학교에서 발표한 글을 모은 《눈물 흘리는 아버지들》이라는 책 가운데 나오는 '왜 그땐 그 사랑을 몰랐을까요'라는 글이 그렇게 가슴에 와 닿을 수가 없습니다.

아버지,
이제 저도 마흔이 다 되었습니다. 아버지께서 돌아가신 지 벌써 5년이 되었고 제 모습도 많이 달라졌습니다. 아버지도 제 나이 때 정말 힘드셨죠?
(중략)
자신의 무능함 때문에 아내를 고생시킨다는 자책감에 술을 많이 드시기 시작했고 성격도 많이 험해지셨고, 툭하면 어머니께 화를 내시고 소리를 지르시던 아버지. 급기야 알코올 중독에 걸리셔서 그 착한 심성의 아버지께서 어머니를 학대하시고 동네에서도 따돌림을 받으시던 모습이 저는 정말 싫었습니다. 아버지가 미웠습니다. 동생과 밤새 불안에 떨며 아버지가 잠들기를 기다릴 때는 아버지가 돌아가셔야 우리 집안이 살 수 있다며 아버지가 돌아가시길 바란 적도 있었습니다. 그래서 아버지가 없으면 좋겠다고 생각했고 아버지와 함께 있는 시간이 창피하고 수치스러웠습니다. 아버지가 없는 게 더 낫겠다는 생각은 철들 나이가 지났을 때도 변함없던 것을 보면 정말 힘든 세월의 상처가 아닌가 생각됩니다.

(중략)

그런데 아버지께서 급기야 간경화 선고를 받으시고 6개월 만에 돌아가신다고 했음에도 불구하고 술, 담배를 끊으시고 교회에 출석하시게 되었습니다. 2개월 만에 거의 완치가 된 기적을 체험하기 전까지 전 아버지를 결코 좋아하지 않은 것이 사실입니다. 85년 처음 아버지를 따라 교회에 다니기 시작한 제가 우리 가정에 변화가 일고 있다는 것을 알게 되었고, 평생 불교만 믿어오신 어머니가 교회에 출석하시고 목사님이 집에 찾아오시던 일련의 변화들이 너무도 감격적이고 충격적이었습니다. 이번 아버지학교에서 아버지를 용서하는 편지 쓰기를 숙제로 하게 되었습니다.

아버지,

용서를 받아야 할 사람은 접니다. 아버지, 저를 용서해 주세요. 저는 정말 나쁜 놈입니다. 주일 새벽 갑자기 잠에서 깨어 울음이 터졌습니다. 아버지께 한 제 모든 행동이 얼마나 어리석고 야속했는지, 아버지께 얼마나 큰 상처를 주었는지 깨닫고 한참 울었습니다. 이북에 부모 형제를 두고 북한 의용군으로 끌려나오셔서 사흘 뒤에 돌아온다며 손 흔들고 떠나와 포로가 되신 아버지, 북에 두고 온 부모 형제가 얼마나 그리우셨습니까? 통일을 기다리다 기다리다 못해 못내 죄책감과 그리움에 얼마나 외롭고 괴로우셨습니까? 어느 누구에게도 말 못할 그리움을 술로 달랠 수밖에 없던 아버지를 왜 그때 이해하지 못했을까요? 아버지, 용서하세요. 정이 많으시고 이웃에게 따뜻하셨던 아버지, 술에 취했을 때에도 과자 봉지 사 들고 오시던 아버지, 아버지의 그 사랑이 왜 그땐 보이지 않았을까요? 누구에게도 하소연할 수 없었던 그 외로움과 괴로움, 절망과 좌절 앞에서 누구에게도 위로받지 못하시고 격려받지 못하시고, 술 그만 마시라고 핀잔만 듣던 그 심정이 얼마나 답답하고 힘드셨습니까? 자식이라고 아버지를 외면하고 무시하고 그 마음 몰라주던 제가 얼마나 야속하고 미우셨습니까?

아버지,

이젠 아버지를 존경합니다. 우리 집안의 신앙의 뿌리이셨고 어려운 시절 가족을 위해 노력하셨지만 이름도 없이 공로도 없이 핀잔만 들으면서도 끝까지 가정을 지키시고 믿음의 가정이 되기까지 중심이 되신 아버지, 며느리와 손주 사랑이 극진하시던 아버지, 근면과 성실을 가르쳐 주신 아버지를 존경합니다. 막내손녀 한나가 제게 친할아버지가 어떻게 생기셨냐고 물어왔습니다. 그래서 저는 이렇게 자랑스럽게 대답해 주었습니다. "이 아빠하고 똑같지. 사진을 봐. 아빠는 할아버지를 닮았어. 그리고 할아버지는 정말 훌륭한 분이셨어."

존경하는 아버지, 이제는 천국에서 편히 쉬세요. 그리고 언젠가 천국에 이를 때 그때 반갑게 만나요.

아버지, 사랑합니다. 평안하세요.

못난 아들 올림

이 땅의 우리 부모님들은 다 이렇게 살다 가셨습니다. 부모님께서 세상 떠나신 다음에 후회하지 말고 이 땅에 사시는 동안 우리가 할 수 있는 효도를 다하길 원합니다. 어머니 나오미를 지킨 딸 룻과 같이 이제 우리가 남은 생애 사랑하는 부모님을 위해 해 드릴 수 있는 것이 무엇인지 생각해 봅시다.

영원한 고부 행복

룻기 1:6-18

"그가 모압 지방에 있어서 여호와께서 자기 백성을 권고하사 그들에게 양식을 주셨다 함을 들었으므로 이에 두 자부와 함께 일어나 모압 지방에서 돌아오려 하여 있던 곳을 떠나고 두 자부도 그와 함께하여 유다 땅으로 돌아오려고 길을 행하다가 나오미가 두 자부에게 이르되 너희는 각각 어미의 집으로 돌아가라 너희가 죽은 자와 나를 선대한 것같이 여호와께서 너희를 선대하시기를 원하며 여호와께서 너희로 각각 남편의 집에서 평안함을 얻게 하시기를 원하노라 하고 그들에게 입맞추매 그들이 소리를 높여 울며 나오미에게 이르되 아니니이다 우리는 어머니와 함께 어머니의 백성에게로 돌아가겠나이다 나오미가 가로되 내 딸들아 돌아가라 너희가 어찌 나와 함께 가려느냐 나의 태중에 너희 남편 될 아들들이 오히려 있느냐 내 딸들아 돌이켜 너희 길로 가라 나는 늙었으니 남편을 두지 못할지라 가령 내가 소망이 있다고 말한다든지 오늘 밤에 남편을 두어서 아들들을 생산한다 하자 너희가 어찌 그것을 인하여 그들의 자라기를 기다리겠느냐 어찌 그것을 인하여 남편 두기를 멈추겠느냐 내 딸들아 그렇지 아니하니라 여호와의 손이 나를 치셨으므로 나는 너희로 인하여 더욱 마음이 아프다 그들이 소리를 높여 다시 울더니 오르바는 그 시모에게 입맞추되 룻은 그를 붙좇았더라 나오미가 또 가로되 보라 네 동서는 그 백성과 그 신에게로 돌아가나니 너도 동서를 따라 돌아가라 룻이 가로되 나로 어머니를 떠나며 어머니를 따르지 말고 돌아가라 강권하지 마옵소서 어머니께서 가시는 곳에 나도 가고 어머니께서 유숙하시는 곳에서 나도 유숙하겠나이다 어머니의 백성이 나의 백성이 되고 어머니의 하나님이 나의 하나님이 되시리니 어머니께서 죽으시는 곳에서 나도 죽어 거기 장사될 것이라 만일 내가 죽는 일 외에 어머니와 떠나면 여호와께서 내게 벌을 내리시고 더 내리시기를 원하나이다 나오미가 룻의 자기와 함께 가기로 굳게 결심함을 보고 그에게 말하기를 그치니라."

프랑스의 작가 빅토르 위고(Victor Hugo)의 작품 가운데 《93년》이란 소설이 있습니다. 이 소설은 프랑스 혁명 직후 극도의 식량난에 시달리며 굶주림에 허덕이는 사회상을 그린 소설인데, 그 소설 가운데 이런 장면이 나옵니다. 며칠째 굶어 거의 죽게 된 어머니와 어린 두 아들이 길을 가다가 땅에 떨어진 빵 조각을 발견합니다. 어머니는 빵 조각을 줍자마자 본능적으로 둘로 나눠 아들들에게 나눠줍니다. 그때 그 곁을 지나던 두 군인이 그 광경을 보았는데 한 군인이 "저 여자는 배가 고프지 않은가 보지?" 하고 말합니다. 그러자 다른 군인이 이렇게 말합니다. "저 여자가 저렇게 할 수 있는 건 배가 고프지 않기 때문이 아니라 어머니이기 때문이라네."

그렇습니다. 우리 부모님들은 이렇게 자녀들을 위해 한평생 모든 것을 희생하며 살아오셨습니다. 그런데 우리들은 어떠합니까? 우리를 낳으시고 기르시고 오늘에 이르도록 모든 것을 희생하신 부모님께 대해서 그런 마음을 못 가질 뿐 아니라 얼마나 불평과 불만이 많습니까? 원망의 감정이 얼마나 많습니까? 그런데 우리가 친부모님께 효도 잘하기도 쉽지 않습니다만, 시부모님이나 처부모님께 잘하기는 더욱더 어렵습니다. 미국에서는 장인과 사위 사이의 갈등이 심하다고 합니다만 우리나라에서는 시어머니와 며느리의 고부간의 갈등을 '영원한 미해결의 과제'라고 하지 않습니까? 그래서 이로 인해 얼마나 많은 가정들이 불행의 고통을 겪고 있습니까?

그런데 본문 가운데에는 그러한 고부간이 '영원한 미해결의 과제'가 아닌 '영원한 고부 행복'의 관계로 나옵니다. 시어머니 나오미는 원래 유다 땅 베들레헴에서 살았습니다. 그러나 흉년이 들자 요단 강 건너 동편 모압 땅으로 이주를 하였는데, 그곳에서 행복하게 살 줄 알았던 나오미는 이방 땅에서 남편을 잃고 두 아들까지 잃고 맙니다. 사랑하는 남편을 잃은 것도 서러운데 두 아들까지 잃었으니 그 슬픔이 얼마나 컸겠습니까? 그래서 더 이상 희망을 잃어버리고 불행의 눈물을 머금고 다시 고향 땅으로 돌아가게 됩니다. 그런데 여기서 우리는 홀로 남아 아무런 힘도 없고 의지할 데도 없는 불쌍한 시어머니 나오미를 섬기는 며느리 룻의 지극한 효성을 발견하게 됩니다.

마음으로 위로하라

먼저 본문 9-10절 말씀에 보면 "여호와께서 너희로 각각 남편의 집에서 편안함을 얻게 하시기를 원하노라 하고 그들에게 입맞추매 그들이 소리를 높여 울며 나오미에게 이르되 아니니이다 우리는 어머니와 함께 어머니의 백성에게로 돌아가겠나이다"라고 고백합니다. 시어머니 나오미는 고향 땅으로 돌아가면서 두 며느리에게 자신들의 행복을 위해 친정으로 돌아가라고 합니다. 여기에 "각각 남편의 집에서 평안함을 얻게 하시기를 원하노라"고 한 것은 며느리들의 재혼을 종용한 것입니다. 이렇게 시어머니가 사랑으로 권면하고 이별의 입맞춤을 하자 며느리들은 지난 10여 년 동안 애환을 함께 나누었던 감정이 복받쳐 울음을 터트리고 맙니다.

그런데도 그들은 시어머니의 권면을 거절하고 시어머니의 고향인 유다 땅으로 함께 돌아가겠다고 합니다. 남편도 잃고 아들들도 잃었는데 이제 며느리들까지 떠나가고 나면 시어머니는 의지할 것이 아무것도 없었습니다. 그러한 시어머니를 눈물로 위로하는 두 며느리의 효성스런 마음을 볼 수 있습니다. 그것도 한번도 '시어머니'라고 부르지 않고 "우리는 어머니와 함께 어머니의 백성에게로 돌아가겠나이다" 하며 '어머니'라고만 부릅니다. 그들은 시어머니를 친어머니와 같이 대하는 사랑의 마음을 가졌기 때문에 이처럼 눈물로 위로할 수 있었던 것입니다.

우리가 이제 늙고 병들고 경제적인 힘도 없는 부모님께 할 수 있는 가장 근본적이고도 소중한 효도는 그분들을 사랑의 마음으로 위로하는 것입니다. 그분들께 사랑의 관심을 가져 주고, 따뜻한 마음으로 품어 주고, 마음 상하게 했던 것들을 다 풀어버리고, 낙심해 계시면 위로해 드리고, 어떻게 해서라도 그분들과 사랑의 관계를 회복해야 합니다.

감동적인 사랑의 이야기가 담긴 《불어오는 바람은 언젠가는 멈춘다》라는 책에 실린 간증입니다. 친정 어머니가 치매기가 있는데 항상 통장의 금액을 손으로 짚어가며 몇 번이고 확인하고는 그 통장을 아무도 찾지 못하게 어디엔가 감추시곤 했습니다. 그런데 그 감춘 자리가 기억나지 않으면 한밤중에라도 딸 내외를 깨워 통장을 내놓으라고 닦달을 하셨습니다. 그리고 딸을 아무 데도 가지 못하게 하고 시장에라도 갔다 오면 고래고래 소리를 지르고 때로는 몸싸움까지 벌이셨습니다. 그래서 딸은 밤중에 잠을 자다가도 언제 방문을 두드릴지 모르기 때문에 편안하게 잠을 잘 수가 없고, 심지어는 누군가 방문을 두드리는 환청에 시달리기도 했습니다.

그렇게 되자 어머니가 원수처럼 미워졌고 다른 가족들도 모두 손을 들고 말았습니다. 딸은 더 이상 견딜 수가 없어서 가족들과 의논해 어머니를 양로원으로 보내기로 했습니다. 그래서 그곳에 어머니를 남겨두고 떠나오면서도 죄책감보다는 이제는 마음놓고 잠을 잘 수 있고 편히 쉴 수 있으리라는 해방감을 느꼈습니다. 그런데 그렇게 돌아온 후 시간이 조금씩 흐르면서 그토록 바라던 자유를 얻었건만 마음은 조금도 평안하지 않았습니다. 웅크린 어머니의 모습이 가는 곳마다 따라다녔고, 심지어는 꿈속에서조차 보여 말할 수 없이 괴로웠습니다. 딸은 점점 식욕을 잃고 야위어 갔고 멍하니 허공을 바라보는 시간이 늘어만 갔고 그렇게 갈망하던 자유는 어디에서도 찾을 수가 없었습니다.

그러던 중 어버이날을 맞아 무거운 발걸음으로 어머니를 찾아갔습니다. 분명 자기를 보자마자 어머니가 소리를 지르고 욕을 퍼부을 거라는 생각에 가슴이 조마조마했는데, 그새 머리가 하얗게 센 어머니는 초췌해진 모습으로 딸을 보며 곱게 웃기만 하셨습니다. 그리고는 딸의 마음을 다 안다는 듯이 "아가!" 하며 두 손을 꼭 잡아 주시는데, 그 모습에 그만 딸은 울음을 터뜨리며 "어머니, 제가 잘못했어요. 당장 집으로 가요" 하고 용서를 빌었습니다. 그리고 아무리 힘들고 고통스러워도 다시는 어머니를 버리지 않겠노라고 다짐을 하면서 어머니를 업고 양로원을 나오는데, 그때 비로소 그 마음이 아주 평안해지는 것을 느낄 수 있었습니다. 그리고 진정한 행복이 무엇인지도 알 것 같았습니다. 그날 밤 오랜만에 어머니를 모시고 온 가족이 함께 저녁식사를 하는데, 딸은 그동안 잃어버렸던 식욕을 다시 되찾아 맛있게 음식을 먹을 수 있었으나 그동안 곁에서 아내를 바라보며 같이 가슴 아파했던 남편이 말했습니다. "오랜만에 저녁밥 맛있게 먹었네. 여보, 정말 고마워." 아내는 그렇게 말해 주는 남편이 그렇게도 고마웠습니다.

여러분, 지난날 부모님과 마음 상했던 것, 감정 풀지 못했던 것, 가슴에 응어리진 것을 언제까지 풀지 않고 살 겁니까? 그래서 골로새서 3장 13-14절에 말씀하지 않습니까? "누가 뉘게 혐의가 있거든 서로 용납하여 피차 용서하되 주께서 너희를 용서하신 것과 같이 너희도 그리하고 이 모든 것 위에 사랑을 더하라 이는 온전하게 매는 띠니라." 사랑하는 부모님들이 갑작스럽게 세상을 떠나신 후 후회하지 말고 살아 계실 때 오늘 당장 우리의 부모님들과의 사랑의 관계를 회복하길 원합니다. 바로 거기서부터 진정으로 부모 자녀 관계의 영원한 행복을 새롭게 회복하게 될 것입니다.

몸으로 섬기라

시어머니 나오미는 며느리들의 행복을 위해 계속해서 "내 딸들아 돌아가라"고 부탁하면서 "나의 태중에 너희 남편 될 아들들이 있느냐"(11절)고 묻습니다. 당시 유대에서는 '계대 결혼법'(the Levirate Law)이라고 해서, 형이 자식이 없이 죽으면 그의 동생이 형수와 결혼하여 자식을 낳아 형의 대를 잇게 했습니다. 아마 당시 외로운 과부들을 돌보아 주시려는 하나님의 사랑과 형제를 위해 자신을 희생하는 형제 사랑에 의해 그런 제도가 생겨났다고 봅니다.

그러나 지금 나오미의 태중에는 두 며느리의 남편 될 다른 아들이 없고 나이도 많아 재혼할 수도 없습니다. 또한 가령 오늘 재혼하여 자식을 낳는다 해도 그 아이가 성장하여 남편이 되기를 기다릴 수 있겠느냐는 것입니다. 결국은 모든 가능성이 없으니까 친정으로 돌아가 재혼하라는 것입니다. 더욱이 하나님의 손이 자신을 치셨으므로 자신은 더 이상의 희망이 없는데 자신 때문에 며느리들까지 고생을 시키는 것이 너무도 마음이 아프다는 것입니다.

본문 14절 말씀을 계속해서 봅시다. "그들이 소리를 높여 다시 울더니 오르바는 그 시모에게 입맞추되 룻은 그를 붙좇았더라" 작은며느리인 오르바는 시어머니의 설득을 받고 다시 소리를 높여 울다가 시어머니에게 마지막 이별의 입맞춤을 하고 떠나갑니다. 이렇게 오르바가 떠날 때 큰며느리인 룻도 얼마나 친정으로 돌아가고 싶었겠습니까? 그러나 룻은 시어머니를 붙좇았다고 합니다. 여기 '붙좇았다'는 단어는 히브리어로 '다바크'인데 "굳게 잡고 놓지 않음(clung to her)"을 뜻합니다. 그녀는 마음으로 뿐만 아니라 온몸으로 시어머니를 붙든 것입니다. 마음을 다하고 뜻을 다하고 힘을 다하여 붙드는 전인적인 사랑을 보여준 것입니다. 그녀는 연로한 시어머니를 끝까지 놓지 않고 곁에서 지켜드리고 돌봐드리고 붙들어 드리겠다고 결심한 것입니다.

더욱이 시어머니 나오미가 "보라. 네 동서는 그 백성과 그 신에게로 돌아가나니 너도 동서를 따라 돌아가라"(15절)고 다시 한 번 룻에게 돌아갈 기회를 주는데도, 그 다음 16-17절에서 룻이 뭐라고 고백합니까? "룻이 가로되 나로 어머니를 떠나며 어머니를 따르지 말고 돌아가라 강권하지 마옵소서 어머니께서 가시는 곳에 나도 가고 어머니께서 유숙하시는 곳에서 나도 유숙하겠나이다 어머니의 백성이 나의 백성이 되고 어머니의 하나님이 나의 하나님이 되시리니 어머니께서 죽으시는 곳에서 나도 죽어 거기 장사될 것이라 만일 내가 죽는 일 외에 어머니와 떠나면 여호와께서 내게 벌을 내리시고 더 내리시기를 원하나이다." 룻은 그의 일생뿐만 아니라 영원에 이르도록 시어머니와 함께하겠다고 말합니다. 룻(Ruth)이라는 이름 뜻 그대로 그는 시어머니의 영원한 '친구'로서 그의 곁에서 섬기며 살아갈 것을 약속합니다. 여러분, 남편 잃고 자식 잃고 다 늙어 힘없는 시어머니에게 더 이상 기대할 게 무엇이 있다고 이렇게까지 하겠습니까? 그녀는 너무도 큰 감동을 우리에게 줍니다.

바로 이렇게 부모님 곁에서 붙들어 주는 사랑의 정성이 필요한 때입니다. 우리의 가슴에 뭉클한 감동을 전해주는 《TV 동화 행복한 세상》 2권에 나오는 이야기입니다. 어머니는 바람막이 하나 없는 길목에 한 뼘도 안 되는 자리를 차지한 좌판에서 생선을 팔았습니다. 눈이 오나 비가 오나 생선을 두어 상자씩 받아다 팔아 자식 다섯을 먹이고 입히고 가르치셨습니다. 변변한 외투 하나 없이 추운 데서 겨울을 났고, 감기가 떨어질 새가 없었지만 자식들 앞에선 힘든 내색을 전혀 하지 않았습니다. 어머니의 궁상맞은 모습을 지켜보는 게 끔찍이도 싫었던 딸은 서둘러 결혼을 해 집을 떠났고, 오랫동안 어머니를 찾지 않다가 사는 게 너무 힘이 들어 오랜만에 찾아간 어머니는 괘씸하다 하지 않고 딸을 기쁘게 맞아 주시더랍니다. "아이구, 이 추운 날 네가 어쩐 일이냐?" 옆에 있던 아주머니가 그러더랍니다. "아따, 딸만 춥고 엄마는 천하장산가?" 그 말에 어머니는 "에이, 별 소릴 다 하네" 하며 화를 내시더랍니다.

그런 아주머니의 말에 비로소 어머니의 옷차림을 자세히 보다가 딸은 그만 목이 메이고 말았습니다. "엄마, 목에다 왜 비닐을 감았어?" "니가 몰라서 그래. 바람 막는 덴 비닐이 최고다." 자기 생활이 힘들다고 추운 겨울 어머니께 목도리 하나 사 드리지 못한 게 너무도 부끄럽고 한심해서 얼굴을 들 수가 없었습니다. 그래서 그 길로 달려가 털목도리를 하나 사서 어머니 목에 둘러 드렸는데, 어머니는 "돈도 없을 텐데 뭐 하러 이런 걸 사?" 하면서도 그 작은 털목도리 하나에 어머니의 눈에는 금방 눈물이 주루룩 흘러내리더랍니다. 그날 딸은 생선 비린내가 밴 어머니의 비닐 목도리를 손에 꼭 쥔 채 집으로 돌아왔습니다. 사는 게 힘들 때마다, 더 좋은 집, 더 좋은 옷, 더 좋은 삶의 욕심이 생길 때마다 그 어머니의 비닐 목도리를 꺼내보고 냄새를 맡으며 어머니의 은혜에 감사하며 어떤 힘든 환경도 감사한 마음으로 받아들이기 위해서였다고 합니다.

우리가 부모님의 은혜에 진정으로 감사하며 몸으로 할 수 있는 효도는 시간 나는 대로 찾아뵙고, 찾아뵙지 못하면 전화라도 자주 드리고, 말 한마디라도 따뜻하게 위로해 드리고, 건강도 돌봐 드리는 것입니다. 시어머니가 보니까 어느 날부터인가 며느리가 저녁식사 설거지를 마치고 나면 약을 한 알씩 먹습니다. 서랍 깊숙이 넣어놓고 누가 볼세라 얼른 먹는 그 모습을 보게 된 시어머니는 괘씸한 생각이 들었습니다. "그래, 젊은 것이 몸에 좋다는 약을 저만 먹는단 말이야? 이 늙은이 몰래 자기 건강만 챙긴단 말이지…….”

시어머니는 너무도 섭섭해서 몇 마디 할까 하다가 아무 말 하지 않고 그날부터 자기도 그 약을 한 알씩 먹기 시작했습니다. 그리고 약이 줄어든 것을 안 며느리가 뭐라고 하면 아주 혼쭐을 내리라고 단단히 마음을 먹었습니다. 아니나 다를까 며칠 가지 않아 며느리가 그러더랍니다. 누군가가 자기 약에 자꾸 손을 대는데 혹시 아시느냐고 묻자 시어머니가 이때다 싶어서 쏘아붙였답니다. "그래. 내가 먹었다, 어쩔래? 어떻게 늙은 시에미 몰래 너만 몸에 좋은 약을 먹을 수 있단 말이냐?" 그러자 며느리가 얼굴이 빨개지더니 개미만한 소리로 그러더랍니다. "어머니, 그거 피임약인데요…….”

우스갯소리입니다만 우리가 부모님이 건강하게 오래 사시도록 좋은 약도 사 드려야 하지만 그것보다 더 중요한 것이 있습니다. 일찍이 구약학자 김정준 목사님이 말씀하셨듯이 부모님을 위한 가장 좋은 영원한 명약은 구약과 신약입니다. 우리 부모님들이 세상 떠나시기 전에 이 하나님의 말씀 가운데 예수님을 믿음으로 영생을 얻게 해야 합니다. 그리하여 이 땅에 사시는 동안에도 믿음의 축복 속에 더욱 건강하게 장수하게 되는 것입니다. 그래서 요한삼서 1장 2절에 "사랑하는 자여 네 영혼이 잘됨같이 네가 범사에 잘 되고 강건하기를 내가 간구하노라"고 증거한 것입니다.

이처럼 우리가 부모님들을 정성을 다해 섬길 때 이 땅에 사시는 동안에도 건강하게 오래 사실 뿐 아니라 우리와 함께 영원히 천국에서 행복하게 사시게 될 것입니다.

물질로도 공경하라

결국 나오미는 며느리 룻과 함께 고향인 유다 땅으로 돌아가게 됩니다. 그런데 그 곳에 돌아간 후 본문 다음에 계속되는 룻기 2장 2절 말씀을 보십시오. "모압 여인 룻이 나오미에게 이르되 나로 밭에 가게 하소서 내가 뉘게 은혜를 입으면 그를 따라서 이삭을 줍겠나이다 나오미가 그에게 이르되 내 딸아 갈지어다 하매." 룻은 시어머니를 봉양하기 위해 보리 이삭을 주우러 나가고자 합니다. 그러면서 시어머니에게 "나로 밭에 가게 하소서 내가 뉘게 은혜를 입으면 그를 따라서 이삭을 줍겠나이다" 하고 허락을 구합니다. 당시에는 보리 추수 때 가난한 자가 이삭을 줍는 것이 율법에 허락되었으나 각박한 사람은 이삭 줍는 것을 금지했으므로, 밭 주인이 사랑이 많아 후하면 그를 따라 이삭을 줍겠다는 것입니다. 나오미는 며느리의 따뜻한 마음에 행복해 하며 기쁘게 허락합니다.

이처럼 그의 마음과 몸을 바쳐 섬길 뿐만 아니라 물질로도 부족함이 없도록 공경하길 원하는 룻을 하나님께서는 외면하지 않으십니다. 룻에게 시아버지의 친족이요 그의 기업을 무를 자를 만나게 하신 것입니다. 여기 '기업을 무를 자'란 히브리어로 '고엘'이라고 하는데, 사람이 자식 없이 죽으면 그의 아내를 취하여 자식을 낳아 가문을 잇게 해줍니다. 또 빚을 져서 종이 되는 경우는 그 빚을 갚아 주고 종살이에서 자유롭게 해주고, 억울하게 죽임을 당했을 때는 그 원한을 갚아 주는 친족을 가리키는 것입니다. 이는 궁극적으로는 만민의 죄를 대속하신 예수 그리스도를 상징합니다(레 25:25). 결국 룻은 이 신앙의 신실한 부자 청년 보아스와 결혼하는 행복을 누리게 됩니다. 그러나 그녀가 받은 축복은 여기서 끝나지 않습니다. 보아스와의 사이에서 오벳을 낳고, 오벳은 이새를 낳고 이새는 다윗을 낳음으로 결국 이 다윗의 가문에서 예수 그리스도가 탄생하는 인간 최대의 은총까지 누리게 됩니다.

이처럼 우리도 지난날 부모님께서 베풀어 주신 그 무한한 은혜를 기억하며 물질로도 정성을 다해 보답해 드릴 때, 하나님께서 복을 주십니다. 우리는 하나님께도 감사의 십일조를 바쳐야 하지만 그동안 우리를 기르시느라 일생을 희생하신 부모님께 보답하기 위해서 매달 조그만 정성이라도 전해 드리길 바랍니다. 좋은 식사를 대접해 드리고, 정성이 담긴 선물이라도 전할 수 있기를 바랍니다. 많고 비싸야만 좋은 것이 아닙니다. 사랑의 정성이 소중한 것입니다.

MBC 라디오 '여성시대'에 소개된 이야기입니다. 갑작스럽게 남편을 먼저 하늘나라로 떠나보내고 어린아이 둘을 데리고 혼자 살아가게 된 엄마가 있었습니다. 남편이 남겨 놓고 간 것이 거의 없어서 당장 생활 전선에 뛰어들어야 했는데, 살림만 하던 그녀가 할 수 있는 일은 그다지 많지 않았습니다. 식당에서 허드레 일을 도와주는데 보수가 많지 않아 늘 허덕거려야 했고, 밤늦게 파김치가 되어 집에 돌아오면 하루종일 엄마의 손길을 못 받아 꾀죄죄한 모습으로 쓰러져 잠들어 있는 아이들을 보면서 모든 것을 끝내고 싶은 자살의 유혹을 받기도 했습니다.

그러나 자꾸만 약해지는 엄마에게 삶의 강한 의지를 북돋아준 일이 있었습니다. 어느 날 저녁 초등학교 2학년인 큰아이가 엄마의 가방을 뒤적거리는 것을 보고 왜 그런가 궁금했지만 바빠서 그냥 지나쳤습니다. 그 다음날 식당에 나와서 무언가를 꺼내려고 가방을 열었는데, 그 안에 꼬깃꼬깃한 돈 2천 원이 들어 있고 그 옆에 쪽지가 있었습니다. 그 쪽지에는 "엄마, 힘들지? 이 돈으로 맛있는 거 사 먹고 힘내. 엄마, 사랑해!"라고 쓰여 있었습니다. 그녀는 그 쪽지를 읽는 순간 두 눈에서 한없이 흘러내리는 눈물을 주체할 수가 없었습니다. 그리고 정말 아이들을 위해서라도 내가 힘을 내어 일어서야겠다는 각오를 새롭게 하게 되었습니다. 그래서 지금까지 모든 어려움을 이겨내고 혼자 힘으로 두 아이를 잘 길러냈다고 했습니다.

 저는 개인적으로 저의 부모님께 늘 죄송스런 마음으로 살아가고 있습니다. 제 부모님은 고향에서 약방을 하시며 교회의 원로장로로서, 권사로서 편하게 여생을 보내실 수 있습니다. 그런데 아들이 목회 한다고 모든 것을 정리하고 따라오셨습니다. 그래서 주위에서 마음 상하는 일들을 보실 때마다 얼마나 마음이 아프실까를 생각하면 가슴이 메일 때가 한두 번이 아닙니다. 그런데도 제 앞에서 한 번도 서울로 올라오신 것이 후회가 되신다거나 교회에 대한 불평이나 원망을 하지 않고, 새벽마다 하루도 빠지지 않고 교회에 나오셔서 부족한 아들을 위해서 기도해 주십니다. 또한 제가 조금이라도 힘을 잃은 것 같으면 "김 목사, 끝까지 힘을 내서 잘 이겨내야 해!" 하고 격려하시는 말씀을 들을 때마다 가슴 뭉클한 부모님의 사랑을 느끼며 혼자 돌아서서 눈물도 많이 흘렸습니다. 이제 사실 날도 많이 남지 않으셨는데, 살아 계실 동안이라도 무엇보다 마음 평안하게 해 드리고 건강하게 오래 살아가시며 물질로도 부족함 없도록 잘 모셔야겠다는 소망뿐입니다. 우리가 이렇게 부모님께 효도할 수 있는 날들이 많이 남아 있는 게 아닙니다. 그분들이 떠나가신 후 후회하지 않도록 살아 계실 때 더욱 잘 모시길 원합니다.

김정현 씨가 쓴 베스트셀러 소설 《아버지》는 암 선고를 받고 죽음을 눈앞에 둔 중년의 아버지가 가족들에게 보여주는 눈물겨운 사랑을 그리고 있습니다. 공무원인 이 아버지는 많은 돈을 벌어다 주지 못해서 가족들에게 늘 미안한 마음을 가지고 있으며, 특별히 자식들에 대해서는 뜨거운 사랑을 가지고 있었습니다. 그러나 세속적인 출세를 포기하고 자식들에 대한 사랑도 표현하지 못하는 그를 아내와 자식들은 무능력하고 무관심한 남편과 아버지로 여겼습니다. 그리고 그와는 어떤 교류도 교감도 하지 않으려 합니다. 그는 그런 가족들과의 관계를 회복하고자 노력했지만 결국은 실패하고 맙니다. 고3 수험생 딸이 서울대 영문과를 가겠다고 결심하자 그의 머리 속은 온통 35라는 숫자밖에 없습니다. 왜냐하면 서울대 영문과 정원이 35명이었기 때문입니다. 그래서 차를 타도 번호판 뒷자리가 35 이내인 차만 타고, 매주 토요일마다 서울대 캠퍼스에 가서 그 땅을 밟으며 소원을 빌었습니다. 딸이 결국 서울대 영문과에 합격하자 주변 사람들은 다들 "저렇게 자식 사랑이 진한 아버지는 없다"고 말하는데, 정작 딸과 아내는 이 아버지를 인정하지 않습니다. 어느 누구보다도 딸을 사랑하고 가정을 사랑하는데도 불구하고 그는 가족들에게 인정을 받지 못한 것입니다.

그러던 어느 날 친구 의사의 권유로 건강 검진을 받았다가 그는 췌장암 말기 선고를 받게 됩니다. 그는 그 사실을 알고 괴로워하고 외로워하면서도 가족들에게 짐이 될까봐 그 사실을 숨깁니다. 그리고 홀로 외롭게 죽음을 맞이할 준비를 합니다. 그러던 중 친구 의사가 가족들에게 아버지의 병을 알립니다. 그리하여 가족들과 마지막 여행을 하면서 가족들은 아버지의 진정한 가족 사랑을 느끼며 화해하게 됩니다. 그리고 아버지는 아내와 자녀들에게 고맙고 미안하다는 편지를 남기고 세상을 떠나게 됩니다. 이 책은 아버지의 사랑이 비록 표현은 다르지만 어머니의 사랑에 못지 않게 참으로 진하다는 것을 우리에게 보여줍니다. 그리고 우리가 유교의 가부장적 문화 속에서 사랑의 표현을 잘 배우지 못하여 서로 서로에게 상처를 주었을지라도 그러한 부모님들과 화해하고 행복을 회복할 것을 역설적으로 강조합니다.

이렇게 세월이 빨리 흘러가는데 사랑하는 부모님들이 더 늙으시기 전에, 이분들이 세상 떠나신 다음에 후회하지 말고 효성을 다함으로 부모님과의 영원한 행복의 관계를 회복하길 원합니다. 그러므로 사랑하는 부모님들이 세상 떠나시기 전에 그분들을 마음으로 위로하고, 몸으로 섬기며, 물질로도 공경하심으로 고부간에도 행복한 관계를 이루길 원합니다.

마지막 효도

요한복음 19:25-27

"예수의 십자가 곁에는 그 모친과 이모와 글로바의 아내 마리아와 막달라 마리아가 섰는지라 예수께서 그 모친과 사랑하시는 제자가 곁에 섰는 것을 보시고 그 모친께 말씀하시되 여자여 보소서 아들이니이다 하시고 또 그 제자에게 이르시되 보라 네 어머니라 하신대 그때부터 그 제자가 자기 집에 모시니라."

우리는 어버이주일을 맞을 때마다 무엇보다 먼저 우리의 부모님이 계셨기에 오늘의 우리가 있음을 잊지 말아야 합니다. 그러므로 우리는 부모님의 사랑에 진심으로 감사해야 하고, 부모님의 은혜에 진정으로 보답해야 합니다. 부모님의 뒤를 이어 하나님 나라의 일꾼으로 귀하게 쓰임 받게 될 것입니다. 그런데 본문 가운데에는 예수님께서 십자가에서 마지막으로 돌아가시면서 말할 수 없는 고통 속에서 아들의 죽음을 바라보시는 어머니 마리아에게 드리는 마지막 효도를 하는 감동적인 장면이 나옵니다.

함께 있어 줌

먼저 본문 25절을 보면 "예수의 십자가 곁에는 그 모친과 이모와 글로바의 아내 마리아와 막달라 마리아가 섰는지라"고 기록합니다. 포악한 로마 군인들과 대조적으로 그 수까지도 맞추어서 네 명의 여인들이 예수님의 십자가 밑에 모여 있었습니다. 그 가운데 먼저 예수님의 어머니 마리아도 계셨고, 그 다음 나오는 이모는 마리아와 자매간으로서 세베대의 아내이며 사도 야고보와 요한 형제의 어머니인 살로메이고, 그 다음에 글로바의 아내 마리아는 작은 야고보와 요셉의 어머니이고, 마지막에 나오는 막달라 마리아는 일곱 귀신이 나감으로 영적인 은혜를 깊이 체험하고 예수님을 위해 일생을 헌신한 사랑받은 여 제자였습니다. 그 가운데 어머니 마리아가 그 십자가의 죽음의 마지막 순간에 함께 계셨다는 사실이 예수님께는 가장 큰 힘이 되었을 것입니다. 또 어머니 마리아도 남편 요셉이 세상을 떠난 후 외롭게 살아왔는데 그토록 믿고 의지했던 예수님이 죽음을 앞둔 마지막 순간까지도 함께하셨다는 것이 가장 큰 위로가 되었을 것입니다.

이처럼 우리 부모님들에게는 마지막 순간까지도 우리가 그분들과 함께하는 것이 가장 근본적으로 소중한 효도입니다. 어쩌면 노년에 외롭게 지내는 그분들에게 그것처럼 절실한 것이 없을 것입니다. 연세가 많으신 할아버지가 강가에서 낚시를 하고 있는데 발 밑에서 이상한 소리가 들렸습니다. 그래서 들여다보았더니 개구리 한 마리가 있는데, 그 개구리가 말을 합니다. "할아버지, 전 마법에 걸린 공주랍니다. 저에게 뽀뽀를 해주시면 아름다운 공주로 돌아가 할아버지를 행복하게 해 드릴게요." 그 말을 들은 할아버지가 너무도 기분이 좋아 그 개구리를 호주머니에 집어넣고는 계속 낚시를 했습니다. 잠시 후 주머니 속에서 개구리가 또 말했습니다. "할아버지, 전 마법에 걸린 공주라니까요. 저에게 뽀뽀만 해주시면 제가 다시 공주가 될 거예요." 그런데도 할아버지는 흐뭇하게 웃으면서 계속 낚시를 했습니다. 공주가 다시 다급하게 말했습니다. "아니! 할아버지, 왜 그러세요? 제게 뽀뽀만 하면 마법에서 풀려나서 할아버지를 행복하게 해 드린다니까요." 그러자 할아버지가 그러더랍니다. "이봐! 개구리 아가씨, 나같이 나이 많은 영감한테는 예쁜 공주보다 곁에서 이런 저런 말을 종알종알 해주는 개구리가 훨씬 더 큰 행복이야……."

참 의미 깊은 이야기입니다. 우리 부모님들이 노년에 얼마나 외롭고 힘들게 살아가십니까? 자식들에게 모든 것을 다 주고 남은 건 늙고 병든 육신뿐입니다. 그래서 요즘엔 옛 속담들이 많이 바뀌었다고 합니다. "젊어 고생은 사서도 한다"가 요즘엔 "젊어 고생은 늙어서 신경통이다"로 바뀌고, "고생 끝에 낙이 온다"는 "고생 끝에 골병 든다"로 바뀌었답니다. 이렇게 일생을 희생하신 부모님들을 우리는 어버이날이나 생신이나 명절에 한 번 찾아 뵙고 용돈이나 선물 좀 전해 드리면 효도가 다 끝난 줄로 압니다. 그러나 우리 부모님들에게 더욱더 절실히 필요한 것은 자식들이 자주 찾아뵙고, 그렇지 못하면 전화라도 자주 드리면서 늘 위로해 드리고, 잊지 않고 기도해 드리고, 사랑으로 섬기고 함께 시간을 보내면서 외롭지 않게 해 드리는 것입니다.

유현민 씨가 중국의 왕일민 씨의 이야기를 책으로 쓴 《어머니와 함께 한 900일 간의 소풍》이란 책이 있습니다. 이 책은 중국

헤이룽장 성의 탑하라는 시골에서 노모를 모시고 살던 평범한 74세의 할아버지 왕일민 씨가 죽기 전에 티베트를 보고 싶다는 99세의 어머니와 함께 떠난 여행의 기록입니다. 아들은 어머니가 "기쁘고 좋은 일 하나 없이 세상을 떠나실 지도 모른다"는 두려움 때문에 어머니와 평생 한 번도 같이 해 보지 못한 여행을 함께하기로 합니다. 그러나 너무 가난해서 어머니가 꼭 가 보고 싶어 하는 티베트까지 갈 비행기 값이 없는 아들은 대신 어머니를 태울 자전거 수레를 만듭니다. 그리고 바쁠 것 없이 쉬엄쉬엄 어머니에게 세상 구경을 시켜 드립니다. 한적한 시골길에서 어머니의 노랫소리를 들으며 어머니가 그렇게 노래를 잘한다는 것을 처음으로 알게 되었습니다. 그리고 어머니도 찬란한 젊은 날을 보냈던 한 여자임을 깨닫게 됩니다. 아들은 여행길에서 어머니가 투정을 하실 때마다 지난 날 어머니 마음을 상하게 해 드렸던 자신을 책망합니다.

그렇게 2년여 동안 여행을 하는 사이에 101세가 된 어머니가 많이 지쳐서 결국 여행을 중단하게 됩니다. 비록 어머니가 그토록 가보고 싶었던 티베트까지 가지는 못했지만 어머니는 세상을 떠나면서 아들에게 이런 말을 남깁니다.

"너와 세상을 구경하는 동안이 내 인생에서 가장 행복했던 순간이었다. 이제 기쁘게 눈을 감을 수 있을 것 같다."

저자는 왕 씨의 이야기를 책으로 쓰면서 가슴이 미어지는 것 같았다고 합니다. 그리고 "평생 가족들을 먹여 살리기 위해 일만 하면서 살아온 어머니들의 삶은 당신의 살과 피를 자식들에게 먹여주신 것이라는 것을 깨닫고 감사의 마음을 갖게 되었다"고 고백합니다.

그래서 예레미야 31장 13절에 "청년과 노인이 함께 즐거워하리니 내가 그들의 슬픔을 돌이켜 즐겁게 하며 그들을 위로하여 근심한 후에 기쁨을 얻게 할 것임이니라"고 증거하지 않습니까? 우리를 위해 고생하고 희생하느라고 이제는 늙고 병드신 부모님을 냄새난다고 외면해선 결코 안 됩니다. 우리 부모님이 늙고 병들어 언젠가는 우리 곁을 갑자기 떠나가기 전에 부모님과 함께했던 어떤 추억을 남겨 놓겠습니까? 그리고 먼 훗날 우리 자손들에게 어떠한 추억을 간증하겠습니까? 이제는 부모님을 자주 찾아뵙고 그분들과 함께하는 가운데 부모 자식간의 마음이 풀어지고 서로의 정이 더욱 깊어질 것입니다.

사랑을 고백함

계속해서 본문 26절에 "예수께서 그 모친과 사랑하시는 제자가 곁에 섰는 것을 보시고 그 모친께 말씀하시되 여자여 보소서 아들이니이다 하시고"라고 증거합니다. 예수님은 십자가 위에서 죽어가는 고통 속에서도 어머니 마리아가 곁에 계신 것을 보시고 "여자여 보소서 아들이니이다"라고 그의 사랑을 고백합니다. 여기서 말하는 '여자'는 헬라어로 '귀나이'로서 우리 말로는 부자연스럽게 들릴지 모르지만 상대방을 높이는 존경어로서 왕후를 부를 때 사용한 단어였다고 합니다. 아마 예수님은 "어머니, 보십시오. 아들입니다. 너무도 보고 싶었습니다. 오늘이 마지막이라고 너무 슬퍼하지 마세요. 다시 만날 때까지 평안하세요. 어머니, 감사했어요. 사랑해요"라고 마지막 사랑의 고백을 했을 것입니다.

다시 말하면 마지막 죽음을 앞두고 지나간 생애 가운데 많은 사랑과 은혜를 입었던 어머니에 대해 사랑과 감사의 고백을 한 것입니다.

우리 부모님들이 그동안 우리에게 얼마나 많은 사랑을 베풀어 주시고, 은혜를 베풀어 주셨습니까? 지난 2007년 4월 중순 저녁 7시 30분쯤 서울 중부 경찰서에 한 할머니가 혼자 버려져 있다는 시장 경비원의 신고가 있었습니다. 83세 된 할머니는 "내가 길을 못 찾아서 그렇지 버려진 게 아니다"며 극구 해명을 하셨지만 경찰 조사 결과 이 할머니는 길을 잃은 것이 아니라 버려진 것으로 밝혀졌습니다.

2남 2녀를 둔 이 할머니는 23년 전 함께 살던 장남이 병으로 세상을 떠난 후 시장에서 장사를 하는 50대 아들과 딸집을 몇 달씩 전전하며 살았습니다. 그런데 이 자녀들이 수년 전부터 어머니 부양 문제로 다투기 시작했습니다. 그날도 어머니 문제로 크게 싸우다가 아들과 딸 부부가 모두 가게 문을 닫고 집으로 가 버려서 그 어머니는 오갈 데 없이 버려졌던 것입니다. 그런데 그들이 경찰서에 불려와서조차도 서로 못 모신다고 싸웠습니다. 그때 한쪽 귀퉁이에 앉아 있던 이 할머니가 존속유기 혐의로 불구속 입건된 아들과 딸을 바라보며 "내 배 아파서 낳은 자식들인데, 내가 늙은 게 죄지" 하면서 그런 불효자식들에 대해서조차 선처를 호소하며 눈물만 흘리셨습니다.

이것이 우리를 낳아주고 길러 주시느라 일생을 희생하신 한결같은 우리 부모님들의 사랑입니다. 그럼에도 불구하고 이렇게 불효하는 자식들에 대해 신명기 27장 16절에 "그 부모를 경홀히 여기는 자는 저주를 받을 것이라 할 것이요 모든 백성은 아멘 할지니라"고 경고하고 있습니다.

그렇다면 이런 부모님께 우리는 어떠한 사랑으로 보답해야 할까요? 우리 부모님과의 관계에 가장 소홀한 것은 바로 이 사랑입니다. 그래서 우리의 부모님에 대한 또 하나의 효도는 부모님의 마음이 편안하도록 모시는 것입니다. 무엇보다 그분들에게 사랑을 고백하고, 그동안 응어리졌던 감정도 다 풀어버리고, 주님의 사랑으로 용서하고 화해하여 남은 여생 사랑의 행복 속에 살아가시게 하고, 마음 평안히 떠나가시게 하는 것입니다.

그런데 우리의 가정은 흔히 고부간의 갈등을 많이 겪습니다. 그래서 사랑장인 고린도전서 13장을 '며느리 버전'으로 바꿔 보았습니다.

내가 시어머니께 애교 있는 말로 안부전화를 할지라도
시어머니에 대한 사랑이 없으면 울리는 꽹과리가 되고
내가 세상 지식과 지혜로 교회의 집사나 권사가 됐을지라도
사랑이 없으면 아무것도 아니요
내가 내게 있는 물질로 시어머니께 넘치는 용돈을 드려도
사랑이 없으면 아무 유익이 없느니라
사랑은 시어머니가 무리한 요구를 할지라도 오래 참고
시어머니가 좀 심한 말을 할지라도 온유하며
사랑은 남편이 시어머니 앞에서 재롱을 부려도 시기하지 아니하며
시어머니 앞에서 자신을 내세우며 자랑하지 아니하며
시어머니보다 나은 점이 많아도 교만하지 아니하며

시어머니께 결단코 무례히 행하지 아니하며
사랑은 화가 목구멍까지 치밀어 올라와도 모든 것을 참으며
어떠한 시어머니라도 끝까지 모든 것을 믿으며
시어머니와의 관계가 새롭게 회복되도록
모든 것을 바라며
시집살이가 힘겨울지라도 모든 것을 견디느니라.

얼마나 은혜로운 사랑의 고백입니까? 우리 부모님들이 날마다 이런 사랑의 고백 속에 감격스럽게 살아가시게 하십시오. 우리의 마음이 치유받아 사랑의 마음이 회복되면 그렇게 미워 보이던 시어머니께도 사랑이 가고 우리의 말이나 행동이 사랑의 삶으로 변화됩니다.

늙었다는 소리를 아주 듣기 싫어하는 할머니 권사님이 계셨습니다. 그래서 평소에 젊게 보이려고 화장도 예쁘게 하고 옷 입는 것도 신경을 많이 썼습니다. 그런데 그분의 며느리 집사님이 아주 좋은 생각을 해냈습니다. 그래서 칠순을 맞이한 시어머니 권사님의 생일날 카드에다 이렇게 썼습니다. "사랑하는 어머니, 어머니의 오십 번째 생신의 스무 돌을 축하드립니다." 그 카드를 받은 어머니 권사님의 입이 귀까지 찢어졌다고 합니다. 우리 부모님들은 젊고 건강해 보인다면 제일 좋아하십니다. 우리의 칭찬과 격려의 말 한마디가 부모님의 마음에 그렇게도 위로와 힘이 되는 것입니다. 이보다 더 행복한 부모와 자녀의 관계가 어디에 있겠습니까?

여러분, 많은 말이 필요없습니다. 돈이 많이 드는 것도 아니고

힘이 많이 드는 것도 아닙니다. 우리의 사랑 고백 한마디가 부모님께 큰 위로가 되고 힘이 되는 것입니다. 우리의 남은 여생 부모님 살아 계시는 동안 이 사랑을 고백하며 살다가, 부모님이 세상 떠나실 때도 마지막으로 꼭 고백해야 할 말이 있습니다. "하나님께서 아버지, 어머니를 얼마나 사랑하시는지 아시지요? 우리도 아버지, 어머니를 진심으로 사랑해요. 천국에서 다시 만나요" 하고 고백하며 떠나보낼 수 있길 바랍니다. 그럴 때 우리 부모님들이 이 사랑의 감격을 안고 떠나가실 뿐만 아니라 우리도 평생 잊을 수 없는 사랑의 행복으로 남게 될 것입니다.

노년을 부양함

마지막으로 본문 27절에 "또 그 제자에게 이르시되 보라 네 어머니라 하신대 그때부터 그 제자가 자기 집에 모시니라"고 말씀합니다. 예수님께서는 마지막까지 십자가 옆에서 그를 지켜 주었던 제자 요한에게 "보라 네 어머니라"고 하면서 어머니 마리아를 부탁합니다. 예수님께서는 돌아가시는 상황이 되자 어머니를 더 이상 돌봐드릴 수 없어 그의 사랑하는 제자 요한에게 부탁한 것입니다. 홀로 남아 외롭게 살아갈 어머니를 걱정하면서 어머니를 위한 마지막 효도의 정성을 다한 것입니다. 요한은 이 예수님의 마지막 유언을 받들어 마리아를 자기 집으로 모시게 됩니다.

전설에 의하면 마리아는 예수님 외에 다른 네 아들 야고보, 요셉, 시몬, 유다(마 13:55)가 있었는데도 불구하고 요한과 더불어 예루살렘에서 지내다가 노년에 에베소까지 따라가서 살다가 죽었다고 합니다. 이렇게 마리아를 친어머니처럼 모시라고 그러셨는지, 요한 사도는 다른 사도들이 모두 다 순교한 것과는 달리 백수를 누리며 살았습니다. 어쩌면 사도 요한이 마리아를 친어머니처럼 잘 모셨기 때문에 하나님께서 장수의 복을 주셔서 백수를 누렸는지도 모릅니다.

우리도 그동안 부모님에게서 받았던 은혜를 잊지 않고 감사한다면, 이제는 남은 생애 우리가 그 은혜를 갚아야 할 때입니다. 《연탄길》시리즈를 통해 우리들의 가슴을 뭉클하게 만든 작가 이철환 집사님이 쓴 '우리 엄마는 감자꽃이다'란 시가 우리의 눈시울을 젖게 합니다.

길을 걷다가 다리가 아프면 의자에 앉았다
무너진 꿈으로 절망했을 때에도
고개를 숙인 채 의자에 앉아 있었다
어린 딸아이가 열이 올라
몸이 불덩이가 되었을 때도
나는 의자에 앉아 눈물을 글썽였다.

의자에서 신음소리가 들렸다
신음소리를 내지 않으려고
의자는 자신의 입을 막고 있었다
의자를 가만히 내려다보았다
아…… 아픔을 감추며 웃고 있는 의자는
바로 엄마였다.
어느 날

엄마가 식탁 위에 남기고 간 편지를 읽었다
눈물이 나왔다

철환아, 엄마 병원 가따 온다
콩나물국 렌지에 대펴 먹고
박에 나가서 점심 꼭 머거라
네가 끼니를 걸르면 에미 가슴은 문어진다.

엄마에게 작은 희망이라도 되어드리고 싶었다
내 삶의 굽이굽이마다
출렁거릴 때마다
나를 흐르게 한 것은 엄마였다. 엄마의 눈물이었다.

엄마가 있었기에
너와 나는 캄캄한 시간을 견뎌낼 수 있었다
끼니를 걸렀다는 자식의 한마디 말에도
이 세상 모든 엄마의 가슴은 무너진다
그래서 '엄마라는 말에는 엄마의 눈물이 스며 있다.

우리 엄마는 감자꽃이다
맛있는 거 모두 다
땅 속에 있는 동글동글한 자식들에게 나눠 주고
여름 땡볕에 노랗게 시들어가는
하얀 감자꽃이다

이렇게 자녀들을 위해 일생을 희생하신 부모님의 은혜에 진정으로 감사드리며 물질로 남은 생애에 부족함이 없도록 채워 드려야 하는데, 요즘 자녀들의 부모 봉양은 오히려 점점 줄어들고 있습니다. LG경제연구원의 발표에 의하면 절대빈곤 가구 중 노인가구 비율이 2000년 33.2퍼센트에서 2005년에는 45.6퍼센트로 늘어났다고 합니다. KDI(한국개발연구원)의 발표에 따르면 1980년에는 자식들로부터 경제적 지원을 받아 생계를 꾸리는 부모가 72.4퍼센트였는데 2003년에는 31.1퍼센트로 절반 이상으로 크게 줄어들었고, 반대로 스스로 일을 해서 생계를 해결한다는 부모는 16.2퍼센트에서 30.4퍼센트로 절반 가까이 늘어났다고 합니다. 자녀의 부양이 줄어들었기 때문에 일을 해서 메우지 않을 수 없게 된 것입니다. 그래서 우리 교회에서는 먼저 십일조는 하나님께, 또 다른 십일조는 나눠서 양가 부모님께 보내드리는 운동을 하고 있지 않습니까?

뿐만 아니라 건강도 챙겨 드리고, 부모님을 정성을 다해서 섬겨야 합니다. 한 할머니가 허리가 너무 아파서 병원에 갔는데 치료를 다 받은 후 의사한테 물었습니다. "이렇게 허리가 아플 때는 침대에서 자는 게 좋아요, 아니면 바닥에서 자는 게 좋아요?" 그러자 의사가 "침대에서 자는 게 더 낫죠" 하고 대답했습니다. "허리가 아플 때 왜 침대에서 자는 게 더 좋아요?" 하고 다시 묻자 의사가 말했습니다. "바닥에서 자면 아침에 일어나서 무거운 이부자리를 개야 하잖아요. 그럼 허리가 더 아프게 되잖아요?" (요즘 부모님 이부자리 펴고 개어 드리는 자식이 어디 있습니까? 의사가 그걸 다 안 겁니다).

그러므로 우리가 부모님의 노년을 책임지는 효도가 절실히 필요합니다. 우리가 이렇게 부모님께 정성을 다해 물질로도 부족함이 없이 공경할 때, 하나님께서 그 모든 것을 기억하셨다가 우리의 삶 가운데 은혜와 축복으로 다 갚아 주실 것입니다.

그런데 우리는 이렇게 효도할 수 있는 날들이 많이 남아 있는 게 아닙니다. 어제까지 건강하셨던 부모님이 오늘 갑자기 떠나가십니다. 지난 어버이날 새벽기도회에 대표 기도를 하셨던 안수집사님이 "우리 믿는 사람들은 일년 365일을 어버이날처럼 지내야 하는데 어버이날에만 부모님을 생각하니 용서해 주시옵소서. 우리 부모님들이 세상 떠나시고 나서 후회하지 말고 살아 계실 때 효도를 다하게 해 주시옵소서"라고 마음에 와 닿는 기도를 하셨습니다.

몇 주 전 어머니학교에서 부모님께 편지를 쓰는 과제가 있었는데 한 집사님이 먼저 하늘나라에 가신 아버지께 쓴 편지가 모두를 안타깝고 슬프게 했습니다.

불러보고 싶은 이름, 천국에 계신 아버님께.
아버지! 이렇게 불러 본 지도 벌써 7년이 되었네요. 지금 이 시간 너무너무 보고 싶습니다. 이제 막 펜을 들었는데 벌써 코끝이 찡해 오고 눈물이 나려 합니다. 아버지 떠나시기 며칠 전에 "우리 딸 잘되는 거 보고 가야 할텐데" 하시며 마지막까지 저를 걱정하셨다는 말씀 듣고 많이 울었습니다. 너무나 죄송해서요. 아버지 몸져 누우시고 이제 치료를 포기해야겠다며 하늘나라 가실 준비를 하시는지도 모르고, 저는 먹고사는 데만 급급해서 찾아 뵙지도 못하고 결국 떠나시기 전날 병원에서 뼈만 앙상하게 남은 아버지의 모습을 뵙고 얼마나 후회했는지 모릅니다. 말은 못했지만 아버지께 마음속으로 용서를 빌었어요. 알고 계셨죠?

아버지, 저 요즘 신앙생활 잘 하고 있어요. 아버지가 원하셨던 참된 신앙생활을 다시 시작했어요. 아직은 많이 부족해서 어려운 점도 있지만 기도하면서 믿음으로 이겨 나갈 거예요. 아버지도 절 위해 많이 기도해 주세요.

아버지가 세상 떠나시기 전에 어머니가 꼭 듣고 싶은 말이 있었는데 해주지 않아서 많이 섭섭하셨대요. 그러니 꿈속에라도 한 번 나타나셔서 위로해 주세요. 그리고 "내 만나 살면서 고생 많이 했대이. 내 먼저 천국에 가 있으께. 거기도 우리 딸이 둘이나 안 있나? 개들 만나면 당신 소식 전하고 같이 있을 테니까 아프지 말고 건강하게 살다가 천천히 와. 사랑했데이" 하고 꼭 한 번 위로해 주세요.

아버지, 오늘은 아버지께 편지를 쓰고 내일은 어머니께 편지를 쓸 거예요. 지금은 이렇게 따로따로 쓰지만 머지않아 '부모님 전상서' 하고 같이 쓸 때가 오겠죠? 그때까지 어머니께 최선을 다할게요. 외롭지 않으시게 아버지 몫까지 다 챙겨 드릴게요.

천국에서 다시 뵈올 때까지 보고 싶은 아버지 편히 쉬세요.

큰딸 올림

우리를 위해 일생을 희생하신 부모님들이 이제 우리 곁을 떠나가셨거나 또 세상을 떠나실 날이 점점 더 가까워지고 있습니다. 그러므로 우리도 부모님 떠나신 다음에 후회하지 말고, 오늘이 마지막이라는 심정으로 게으름 피우지 말고, 부모님 살아 계실 때 효도를 다해야 할 것입니다. 그렇다면 부모님 살아 계실 때 어떻게 효도하기로 결단하십니까?

이렇게 효도하라

에베소서 6:1-3

"자녀들아 너희 부모를 주 안에서 순종하라 이것이 옳으니라 네 아버지와 어머니를 공경하라 이것이 약속 있는 첫 계명이니 이는 네가 잘 되고 땅에서 장수하리라."

한 홀어머니가 아들 하나만을 바라보며 어렵게 살고 있었습니다. 어머니는 그 아들에게 모든 정성을 쏟으며 잘 자라 주기를 바랐지만 아들은 자꾸만 비뚤어져서 어머니의 마음을 아프게 했습니다. 그러다가 이 아들이 군대를 가게 되었는데, 군대에서 술을 마시고 난동을 부리다가 그만 동료 병사를 죽이고 말았습니다. 그래서 결국 군법회의에 넘어가 사형을 선고받게 되었습니다. 이 소식을 들은 어머니는 아들을 살리기 위해 미친 사람처럼 백방으로 뛰어 다녔지만 아무런 소용이 없었습니다. 절망에 빠진 어머니는 결국 한강에 몸을 던져 목숨을 끊고 말았습니다. 그런데 그 어머니가 얌전히 벗어놓은 흰 고무신 곁에 서투른 글씨로 쓰여진 유서가 놓여져 있었습니다.

"존경하는 사단장님, 제 아들 대신 제 목숨을 드리오니 받아 주시고 제 아들을 한 번만 용서해 주십시오. 원래 착한 아이인데 제가 잘못 길러서 그렇게 된 것이니 그 죄값을 제가 받겠습니다. 제가 죽음으로 죄 값을 대신하오니 제 아들을 제발 살려 주십시오."

이것이 우리 부모님들의 사랑입니다.

정신적 효도

일생 동안 우리를 위해 희생하며 고생하신 부모님들께 어떻게 효도해야 할까요? 먼저 본문 1절에 "자녀들아 너희 부모를 주 안에서 순종하라 이것이 옳으니라"고 말씀합니다. 부모님께 순종하라는 것입니다. 한마디로 부모님 말씀 잘 듣고 마음 평안하게 모시는 것이 마땅히 우리가 해야 할 옳은 일이라는 것입니다. 이것은 정신적 효도를 말합니다.

우리는 흔히 어버이날이나 부모님 생신 때나 명절에 용돈이나 선물 좀 보내드리면 효도가 다 끝난 줄 압니다. 그러나 사실은 그렇지 않습니다. 연로하신 부모님들에게 심방 가서 "자식들이 어떻게 해주길 바라세요?" 하고 물으면 다들 "자식들이 예수 잘 믿고 자기들 잘사는 것 이상 바랄 게 없다"고 하십니다. 그런데 그것 하나 제대로 못 하고 아직까지도 부모님께 걱정 끼쳐 드리고 가슴에 못질 하고, 심지어는 그 눈에서 피눈물을 흘리게 하는 자식도 있습니다.

제가 초등학생 때 방학이 되어 외가에 가면 권사님이신 저희 외할머니가 어린 저를 앉혀 놓고 늘 하시던 말씀이 있습니다. "의

식아, 죽을 먹더라도 하루라도 속 편하게 살았으면 좋겠다." 장로님이신 저희 외할아버지는 당시 의사로서 아주 풍족하게 잘 사셨습니다. 그런데 외삼촌 두 분이 예수를 안 믿으면서 외할아버지, 외할머니를 얼마나 괴롭게 했던지 철도 안 든 어린 손자를 앉혀 놓고 눈물을 흘리며 그렇게 하소연하셨습니다.

우리가 부모님들께 다른 것, 곧 물질과 같은 것을 해 드리려고 하기보다 부모님께서 살아 계시는 동안 그분들의 뜻을 잘 받들고 마음 평안하게 모시는 것이 가장 근본적인 효도입니다. 그런데 부모님 마음을 평안하게 모시기는커녕 오히려 부모님께 대한 감정을 풀지 못하고 살 때가 얼마나 많이 있습니까? 저는 공부를 마치고 미국에서 돌아와 장모님을 모시고 살았던 적이 있습니다. 사실은 모시고 산 것이 아니라 오갈 데가 없어서 저희가 장모님 댁에 얹혀 산 것입니다. 그런데 장모님을 모시고 살아 보니까 보통 어려운 일이 아니었습니다. 오죽하면 제가 시부모님 모시고 사는 며느리 심정이 이해가 갔겠습니까? 큰 문제로 갈등이 생기는 것이 아니라 아주 사소한 문제로 미묘한 갈등이 생겼습니다.

장모님은 평생을 근검 절약하고 사셨기 때문에 제 딸아이가 어스름해질 때 불을 켜고 책을 읽고 있으면 "아직도 훤한데 벌써 불을 켜냐?" 하면서 불을 꺼버리십니다. 제가 집에 돌아와서 어두운 데서 책을 읽고 있는 아이를 보고 "눈 나빠지는데 왜 불을 안 켜고 책을 읽니?" 하고 물으면 "할머니가 꺼 버렸어요" 그럽니다. 또 밤에 TV를 보고 있으면 "영화관처럼 깜깜하게 해 놓고 보면 더 잘 보인다"며 불을 꺼버리시는 겁니다. 그래서 제가 그랬습니다. "어머니, 전기세 제가 낼 테니까 제발 불 좀 켜 놓으세요." 또 설거지하시는 것을 우연히 보았는데 맑은 물에 서너 번은 헹궈야 할 것 같은데 한두 번 헹궈서 엎어 놓는 겁니다. 그걸 본 다음부터는 밥 먹을 때마다 기분이 좋지 않았습니다. 그래서 도저히 안 되겠다 싶어서 "어머니, 수도세도 제가 낼 테니까 한 번 더 헹궈주세요" 하고 사정했습니다.

이런 미묘하고 사소한 갈등이 계속되다 보니까 장모님께 대해 서운해졌습니다. "저렇게 구두쇠처럼 절약해서 돈을 모으면 세상 떠나실 때 짊어지고 가실 건가?" 하면서 미운 마음이 들었습니다. 그런데 그럴 때마다 너무나 마음이 괴로워서 방에 들어가 "주님, 장모님 한 분도 사랑하지 못하면서 어떻게 원수를 사랑하라고 외칠 수 있겠습니까? 장모님 사랑할 수 있는 마음을 회복시켜 주시옵소서" 하고 매달려 기도했습니다. 그리고 마음이 회복되면 방에서 나와 "어머니, 어머니" 하고 사랑으로 섬겼습니다. 그렇게 1년이 지났는데, 그런 연단의 시간이 지난 후 주님께서 장모님과의 관계를 회복시켜 주셔서 얼마나 가까워졌는지 모릅니다. 거실에서 같이 TV를 볼 때도 손을 잡고 있어서 아내가 시샘을 할 정도였습니다.

언젠가 한번은 장모님 손을 붙잡고 "어머니, 저는 친어머니보다 장모님께 더 정이 갑니다"라고 말씀드렸습니다. 그랬더니 "그래도 피를 나눈 친어머니가 더 정이 가지, 어떻게 한 다리 건넌 나에게 더 정이 가겠는가? 그래도 말이라도 그렇게 해주니 고맙네" 하시면서 눈가에 눈물이 고이는 것을 보았습니다. 사실 장모님은 삼십대 중반에 혼자 되셔서 외롭게 일생을 살아오셨습니다. 더구나 장인 어른이 오랜 투병생활 끝에 돌아가셔서 남은 재산이 거의 없었기 때문에 혼자서 네 남매를 기르자니 근검 절약하지 않고는 다 대학까지 가르칠 수가 없었던 것입니다. 그러니 일생 동안 얼마나 고생이 많으셨겠습니까? 저는 그 눈물 너머로 장모 님의 외롭고 힘든 인생을 다시 한 번 느낄 수가 있었습니다. 그 리고 남은 여생 더 따뜻하게 모셔야겠다고 다짐했습니다.

우리가 부모님께 서운한 생각을 많이 가질 수 있으나 그분들 도 살아오면서 얼마나 많은 상처를 받았겠습니까? 그분들이 겪었 을 고생을 생각하면서 조금 더 이해해 드리고, 말 한마디라도 따 뜻하게 해 드리고, 따뜻한 사랑으로 품어 드리면 금방 마음의 문 이 열리고 마음이 녹아 모든 관계가 회복될 것입니다. 그렇게 순 종하면 부모님들의 여생이 평안하고 행복하게 효도할 수 있을 것 입니다.

물질적 효도

그 다음 2절에 "네 아버지와 어머니를 공경하라 이것이 약속 있는 첫 계명이니"라고 증거합니다. 부모님을 공경하라는 것입니 다. 이것은 물질적 효도를 의미합니다. 우리가 부모님 말씀을 잘 듣는 것도 중요하지만 물질로도 부족함이 없이 부모님을 모시라 는 것입니다.

사실 우리가 일생토록 부모님에게서 얼마나 많은 것을 받았습 니까? 낳아 주셨고, 먹여 주셨고, 입혀 주셨고, 재워 주셨고, 길러 주셨고, 학교 보내 주셨고, 용돈 대 주셨고, 결혼시켜 주셨고, 심 지어는 결혼 뒤에도 뒷바라지를 해주셨습니다. 제가 교수 때 농 촌 교회 목회를 했는데, 부모님들이 시골에서 농사 지은 것을 도시에 사는 자녀들에게 다 보내는 것을 보았습니다. 쌀, 보리, 콩, 마늘, 파, 고추, 양파, 깨, 참기름, 무, 배추, 심지어는 김치에 이르기까지 안 받아 먹는 게 없습니다. 그런데도 그런 자녀들이 부모님들께는 어떻게 보답하고 계십니까?

부끄러운 고백입니다만, 어렵게 유학생활을 할 때 어버이날이나 부모님 생신이나 크리스마스 때 부모님 선물을 보내기 위해 백화점에 가서 100불, 200불(10만원, 20만원) 되는 선물을 고르면서 그것을 들었다 놨다 할 때가 많았습니다. 그런데 딸아이가 뭐 사 달라고 하면 돈이 없어서 그렇지, 있기만 하면 뭐든지 아까운 줄 모르고 사 주고 싶었습니다. 그때마다 마음속으로 회개했습니다. 아마 우리가 자식들에게 하는 것의 1/100, 1/1000, 1/10000만 해도 효자 소리 들을 것입니다. 그런데도 그걸 못합니다.

제가 장신대 대학원에서 여름학기 강의로 '발달 심리와 상담'이란 과목을 가르친 적이 있습니다. 태아기부터 노년기에 이르기까지 인간 발달의 심리적 특성과 더불어서 그들을 어떻게 상담 치유할 것인가를 가르치는 과목이었습니다. 그래서 단계별로 목사님들이 나누어서 발제를 하는데, 노년기를 맡은 목사님 한 분이 발표를 한 다음에 간증을 했습니다. 이분이 교육전도사일 때 교육전도사인 사모님과 결혼을 했는데, 사례를 받으면 먼저 십일조를 떼어 하나님께 바치고 또 십일조를 떼어 절반씩 나누어서 양가 부모님들께 보내기로 약속을 했답니다. 그래서 목사가 된 지금까지 계속 그렇게 하고 있다는 간증을 들으면서 도전을 받았습니다.

그래서 집에 돌아와 집사람에게 우리도 앞으로 그렇게 하자고 약속을 했습니다. 그래서 신학대 교수로 부임하자마자 첫 사례에서 십일조를 떼어 하나님께 바치고, 또 십일조를 따로 떼어 절반씩 나누어 양가 부모님들께 드렸습니다. 먼저 저희 부모님께 드렸더니 경제적으로 어렵지 않으신데도 무척이나 좋아하셨습니다. 그 다음에 장모님께 드렸더니 봉투를 받으면서 눈물을 글썽이셨습니다. 우리가 부모님께 얼마나 많은 돈을 드리느냐가 중요한 것이 아니라, 그 사랑의 정성이 부모님의 마음을 감동시키는 것입니다. 우리가 부모님들께 물질로 공경한다고 해서 생활이 어려워지는 것이 결코 아닙니다. 그 돈은 있어도 살고 없어도 사는 것입니다.

축복의 약속

우리가 부모님께 순종하고 공경할 때 하나님께서 분명히 축복으로 갚아 주십니다. 본문 3절에는 "이는 네가 잘되고 땅에서 장수하리라"고 약속해 주셨습니다. 먼저는 우리가 효도할 때 잘되는 형통의 축복을 누리고, 다음은 땅에서 장수하는 건강의 축복을 누리게 된다는 것입니다. 동서고금을 막론하고 효자 집안은 하나님께서 이 말씀대로 축복하셔서 복되게 살아갈 뿐만 아니라 3대, 4대가 함께 사는 장수 집안입니다.

우리가 하나님의 말씀대로만 효도하면 하나님께서 약속하신 대로 잘되고 땅에서 장수하는 축복을 누리게 될 것입니다. 우리가 효도하는 것은 부모님의 은혜에 보답하기 위해서이지만, 그 결과로 하나님의 약속하신 복을 누리게 된다는 것을 잊어서는 안 됩니다. 그런데 우리가 이렇게 효도할 수 있는 날도 많이 남아 있지 않습니다. 그렇게 건강하시다가도 어느 날 갑자기 떠나가시기 때문입니다. 부모님이 갑자기 세상을 떠나시고 나면 살아 계실 때 정성을 다하지 못한 것이 마음에 걸려 후회와 가책 속에 살아가게 됩니다.

한 장로님이 밀가루 음식을 먹을 때면 늘 눈시울을 붉히셨습니다. 그래서 주위 사람들이 "왜 밀가루 음식을 드실 때면 그렇게 눈시울을 붉히시느냐?"고 물었더니 그동안 살아오신 삶을 간증하셨습니다. 6.25 한국전쟁 때 홀어머니를 모시고 5남매가 월남해서 서울에 정착했는데, 아는 사람도 하나 없고 의지할 수 있는 사람도 없었습니다. 더구나 애들은 고만고만해서 돈 벌어 올 사람도 없어서 큰아들인 장로님께 동생들을 맡기고 어머니가 일을 나가셨습니다. 하루종일 막노동을 하시고 저녁에 품값을 받으면 밀가루를 사 가지고 와서 수제비를 끓여 주셨습니다. 그런데 자녀들에게는 그릇 가득히 퍼 주시면서도 정작 어머니의 그릇은 준비하지 않으셨습니다. 그래서 "왜 어머니는 안 드시느냐?"고 물으면 "부엌에서 치우면서 혼자 먹으마"라고 하시기에 그런 줄로만 알았습니다. 그런데 어느 날 어머니가 잠시 자리를 비운 사이에 수제비가 더 먹고 싶어서 부엌에 가서 냄비를 열어보니까 텅 비어 있었습니다. 어머니께서는 자식들에게 조금이라도 더 먹이기 위해 다 퍼 주시고, 자녀들이 남긴 것을 쓸어 모아 허기를 채우셨습니다. 자식들이 남기지 않고 다 먹는 날은 굶으셨던 것입니다. 장로님은 이 사실을 알고 난 다음부터는 수제비가 목에서 넘어가지를 않았습니다. 그래서 동생들이 서로 더 먹으려고 할 때도 장로님만은 어머니를 위해 꼭 수제비를 절반씩 남겼습니다. 그리고 열심히 공부해서 어머니를 호강시켜 드리겠다고 마음속 깊이 결심을 했습니다.

그는 서울대학교 의과대학을 나와 병원을 개업하고 이제는 어머니를 호강시켜 드릴 수 있다고 기뻐했는데, 어느 날 갑자기 어머니가 세상을 떠나버리셨습니다. 그리고 나니까 밀가루 음식을 먹을 때마다 어머니 생각이 나서 "우리 어머니는 이 밀가루 음식도 마음껏 못 드셨는데……" 하는 생각에 그렇게 눈시울이 붉어진다는 것입니다.

부모님께 효도할 수 있는 날들이 많이 남아 있지 않습니다. 부모님이 갑자기 세상을 떠나신 다음에 후회하지 않도록 오늘이 마지막일 수도 있다는 심정으로 부모님께 순종하며 공경해야 합니다. "자녀들아 주 안에서 너희 부모를 순종하라 이것이 옳으니라 네 아버지와 어머니를 공경하라 이것이 약속 있는 첫 계명이니 이는 네가 잘되고 땅에서 장수하리라." 우리에게 약속하시는 하나님의 축복의 말씀에 귀를 기울이고 그대로 실천할 때 자손 대대로 아름다운 축복의 열매를 맺게 될 것입니다.

다섯 가지 효도의 길

골로새서 3:20

"자녀들아 모든 일에 부모에게 순종하라 이는 주 안에서 기쁘게 하는 것이니라."

어린이 주일에 자녀들을 어떻게 양육해야 할 것인가에 대해서 말씀 드렸더니, 한 권사님의 딸이 설교를 들으면서 "엄마, 말씀 잘 들으세요. 다 엄마 들으라고 한 말씀이에요"라고 했습니다. 그러자 엄마 되시는 권사님이 "그래, 오늘은 내가 당한다마는 다음 주 어버이 주일에 보자"라고 응수했다고 합니다. 지난 주일에 부모들에게 "다섯 가지 사랑의 언어"에 대해서 말씀드렸으니까 이번 주일에는 공평하게 자녀들에게 본문 말씀을 중심으로 "다섯 가지 효도의 길"에 대해서 말씀드리고자 합니다.

본문은 "자녀들아 모든 일에 부모에게 순종하라 이는 주 안에서 기쁘게 하는 것이니라"고 말씀합니다. 다시 말하면 내가 기분 좋을 때만 부모님께 순종해서는 안 된다는 것입니다. 마음에 든 것이나 안 든 것이나, 즐거울 때나 괴로울 때나, 어버이날이나 생신 날 뿐 아니라 평일에도 순종하라는 것입니다. 또한 한두 가지만 잘해 드리고 효도 다한 것처럼 착각하지 말라는 것입니다. "Children, obey your parents in everything, for this pleases the Lord." 곧 모든 일에 부모님께 순종하라는 것입니다. 여기 이 '순종'이라는 단어는 부부간에 순종하는 것보다 더 강한 복종의 의미가 있습니다. 절대적인 '복종'의 의미인 것입니다. 그런데 우리가 왜 이렇게 부모님께 복종해야 합니까? 그것은 이 일이 주님을 기쁘시게 하는 일이기 때문입니다. 이처럼 기독교는 효도를 강조하고 있습니다. 그러면 구체적으로 어떻게 효도해야 할까요?

신앙의 삶

가장 소중한 효도는 부모님을 신앙으로 살도록 하는 것입니다. 부모님 살아 생전에 잘해 드리는 것도 중요하지만, 이 세상을 떠나신 후까지 영원히 복되게 사시도록 하는 것이 영원한 효도인 것입니다. 신앙으로 살 때 영원한 생명을 누릴 뿐만 아니라 이 세상에서 사는 동안에도 마음의 평안과 위로를 받고 영육간에 강건하게 사시게 되는 것입니다.

1996년 미국 〈Time(타임)〉지에 'Faith & Healing(신앙과 치유)'라는 타이틀의 글이 실렸었습니다. 의사들이 연구를 해 보니까 신앙을 안 가진 사람이 가진 사람보다 심장병 사망률이 3배 높고, 혈압도 높고, 동맥경화증 등 동맥 질환도 많고, 골절로부터 회복도 늦고, 우울증이나 불안 장애 등 정신장애도 많고, 알코올이나 니코틴이나 마약 중독 등 중독자도 더 많고, 자살율도 4배나 높다는 통계가 나왔습니다. 또한 예수 잘 믿는 성도가 치매 걸릴 확률도 훨씬 낮다고 합니다. 믿는 사람들은 교회에 와서 말씀의 은혜 받고, 기도로 마음에 쌓인 것 다 털어버리고, 찬송의 위로와 기쁨이 있고, 사랑의 성도의 교제가 있고, 감사의 행복이 있는데 치매가 오겠습니까?

그러므로 부모님들이 '늘푸른교실'과 같은 프로그램에 나와서 마음껏 신앙생활 하시게 해야 합니다. 말씀의 은혜도 받고, 좋은 친구들도 사귀고, 노래도 부르고, 건강 강좌도 듣고, 춤도 배우고, 영어도 배우고, 서예도 하고, 종이 접기도 하고, 구경도 다니시니 얼마나 좋습니까? 마치 젊은 날 학창 시절로 돌아간 것 같다고 합니다. 어느 해 여름방학 때 항공사에서 대학생에 한해서 할인 행사를 벌였습니다. 그런데 복잡한 창구에서 한 할머니가 큰소리로 따지더랍니다. "왜 할인이 안 된다는 거여?" 그러자 표 파는 아가씨가 "할머니, 대학생에 한해서만 할인해 주는 거예요." 하고 대답했습니다. 그 소리를 듣고 할머니가 더욱 의기양양하게 그러더랍니다. "나도 대학생이여. 나 노인대학에 다닌단 말이여."

뿐만 아니라 우리 부모님들이 이 땅에 사는 동안에도 많은 고생을 하셨는데, 예수 안 믿다가 세상 떠나서 지옥에 가게 되면 어떻게 되겠습니까? 우리는 천국에서 편히 쉬는데 우리 부모님은 지옥 불못에서 살려 달라고 소리친다면 우리의 마음이 어떠하겠습니까? 그러므로 부모님들이 세상 떠나시기 전에 예수님을 믿으시도록 꼭 전도해야 합니다.

어머니가 암으로 세상을 떠나게 된 집사님 가정이 있었습니다. 딸 집사님이 어머니의 구원을 얼마나 눈물로 호소했는지 모릅니다 "어머니, 하나님께서 살아 계십니다. 하나님께서는 어머니를 사랑하세요. 예수님께서 어머니의 죄를 용서해 주심을 믿기만 하면 구원받아요. 어머니, 믿지 않으면 지옥의 불구덩이 속으로 빠지게 돼요. 어머니가 지옥 불못에 빠져 영원히 고통 당하며 살려 달라고 소리친다면 저희의 마음이 어떠하겠어요? 어머니, 세상 떠나시기 전에 예수 믿으셔야 해요." 그렇게 수없이 눈물로 호소하는데 성령이 강하게 역사해서인지 그렇게 완강하던 어머니의 두 눈에서 뜨거운 눈물이 흐르면서 고개를 끄덕이며 예수님을 영접하시더랍니다. 그리고는 며칠 뒤 그렇게 평안한 모습으로 미소를 지으며 하늘나라로 떠나가셨다고 합니다.

일찍이 영성신학자 헨리 나우웬(Henri O. J. Nouwen)이 그의 명저 《사랑받는 아들(The Beloved Son)》에서도 증거했듯이, 우리 부모님들이 세상 떠나시기 전에 우리가 꼭 확신시켜 드려야 할 두 가지 고백이 있습니다. 그것은 "God loves you(하나님께서 당신을 사랑하십니다)"와 "We love you(우리들은 당신을 사랑합니다)"입니다. 이 두 가지 고백 속에서 부모님이 떠나시도록 해야 할 것입니다. 이처럼 우리 부모님들이 영육간에 기쁨을 누리며 은혜롭게 사시다가 주님 부르실 때 주무시듯이 하늘나라로 떠나가시게 하는 것이 우리가 가장 먼저 해야 할 효도인 것입니다.

건강한 삶

두 번째 효도는 부모님의 건강을 보살펴 드리는 것입니다. 연세가 드실수록 갖가지 질병이 생겨나게 됩니다. 평생 육신을 쓰다 보니까 낡고 병들 수밖에 없는데, 부모님의 건강을 잘 보살펴 드리지 못해서 세상 떠나신 후에 후회하게 된다면 무슨 소용이 있겠습니까? 살아 생전에 더욱 건강하시게 잘 보살펴 드려야 합니다.

백범 김구 선생이 상해 임시정부의 주석으로 있을 때의 일입니다. 하도 먹을 것이 없던 때라 어머니가 장바닥에 나가 시래기를 주워다가 깨끗이 씻어 국을 끓여 주었습니다. 저녁 밥상에 그것을 내놓았더니 아들인 김구 선생이 물었습니다. "어머니, 이 배추 어디서 났습니까?" "내가 시장에 가서 좀 주워 왔다." "아이구 어머니, 제가 명색이 국가 주석이올시다. 제 체면도 좀 생각해 주셔야지요. 주석의 어머니가 장바닥에 나가 시래기를 주우시다니요?" 마음이 아파서 우스개 삼아 한 말씀 드렸는데 어머니의 안색이 싹 바뀌었습니다. "냉큼 일어나 종아리 걷으렸다." 어머니는 손에 회초리를 들었고 입에서는 매몰찬 꾸지람이 쏟아졌습니다. "네가 언제부터 그다지도 교만하게 되었느냐?" 회초리가 늙은 아들의 종아리를 사정없이 내리쳤습니다. 그런데 김구 선생이 매를 맞으면서 하염없이 눈물을 흘리는 것입니다. 그걸 본 어머니가 "다 큰 것이 울긴 왜 우느냐?"고 물으십니다. 그때 김구 선생이 입을 열어 울먹이며 대답했습니다. "작년에 때리실 때보다 어머니의 매의 힘이 훨씬 빠져서 그럽니다. 하루하루 늙어 가시는 어머니를 생각하니 마음이 너무 아픕니다."

우리에게 바로 이 마음이 필요합니다. 부모님의 기력이 쇠해지시는 것을 보면서 가슴 아파해야 하는 것입니다. 그러므로 이제는 부모님의 건강에 관심을 가지고 돌봐 드려야 합니다. 건강을 위해서 부모님께 몸에 좋다는 보약을 구해 드리십시오. 우리는 앞으로 먹을 기회가 많지만 부모님은 그렇지 않습니다. 요즈음 실버 세대를 위한 영양제, 유기농 곡식, 채소, 과일, 과실원액, 선식, 율무효소 등 건강 식품들이 많습니다. 또한 안마기, 지압기, 찜질팩, 무릎관절 보호대, 건강 매트, 혈당계와 혈압계, 보청기, 휠체어 등 의료 보조용품도 많습니다. 옛날에는 부모님의 건강을 위해 추운 겨울에 산삼 캐려고 온 산을 헤맨 분도 있었는데, 우리가 돈 주면 쉽게 살 수 있는 것도 못 구해 드리겠습니까?

연로할수록 기력이 쇠해지니까 운동을 기피하게 됩니다. 그러나 연세가 드실수록 운동은 더 필요합니다. 산책부터 시작해서 가벼운 조깅이나 등산이나 수영을 하시게 하면 좋습니다. 운동은 연령에 맞춰서 해야 합니다. 기력이 다 떨어질 정도로 무리해선 안 됩니다. 기력이 쇠해지고 감당하지 못하면 결국 쓰러지고 맙니다. 그러므로 부모님들의 건강에 조금만 이상이 있어도 교회에 기도를 부탁하고 병원에 모시고 가야 합니다. 이처럼 우리 부모님들이 오래 사시도록 육신의 건강을 잘 보살펴 드리는 것도 큰 효도입니다.

물질의 후원

세 번째 효도는 물질의 부족함이 없게 해야 합니다. 부모님들을 대상으로 한 설문조사에 따르면 부모님들이 제일 바라는 선물은 뭐니 뭐니 해도 머니(money)라고 합니다. 현금보다 더 귀한 것이 없다는 것입니다. 사실 돌이켜 보면 우리 부모님들이 우리를 낳고 기르시면서 얼마나 많은 것을 쏟아 주셨습니까? 그런데 지금까지도 부모님께 손 내미는 사람이 많습니다. 고향에 계시는 부모님에게서 받는 것도 많습니다. 우리는 그런 부모님의 은혜를 평생 갚아도 못 갚습니다. 그 은혜는 물질로 다 계산할 수가 없습니다. 그런데도 우리는 부모님들께 물질로 보답하는 것에 너무 인색하고 아까워합니다. 그래서 저는 '부모님께 용돈 보내 드리기'를 제안합니다. 소득의 십일조를 떼어 영의 아버지 되시는 하나님께 바치고, 또 십일조를 따로 떼어 양가 부모님께 나눠 보내 드리는 것입니다. 여러분, 부모님이 우리에게 쏟아 주신 것들을 생각하면 우리가 평생 갚아도 부족한 것뿐입니다.

《TV 동화 행복한 세상》에서 감동적인 시가 나왔습니다. 제목은 '엄마는 그래도 되는 줄 알았습니다'입니다.

엄마는 그래도 되는 줄 알았습니다
하루 종일 밭에서 죽어라 힘들게 일해도.

엄마는 그래도 되는 줄 알았습니다
찬밥 한 덩이로 대충 부뚜막에 앉아 점심을 때워도.

엄마는 그래도 되는 줄 알았습니다
한겨울 냇물에서 맨 손으로 빨래를 방망이질 해도.

엄마는 그래도 되는 줄 알았습니다
배부르다, 생각 없다, 식구들 다 먹이고 굶어도.

엄마는 그래도 되는 줄 알았습니다

발 뒤꿈치 다 헤져 이불이 소리를 내도.

엄마는 그래도 되는 줄 알았습니다
손톱이 깎을 수조차 없이 닳고 문드러져도.

엄마는 그래도 되는 줄 알았습니다
아버지가 화내고 자식들이 속썩여도 끄떡없는.

엄마는 그래도 되는 줄 알았습니다
외할머니 보고 싶다
외할머니 보고 싶다, 그것이 그냥 넋두리인 줄만.

한밤중 자다 깨어 방구석에서
한없이 소리 죽여 울던 엄마를 본 후론
아!
엄마는 그러면 안 되는 것이었습니다.

우리 부모님들은 과거에 우리를 위해 이렇게들 사셨습니다. 그들은 우리를 위해 모든 것을 희생하셨던 분들입니다. 평생을 고생하며 우리를 위해 모든 것을 다 바쳤던 분들입니다. 이것이 우리 부모님들의 변함없는 사랑입니다. 하늘보다 높고 바다보다 깊은 은혜입니다. 부모님들이 우리에게 베풀어 주신 그 은혜에 조금이라도 보답하려면 물질을 아까워해선 안 됩니다. 우리가 물질로 풍족히 부모님을 섬길 때 하나님께서 더 풍성한 축복으로 갚아 주실 것입니다.

소원을 들어드림

네 번째 효도는 부모님이 원하시는 것을 해 드리는 것입니다. 우리가 물질로 잘해 드리는 것도 중요합니다만 부모님들이 원하시는 것이 무엇인지를 아는 것은 더욱 중요하다고 생각합니다. 부모님들이 하시고 싶어하는 것은 무엇인가? 갖고 싶어하시는 것은 무엇인가? 잡수시고 싶어하는 것은 무엇인가? 가시고 싶어하는 곳은 어디인가를 알아보고 원하시는 것을 다 해 드리는 것입니다.

무엇보다도 부모님들은 집에만 계시니까 답답해서 밖으로 나가고 놀러 가는 것을 좋아하십니다. 우리 교회의 '늘푸른 교실'에서도 어디 놀러간다고 하면 얼마나 많이 오시는지 모릅니다. 요즈음에는 국내는 말할 것도 없고 해외로도 많이 가는데, 부모님들의 결혼 30주년, 40주년, 50주년을 맞이하여 기념으로 자녀들이 여행 경비를 모아 해외 여행을 시켜 드리면 얼마나 좋아하시겠습니까? 그중에 가장 좋은 해외 여행은 단연 성지 순례입니다. 예수님의 발자취를 더듬으며 영적 은혜를 받게 해 드리는 것이 얼마나 좋은 선물입니까? 그 외에도 좋은 곳이 참 많습니다. 부모님들이 외국에 나가면 영어를 못해서 고생하실까 봐 걱정하십니까? 단체 관광이니까 걱정할 게 없을 뿐만 아니라 노인들도 영어 잘하십니다.

미국에서 이민 목회를 할 때 보니까 재미있는 일들이 많이 있었습니다. 전라도 할아버지와 경상도 할머니 부부가 자녀들을 따라 미국에 오셨는데 미국에 왔으니까 영어를 배워야겠다고 생각하고는 영어 공부를 열심히 하셨습니다. 어느 날 할아버지가 밖에 나갔다가 돌아와 초인종을 누르니까 할머니가 나오면서 "Who 꼬?(누구요?)" 하고 물었습니다. 그러자 할아버지가 "Me랑께(나랑께)" 하고 대답하더랍니다. 여러분, 영어 걱정하지 마시고 보내만 드리세요. 요즘 신식 할아버지, 할머니는 다릅니다.

또한 부모님들이 연세가 드실수록 당신의 건강과 외모에 대해 자신감을 잃어가게 됩니다. 그래서 어떻게 해서라도 젊어 보이고 싶어 하십니다. 그러므로 좋은 화장품을 사 드리거나 주름살이나 검버섯 제거 수술, 눈썹 문신 수술 등을 해 드려 부모님들께 젊음을 선물해 드리는 건 어떨까요? 그러면 대부분의 부모님들이 말씀은 "다 늙었는데 그런 수술 뭐 하려고 해" 하시지만 속으로는 "언제 해줄 건데" 그러신답니다.

저의 아버지가 한 달여 전에 보니까 얼굴에 무엇이 많이 나서 아주 흉해 보였습니다. 그래서 왜 그러시냐고 물었더니 얼굴에 있는 검버섯 제거 수술을 하셨다는 것입니다. 늘 그게 마음에 걸리셨던 모양인데 전 저의 아버지가 그렇게 외모에 신경을 쓰는 줄 몰랐습니다. 우리 자식들이 먼저 알아서 해 드렸어야 하는데 그걸 몰랐던 것입니다. 남자들도 이렇게 신경 쓰시는데 여자인 어머니들은 오죽하겠습니까? 그러므로 이제는 부모님들이 가장 필요로 하시고 원하시는 것이 무엇인지 알아서 살아 생전에 잘 해 드립시다.

평안히 모심

다섯 번째 효도는 마음을 평안하게 해 드리는 것입니다. 효도한다고 하면서 뭐든 다해 드리고도 부모님들의 마음을 불편하게 해 드리면 무슨 소용이 있겠습니까? 그러므로 부모님의 마음을 평안하게 해 드리는 것이 효도의 결론입니다.

베스트셀러였던 일본의 하루야마 시게오가 쓴 《뇌내 혁명》이란 책이 있는데, 그 책에서 건강의 6대 조건을 제시합니다. 첫째는 피곤하지 않게 사는 것이고, 둘째는 수면을 충분히 취하는 것이고, 셋째는 식욕을 절제하는 것이고, 넷째는 화내지 않는 것이고, 다섯째는 계속적으로 머리를 쓰는 것이고, 여섯째는 운동을 하는 것입니다. 그리고 마지막으로 한 가지 더 첨가했는데 그것은 바로 마음을 평안하게 하는 것입니다. 마음의 평화가 건강에서 차지하는 비중이 55퍼센트나 된다고 합니다. 즉 다른 것을 다 잘해도 마음이 평안하지 못하면 건강하지 못하다는 것입니다. 그래서 잠언 4장 23절에 증거하지 않습니까? "무릇 지킬 만한 것보다 더욱 네 마음을 지키라 생명의 근원이 이에서 남이니라."

이제는 부모님들과의 사이에 있었던 감정을 풀어버려야 합니다. 그래서 마음을 평안하게 해 드려야 합니다. 특히 고부간의 갈등이 있는 분들은 이번 기회에 꼭 풀어버리기 바랍니다.

박광수 씨가 그린 《광수 생각》이란 만화에 이런 내용이 있습니다. 시어머니와 사이가 몹시 안 좋았던 며느리가 있었는데 하루는 전화가 걸려 왔습니다. "너의 시어머니를 우리가 납치했다. 우리에게 돈을 주지 않으면 너의 시어머니를 우리가 가만 두지 않겠다." 그 소리를 들은 며느리가 잘 되었다는 듯이 "홍! 한 푼도 못 줘, 그러니까 니들 맘대로 해" 하고 소리쳤습니다. 그러자 납치범이 다시 말합니다. "좋다. 몸값을 주지 않겠다면 시어머니를 지금 당장 너의 집으로 돌려보내 버리겠다." 그러자 당황한 며느리가 급하게 외칩니다. "통장 번호가 어떻게 되는데요? 얼마를 보내면 돼요?"

지금까지 부모님 마음을 불편하게 해 드렸던 것이 있다면 이제는 풀어버리시기 바랍니다. 부모 자식간에 마음을 풀지 못하면 어떻게 되겠습니까? 그것도 예수 믿는 사람들이 말입니다. 한 여집사님이 아버지를 일찍 여의고 어머니 밑에서 어렵게 자라났습니다. 그런데 어렵게 살다 보니까 본의 아니게 어머니가 자녀들에게 많은 상처를 남겼습니다. 그래서 자녀들이 어머니의 독선적이고 위선적인 삶에 대해서 환멸을 느끼게 되었습니다. 그러나 이 집사님은 주님의 사랑으로 이제 오갈데 없는 늙은 어머니를 모시고 살았습니다. 어머니와의 사이에 많은 갈등이 있었지만 그래도 잘 참고 살아오던 이 집사님이 남편과의 사이를 이간시키려는 어머니에 대해서 더 이상 참지 못하고 감정이 폭발하고 말았습니다. 그래서 당장 어머니에게 따로 살자고 했습니다. 그런데 따로 산 그날부터 한편으로는 어머니가 눈앞에 안 계셔 마음이 시원하면서도, 또 한편으로는 마음이 평안하질 못했습니다. 남편이 계속 화해를 종용하는데도 마음이 열리지 않더랍니다.

그러던 중 새벽기도회에 나와 기도하는데 "너희 원수를 사랑하며 너희를 핍박하는 자를 위하여 기도하라"(마 5:44)는 음성이 마음에서 떠나지 않았습니다. 결국 어머니와 화해하기로 마음먹고 어머니 댁을 찾아가서 어머니 손을 붙잡는 순간, 자기도 모르게 눈물이 쏟아지면서 "어머니, 제가 잘못했어요. 절 용서해 주세요" 하는 고백이 나왔습니다. 그때 어머니도 눈물을 흘리면서 "아니다, 다 내가 너를 이해하지 못하고 더 잘해 주지 못해서 그랬다"며 용서를 구하시더랍니다. 그래서 모녀간에 극적인 감격의 화해를 하게 되었고, 요즈음에는 모녀간에 얼마나 깊은 정을 나누며 지내고 있는지 모릅니다. 이제는 다른 어떤 효도보다도 부모님과 마음 상했던 것을 풀어버리고 화해함으로 남은 여생을 평안히 모실 수 있길 바랍니다.

여러분, 이렇게 부모님께 효도할 수 있는 시간도 우리에게 많이 남아 있는 게 아닙니다. 우리 목회자들과 직원들이 매일 아침 9시에 모여서 경건회를 갖고 하루 일과를 시작하는데, 지난 5월 8일 어버이날에 예배를 인도하시던 목사님이 그런 고백을 했습니다. "오늘이 어버이날입니다. 그런데 저는 부모님이 두 분 다 세상을 떠나셔서 어버이날이 되어도 효도할 부모님이 안 계시네요. 저는 아버지, 어머니가 그렇게 불러 보고 싶습니다. 부모님께 못다한 효도를 이제는 살아 계시는 장인 장모님께 다하려고 합니다." 이 이야기를 듣는 데 가슴이 찡했습니다. 그래도 저에게는 효도할 부모님이 아직 살아 계시다는 것이 얼마나 감사한 일인지를 새삼 깨닫게 되었습니다. "만약에 저분들이 세상을 떠나시면 누가 새벽기도회 때 그 자리에 앉아서 나를 위해 기도해 줄까?" 하고 생각하니까 가슴 한편이 빈 것처럼 그렇게 허전할 수가 없었습니다.

지난 어버이날 저녁 수요 밤예배를 마치고 집으로 돌아가려고 차를 막 타려고 하는데, 한 집사님 내외분이 급히 오시더니 연세

많으신 어머님이 두 달 동안 병석에 누워 계셨는데 자꾸 목사님을 찾으신다는 것입니다. 그래서 밤이 늦었지만 그 어머님 권사님을 만나러 갔습니다. 만나 뵙고 그분과 손을 놓지도 못하고 함께 예배를 드렸는데, 그것이 그 권사님과의 마지막 작별이 될 줄 누가 알았겠습니까? 권사님은 다음 날 오후 3시경에 하나님의 부르심을 받았습니다.

우리의 부모님들은 이렇게 갑자기 떠나가십니다. 우리가 부모님이 살아 계실 때 물심양면으로 효도하지 못하면, 그것이 그분들이 떠나신 후 내내 우리의 마음에 걸립니다. 그러므로 '다섯 가지 효도의 길'이 우리와 우리 자손들에게 이어지는 아름다운 신앙의 축복의 전통이 되길 간절히 바랍니다.

III. 자녀 관계의 회복

상담 치유의 말씀

감동을 주는 부모

출애굽기 2:1-10

"레위 족속 중 한 사람이 가서 레위 여자에게 장가들었더니 그 여자가 잉태하여 아들을 낳아 그 준수함을 보고 그를 석 달을 숨겼더니 더 숨길 수 없이 되매 그를 위하여 갈 상자를 가져다가 역청과 나무 진을 칠하고 아이를 거기 담아 하숫가 갈대 사이에 두고 그 누이가 어떻게 되는 것을 알려고 멀리 섰더니 바로의 딸이 목욕하러 하수로 내려오고 시녀들은 하숫가에 거닐 때에 그가 갈대 사이의 상자를 보고 시녀를 보내어 가져다가 열고 그 아이를 보니 아이가 우는지라 그가 불쌍히 여겨 가로되 이는 히브리 사람의 아이로다 그 누이가 바로의 딸에게 이르되 내가 가서 히브리 여인 중에서 유모를 불러다가 당신을 위하여 이 아이를 젖 먹이게 하리이까 바로의 딸이 그에게 이르되 가라 그 소녀가 가서 아이의 어미를 불러오니 바로의 딸이 그에게 이르되 이 아이를 데려다가 나를 위하여 젖을 먹이라 내가 그 삯을 주리라 여인이 아이를 데려다가 젖을 먹이더니 그 아이가 자라매 바로의 딸에게로 데려가니 그의 아들이 되니라 그가 그 이름을 모세라 하여 가로되 이는 내가 그를 물에서 건져내었음이라 하였더라."

통계청에서 발표한 '2003년 청소년 통계집'에 따르면 중·고등학생의 68.3퍼센트가 인터넷 음란 사이트에 접속한 경험이 있으며, 40.2퍼센트가 한 달에 1회 이상 술을 마시고, 또 음주 상태에서 외박하고(67.2퍼센트), 폭력을 행사하고(30.2퍼센트), 성경험을 하고(14.3퍼센트), 절도, 강도(5.1퍼센트) 등을 저지르고, 심지어 환각 약품까지 사용했다(2.2퍼센트)고 합니다. 또 24.8퍼센트는 청소년 출입이 금지된 호프집, 소주방을 이용하는 등 각종 유해 환경에 심각하게 노출돼 있었습니다.

또한 최근 네이트닷컴의 초등학생들의 설문조사에서는 71퍼센트가 공부가 가장 큰 고민이라고 답했고, 10명 중 4명이 조기유학을 가고 싶다고 했습니다. 이처럼 우리 자녀들이 학업 등 갖가지 요인에 의해 스트레스를 받으며, 그 고민이 심각한 상태에 이르렀습니다. 그러니 어떠한 감동도, 만족도, 비전도 없이 살아갑니다.

저희 아파트 위층에 사는 분이 초등학생들을 대상으로 '글방'을 하고 있어서 엘리베이터에서 꼬마 아이들을 자주 만나게 됩니다. 한번은 엘리베이터를 탔는데 초등학교 1, 2학년쯤 되어 보이는 사내아이가 함께 탔습니다. 못 보던 아이인데 9층 버튼을 눌러서 "너 9층에 사니?" 하고 물으니까 "아니오. 글방에 가요." 그러는 겁니다. 그 말을 듣고는 예전에 글방을 아주 재미있게 다녔던 저희 딸아이가 "어머, 너 되게 재밌겠다"라고 했더니 이 아이가 다짜고짜 뭐라고 한 줄 아십니까? "재미있기는 개뿔이 재미있어요?" 그러는 겁니다. 그 아이의 말을 듣고 깜짝 놀랐습니다.

이처럼 우리 자녀들이 입시 지옥과 죄악 세상이란 각박한 현실 속에서 아무런 감동도 느끼지 못하고 살아갑니다. 마지못해서 학원에 다니고, 마지못해서 부모 말을 듣고, 마지못해서 인생을 살아갑니다. 점점 무감각해지고 우리로부터 멀어져가는 자녀들을 어떻게 양육할 것인가 하는 것은 매우 중요한 과제가 아닐 수 없습니다.

그런데 본문 가운데 감동적인 한 신앙의 부모를 만나게 됩니다. 그들은 바로 레위 족속이었던 아므람과 요게벳 부부였습니다. 그들에게는 열너댓 살 된 미리암이란 딸과 세 살 먹은 아론이란 아들이 있었습니다. 그리고 이제 모세라는 둘째 아들을 얻게 되면서 본문이 펼쳐지고 있습니다.

무한한 가능성의 발견

먼저 본문 2절 말씀을 보면 "그 여자가 잉태하여 아들을 낳아 그 준수함을 보고 그를 석 달을 숨겼더니"라고 증거합니다. 야곱과 요셉의 가족이 애굽의 고센 땅으로 이주한 후 어느 덧 430년의 세월이 흘러갔습니다. 그 사이에 불과 70명이던 그 가족이 장정 60만 명의 큰 무리를 이루게 된 것입니다. 여자와 아이들까지 합하면 총 인구 수가 약 200만 명이 넘었을 것으로 추산됩니다.

이렇게 이스라엘 사람들의 수가 많아지자 애굽 왕은 자기들에게 대적할까봐 두려운 마음이 생겼습니다. 그래서 이스라엘 사람들을 고된 노동으로 압제하였습니다. 그러나 그들을 학대할수록 더욱 번성하고 창대해져 갔습니다. 그래서 결국 산파들에게 남자아이가 태어나면 죽이라고 명령합니다. 그러나 산파들이 하나님을 두려워하여 애굽 왕의 명을 어기고 남자아이들을 살렸습니다.

그러자 왕이 또다시 이스라엘 사람들에게 남자아이가 태어나면 하수에 버리라고 명령했습니다. 그런데 모세의 어머니가 아이를 낳고 보니까 너무 준수했습니다. 영어 성경을 보면 그 뜻이 더욱 명확해집니다. "When she saw that he was a fine child." 그녀는 아들이 훌륭한 아이라는 것을 본 것입니다. 이 아들의 가능성을 본 것입니다. 그래서 그 아들을 왕의 명령대로 차마 버릴 수가 없었습니다.

우리가 자녀를 양육할 때 다른 사람은 몰라도 그 부모들만은 자녀를 신뢰하고 인정하고 그 가능성을 보아야 합니다. 자녀에게 실망한 일이 있더라도 자녀를 결코 포기하지 말고, 희망을 가지고 끝까지 밀어줄 수 있어야 합니다.

오래 전 이탈리아 나폴리의 한 공장에서 일하는 한 소년이 있었습니다. 그의 꿈은 유명한 성악가가 되는 것이었습니다. 그러나 그를 테스트한 음악 선생의 반응은 의외로 냉담했습니다. "너에게는 노래가 어울리지 않아. 네가 노래를 부를 때마다 바람이 창을 흔들 듯 덜컹거리는 것 같아." 이 말은 들은 소년은 낙담했습니다. 그래서 그는 성악가의 꿈을 포기하려고 했습니다. 이쯤되면 보통 엄마 같으면 "네 목소리로 무슨 놈의 성악가냐? 성악가가 다 얼어 죽었니? 네 목소리는 네 아버지 닮아서 안 돼. 또 나도 네 뒷바라지하기 힘드니까 아예 포기해라"고 했을 것입니다. 그런데 그의 어머니는 그렇지 않았습니다. 비록 가난한 농부의 아내였지만 그를 품에 안아 주며 따뜻하게 격려해 주었습니다.

"네가 하나님께 기도하며 노력하면 하나님께서 재능을 더해 주실 거야. 너는 반드시 훌륭한 성악가가 될 수 있을 거야. 엄마는 확신한다. 그 증거로 네 노래 실력이 점점 더 나아지고 있지 않니? 엄마는 너를 믿어. 생활이 넉넉하진 않지만 네가 원하는 성악 공부를 할 수 있도록 끝까지 밀어 줄게. 최선을 다하도록 해."

어머니는 아들의 현재보다는 미래의 가능성을 바라본 것입니다. 그리고 열심히 아들을 격려하며 음악 공부를 뒷바라지했습니다. 그런데 이와 같은 자녀의 무한한 가능성을 인정한 어머니의 따스한 격려와 칭찬이 이 소년을 감동시키고 그의 일생을 완전히 바꾸어 놓았습니다. 그리고 먼훗날 이 소년은 이탈리아가 낳은 세계적인 성악가가 되었습니다. 여러분, 그가 누구인지 아십니까? 그가 바로 한 세기에 한 명 나올 만한 테너 가수 엔리코 카루소입니다.

이처럼 자녀들의 생애는 우리 부모님들의 손에 달려 있습니다. 우리가 어떻게 자녀들을 바라보고 격려하는냐에 달려 있는 것입니다. 미국에서 이민 목회를 하는 한 목사님의 고백을 기억합니다. 이분이 부목사로 일할 때 교인들로부터 별의별 소리를 다 들으면서 너무도 힘들게 목회를 했다고 합니다. "목사님은 진실치 못해요." "목사님은 음성이 안 좋아서 설교에 은혜가 안 돼요." 심지어는 "목사님은 100명 이상 목회는 절대 못할 겁니다" 하면서 면전에서 악담을 했습니다. 그럴 때마다 이 목사님이 마음에 깊은 상처를 받고 너무나 괴로워서 어머니를 찾아가곤 했습니다.

어머니는 그럴 때마다 목사님을 위로하셨습니다. "손 목사, 누가 뭐라고 해도 난 손 목사의 진실을 믿어. 누가 뭐래도 난 손 목사의 능력을 알아." 다른 사람들은 다 이 목사님을 비난해도 그 어머니만은 끝까지 이 아들 목사의 진실과 능력을 믿고 격려해 주셨던 것입니다. 아들의 가능성을 바라보고 격려해 주시는 어머니의 사랑이 이 아들 목사님의 마음을 위로하고 감동시켰습니다. 그는 그 어머니 품에서 한없이 눈물을 흘렸습니다. 그래서 다시 힘을 얻고 믿음으로 일어서서 충성스럽게 목회의 사명을 감당했습니다. 그는 지금은 미국에서 가장 큰 교회 중의 하나를 목회하는, 너무도 은혜롭고 말씀의 은사가 뛰어난 훌륭한 목사님이 되셨습니다.

여러분, 우리가 자녀의 무한한 가능성을 바라보며 격려할 때에 이렇게 우리 자녀들의 앞날이 열리는 것입니다. 그래서 시편 127편 4-5절에서 약속합니다. "젊은 자의 자식은 장사의 수중의 화살 같으니 이것이 그 전통에 가득한 자는 복되도다 저희가 성문에서 원수와 말할 때에 수치를 당치 아니하리로다." 우리 자녀들은 장사의 손에 있는 화살처럼 언제 어디든지 쏠 수 있는 무한한 가능성이 있습니다. 그러한 자녀들이 있는 것으로도 축복인 것입니다. 그래서 지금 우리를 무시하고 조롱하는 원수들 앞에서도 당당해지고 자랑스러워집니다.

그러므로 하나님께서 맡겨 주신 자녀들에 대해서 감사하면서 최선을 다해 잘 맡아 기를 수 있길 바랍니다. 우리가 자녀들의 무한한 가능성을 발견하고 인정할 때, 우리 자녀들이 감동을 받고 그들의 잠재력을 마음껏 발휘하며 앞길이 크게 열릴 것입니다.

끝없는 사랑의 양육

계속해서 3-4절 말씀을 보면 "더 숨길 수 없이 되매 그를 위하여 갈 상자를 가져다가 역청과 나무 진을 칠하고 아이를 거기 담아 하숫가 갈대 사이에 두고 그 누이가 어떻게 되는 것을 알려고 멀리 섰더니"라고 기록합니다. 모세는 낳은 후 석 달 동안 집에서 길러졌습니다. 그러나 모세가 자라갈수록 울음소리가 커지자 더 이상 집에서 숨길 수가 없게 되었습니다. 그래서 갈대 상자에 역청과 나무 진을 발라 방수를 한 다음 거기에 모세를 담아 나일 강가에 버리게 됩니다. 여기 하수는 애굽어로 '이오르'라고 해서 나일 강을 가리킵니다. 아들을 나일 강에 떠나보내고 나서 부모의 심정은 사랑하는 아들을 잊을 수가 없었습니다. 그래서 그 누나를 보내 강을 따라가면서 어떻게 되는가 알아보게 한 것입니다. 그런데 놀랍게도 애굽의 공주가 모세를 발견하고 그를 맡아 기를 히브리 유모를 찾게 됩니다. 그러자 이 누나가 기다렸다는 듯이 나서서 그 어머니를 소개하여 모세는 다시 친엄마의 사랑의 품안에서 자라날 수 있게 되었습니다. 어머니의 품안에서 깊은 사랑을 느끼며 모세는 정서적으로 풍요롭고 안정된 성격과 행동이 형성되어 갔습니다.

저는 가끔 "왜 하나님께서는 젖을 하필이면 엄마들 가슴에 달아 주셨을까?" 하고 생각해 봅니다. 깊은 밤에 잠들었을 때 애가 젖을 달라고 칭얼대면 얼마나 귀찮겠습니까? 만약에 젖을 손등에 달아 주셨으면 "옛다 먹어라" 하고 입에 갖다 대 줄 수 있어 편할 텐데 말입니다. 그것은 포근한 어머니의 품안에서 어머니의 심장 박동 소리를 들으며 어머니의 따스한 사랑을 느끼며 자라도록 하기 위한 것이 아닐까 싶습니다.

의학적으로도 모유를 먹고 자란 아이들과 소 젖(분유)을 먹고 자란 아이들의 성장 후 결과에 많은 차이가 있다고 합니다. 요즘 아이들은 소 젖을 많이 먹고 자라서 그런지 옛날 모유를 먹고 자라난 세대와는 달리 소처럼 뛰고 부딪치고 좌충우돌 야단들인가 봅니다. 또한 몇 해 전 영국의 의학 전문지 〈랜싯〉에 발표된 연구보고서에 의하면 고무 젖꼭지를 빤 아이들은 엄마와의 교감이 적기 때문에 자극에 무뎌져서 엄마 젖을 빤 아이보다 EQ(감성지수)는 말할 것도 없고 IQ(지능지수)도 4 정도 낮다고 합니다.

이처럼 어머니의 가슴은 사랑의 포근함이 있습니다. 그 따스한 품안에서 마음껏 사랑을 느끼며 자라가야 하는 것입니다. 그 사랑의 품안에서는 어떠한 자녀라도 변화합니다. 그런데 오늘날 자녀들에 대한 문제는 부모의 그 사랑의 심장이 자꾸만 식고 있다는 데 있습니다. 그토록 사랑스러웠던 자녀들이 어느 순간부터 그렇게 보기 싫어지고, 그토록 귀여웠던 자녀들이 징그럽게 여겨지고, 그토록 가슴에 품고 싶었던 자녀들이 내 인생의 귀찮은 존재로 느껴지진 않습니까? 바로 여기서부터 우리의 자녀들의 문제가 시작됩니다. 이렇게 사랑의 결핍 속에서 자라난 아이들은 갈수록 불만이 커지고, 점점 말을 안 듣고 부모에게 반항적이 되고, 심지어는 폭력까지 행사하며 나중에는 가출까지 하고 학교나 사회에서 여러 가지 비행을 저지릅니다. 또 장성해서도 성인아이(Adult Child)가 되어 그의 삶 가운데 성격 장애나 행동 장애가 나타납니다. 그러다가 이 세상에 자기를 사랑하는 사람이 아무도 없다고 느낄 때 자살로 인생을 마치고 맙니다.

지금 우리 자녀들에게 필요한 것은 학력도, 물질도, 지위도 아닙니다. 바로 부모의 따뜻한 사랑이 필요합니다. 그 부모의 사랑이 우리의 말이나 행동을 통해 우리 자녀들의 가슴속에 느껴지고 감동을 주어야 합니다.

청년예배에 KBS 인기 개그맨 김상태 형제가 온 적이 있습니다. 그는 여의도 순복음교회 여전도사님 아들인데 그에게도 한때 방황하던 시절이 있었다고 합니다. 그가 그렇게 어머니 속을 썩일 때도 어머니는 한 번도 "이 망할 놈아!" 하고 욕하신 적이 없었다고 합니다. 만약 그랬더라면 어머니에 대해 감정이 커졌을 것입니다. 대신에 "이 복 받을 놈아!" 하고 오히려 축복해 주셨다고 합니다. 그래서 자기가 이렇게 복을 받게 된 것 같다고 고백했습니다. 여러분도 자녀들이 마음에 안 들고 속이 상해도 그 영혼을 끝까지 사랑하고 장래를 축복하는 마음으로 "이 복 받을 놈아!" "돈 벌어서 부모 아파트 사 줄 놈아!" "부모 노후 대책 세울 놈아!" 하고 축복해 주시기 바랍니다.

그의 어머니는 면전에서 아들을 야단치기보다는 그가 잠들어 있을 때 꼭 방에 들어오셔서 아들을 붙잡고 기도해 주시곤 했답니다. 그가 대학을 졸업한 후 SBS 방송국 개그맨 공채에 떨어져 방황할 때에도 그 어머니의 사랑의 기도가 그의 마음을 감동시켰습니다. 그래서 그도 학원에서 돌아올 때면 여의도에 있는 교회에 가서 기도하고 돌아오면서, SBS, MBC, KBS 방송국을 죽 돌면서 방송국 벽에 손을 대고 "하나님의 뜻이 어디에 있습니까?"하고 기도하곤 했습니다. 그런데 하나님께서 그 기도에 응답하심으로 전화위복의 길을 열어 주셔서 KBS 개그맨 공채에 합격된 것입니다.

4년에 가까운 무명 시절, 그는 개그콘서트의 녹화가 시작되기 전에 선물을 던지며 바람잡는 역할을 열심히 하다가 노 대통령을 흉내내는 '노통장'으로 변신하게 되었습니다. "맞습니다. 맞고요." 라는 말을 유행시키며 스타가 된 것입니다.

그러므로 우리는 자녀들로 인해 마음 상할 때도 골로새서 3장 21절의 "아비들아 너희 자녀를 격노케 말지니 낙심할까 함이라" 는 말씀을 잊지 마시기 바랍니다. 자녀들이 우리에게서 상처를 받으면 격노하고 낙심하게 됩니다. 지난날 우리에게 상처받고 비뚤어진 자녀들일지라도 이제부터 그들을 사랑으로 끌어안고 기도하며 치유하길 원합니다. 그럴 때 그 끝없는 사랑의 양육을 통해 우리 자녀들이 감동을 받고 새롭게 변화되어 갈 것입니다.

철저한 신앙 훈련

마지막으로 9-10절 말씀을 보면 "바로의 딸이 그에게 이르되 이 아이를 데려다가 나를 위하여 젖을 먹이라 내가 그 삯을 주리라 여인이 아이를 데려다가 젖을 먹이더니 그 아이가 자라매 바로의 딸에게로 데려가니 그의 아들이 되니라 그가 그 이름을 모세라 하여 가로되 이는 내가 그를 물에서 건져내었음이라 하였더라"고 말씀합니다. 모세는 젖을 뗀 서너 살 경이나 애굽에서 교육이 시작되는 여섯 일곱 살까지 친부모의 품안에서 자랐을 것입니다. 거기서 그는 살아 계신 하나님께 대한 신앙과 히브리 민족의 정신을 이어받게 됩니다. 모든 것이 결정되는 소중한 어린 시절에 그는 친 부모님 밑에서 히브리 신앙의 철저한 훈련을 받게 된 것입니다. 그 후 그가 애굽 궁중으로 옮겨져 애굽의 학문을 배우기 시작했을지라도 이미 그는 '히브리인의 해방자'로 뿌리를 내린 뒤였습니다. 결국 그는 '건짐'이란 뜻의 모세라는 이름 그대로

200만 명이 넘는 이스라엘 민족을 애굽의 종살이에서 건져내는 영적인 지도자로 부상하게 됩니다.

여러분, 아무리 세상 지식과 학문을 깊이 쌓았다 할지라도 신앙의 뿌리가 없으면 그 인생은 쉽게 흔들리게 되어 결국 쓰러지고 맙니다. 그러나 철저한 신앙의 훈련을 받고 성장한 자녀들의 일생은 하나님께서 지켜 주시고 축복을 내려 주십니다.

세계 최고의 재벌로 미국의 부통령과 주지사를 지냈고 유명한 스탠더드 석유회사를 세운 록펠러라는 신앙의 인물이 있습니다. 그가 노년에 기자와 인터뷰를 하게 되었습니다. "당신이 세계 최고의 재벌로 성공하게 된 비결이 무엇입니까?"라고 묻자 록펠러는 "어머니로부터 세 가지 신앙의 유산을 받은 것이 그의 성공의 비결"이라고 대답했습니다.

첫 번째 신앙의 유산은 교회에 가면 맨 앞자리에 앉아 예배를 드리며 은혜 받는 것이었습니다. 그래서 록펠러는 어릴 때부터 어머니의 손을 잡고 언제나 30분 정도 일찍 교회에 가서 맨 앞자리에 앉아서 정성껏 예배를 드리곤 했습니다. 그는 예배를 통해 놀라운 은혜를 받았습니다. 두 번째 신앙의 유산은 온전한 십일조 헌금을 하라는 것이었습니다. 그래서 어린 시절 어머니는 록펠러의 20센트씩 받은 용돈에서도 반드시 십일조를 드리라고 가르쳐 주셨습니다. 그래서 록펠러는 그 대기업을 경영하면서도 정직하게 십일조를 드렸고, 십일조를 정확하게 계산하기 위해 전담 부서를 둘 정도였습니다. 그는 온전한 십일조를 드리면서 엄청난 축복을 받은 것입니다. 그리고 세 번째 신앙의 유산은 교회의 일에 순종하고 목회자나 교인들의 마음을 아프게 하지 말라는 것이었습니다. 그래서 그는 이웃들에게 봉사하며 일생을 보냈습니다. 모든 사람을 사랑하면서 하늘의 평강을 누린 것입니다. 결국 어머니의 철저한 신앙 훈련이 록펠러를 세계적인 부자로 만들어 주고 축복과 은혜와 평강을 누릴 수 있게 한 것입니다.

자녀에게 어떠한 신앙을 심어 주느냐 하는 것이 자녀들의 장래를 좌우하는 결정적인 요인이 됩니다. 혹시 자녀들에게 신앙의 본을 보이지 않음으로써 이 은혜와 축복과 평강을 잃어버리며 살아가고 있지는 않습니까?

미국에서 이민목회를 할 때 중·고등부 학생들에게 에세이를 쓰도록 했는데, 한 학생이 이런 제목의 글을 썼습니다.

The Worst Time of My Life(내 삶의 최악의 시간)

나는 교회 예배를 마치고 돌아오는 차 안에서의 시간이 가장 괴롭다. 우리 엄마, 아빠는 왜 교회에 대한 비판을 그렇게 많이 하는 걸까? 왜 교인들에 대한 불평을 그렇게 많이 하는 걸까? 왜 목사님에 대한 불만을 그렇게 많이 갖는 걸까? 그러면서 왜 그 교회를 계속 나갈까? 왜 그 교인들을 매주일 만날까? 왜 그 목사님의 설교를 매주일 듣는 걸까? 내가 엄마, 아빠와 교회 다녀오는 그 시간이 내 삶의 최악의 시간이다.

여러분, 이 에세이를 들으면서 무엇을 느끼십니까? 우리 자녀들은 부모들이 하는 이야기를 다 듣습니다. 우리가 교인들과 전화 통화하는 것까지 다 듣고 우리의 신앙을 그대로 다 배웁니다.

우리가 긍정적이고 적극적으로 헌신 봉사하면 우리 자녀들도 긍정적이고 적극적인 신앙인이 됩니다. 그러나 우리가 부정적이고 비판적인 신앙생활을 하면 자녀들도 부정적이고 비판적인 불신자들이 됩니다. 결국 우리의 그릇된 신앙생활 때문에 자녀들의 장래까지 다 망쳐 버리는 것입니다. 그래서 에베소서 6장 4절에서 우리에게 간곡하게 명령하지 않습니까? "또 아비들아 너희 자녀를 노엽게 하지 말고 오직 주의 교양과 훈계로 양육하라." 우리가 자녀들을 신앙으로 본이 되어 양육할 때, 그들도 감동을 받고 하나님의 풍성한 은혜와 축복을 누리며 하나님 나라를 위해 귀하게 쓰임 받게 될 것입니다.

여러분, 우리가 이렇게 자녀들을 양육할 수 있는 기회도 항상 열려 있는 것이 아닙니다. 우리 교회에 희귀 패혈증으로 사경을 헤매는 어린이가 있었습니다. 초등학교 4학년에 다니던 건강했던 아들이 어느 날 학교에 가서 갑자기 토하기 시작했습니다. 조퇴하고 돌아왔는데 하룻밤 사이에 온몸이 새까맣게 타들어 가며 의식을 잃고 말았습니다. 금요 심야기도회 때 사경을 헤매고 있다는 소식을 듣고 합심해서 기도하기 시작했습니다. 어떻게 도울 길이 없어 새벽마다 합심해서 기도하는 가운데 차도가 있는 듯 했는데, 한참 동안 바빠서 찾아보지 못하다가 어떻게 지내는지 궁금하여 교구 목사님께 물어 보았더니 상태가 매우 안 좋다고 했습니다. 그래서 곧바로 심방을 갔는데 안타깝게도 그 전날 밤 10시 30분 경에 하늘나라로 떠나가 버리고 난 뒤였습니다. 아이의 죽음 앞에서 목사로서 그 부모님께 할 말이 없었습니다. 저도 자녀를 잃은 경험이 있어서 정말 남의 일이 아니라 제 자식을 잃은 것처럼 가슴 아프고 슬펐습니다.

사랑하는 가족이 이렇게 세상을 떠나고 나면 가장 마음에 걸리는 것이 무엇인지 아십니까? 이렇게 갑자기 떠날 줄 알았다면 왜 우리 곁에 가까이 살아 있을 때 잘 해 주지 못했을까 하는 것입니다. 더구나 부모는 돌아가시면 산에 묻고 자식이 세상을 떠나면 부모 가슴에 묻는다고 하지 않습니까? 일생토록 두고두고 부모의 가슴에서 잊혀지지 않습니다.

그런데도 아들의 병상생활을 통해 신앙생활을 시작한 그 어머니가 믿음으로 하는 고백이 얼마나 감동적이었는지 모릅니다. 사랑하는 아들이 곧바로 세상을 떠나지 않고 36일 동안 병상에 누워 있으면서 부모님과 마지막으로 정을 나누고 떠날 수 있어서 감사하다고 했습니다. 무엇보다도 감사한 것은 유치부 때부터 앞집의 권사님을 따라 교회에 나가 하나님의 말씀을 배워 부모님께 전해 주곤 했는데, 이번에 마지막으로 부모님과 동생을 전도해 놓고 떠난 것입니다. 그 어머니는 "우리 아이는 꼭 하늘나라에 갔다"라고 믿었습니다. 그래서 이 땅에서는 다시 만날 수 없지만 천국에서 다시 만날 수 있다는 소망 가운데 믿음으로 살기로 굳게 약속하였습니다. 과거에는 독실한 불교 가정이었지만 이번에는 기독교식으로 장례예배를 잘 마칠 수 있었습니다. 비록 아이는 떠나갔지만 어머니의 홀로 선 신앙은 우리의 가슴 속에서 영영 잊혀지지 않을 것입니다.

우리 자녀들이 공부를 못해도 좋고, 좋은 직장에 못 다녀도 좋고, 결혼 못하고 있어도 좋고, 심지어 부모 속을 썩여도 좋습니다. 사랑하는 자녀들이 살아 있다는 것만 해도 감사하고, 건강한 것만 해도 감사하고, 큰 문제 없이 살아 주는 것만 해도 감사합니다. 거기다가 믿음으로 살아 준다면 더 이상 바랄 것이 없습니다. 우리가 자녀들에게 감동을 주는 부모인지 먼저 우리 자신을 돌이켜 보면서, 우리의 사랑하는 자녀들이 우리 곁에 있을 때 우리는 과연 어떠한 부모가 되어야 할 것인가 새롭게 결단해야 할 것입니다.

설마 우리 아이가

사무엘상 2:12-25

"엘리의 아들들은 불량자라 여호와를 알지 아니하더라 그 제사장들이 백성에게 행하는 습관은 이러하니 곧 아무 사람이 제사를 드리고 그 고기를 삶을 때에 제사장의 사환이 손에 세살 갈고리를 가지고 와서 그것으로 남비에나 솥에나 큰 솥에나 가마에 찔러 넣어서 갈고리에 걸려 나오는 것은 제사장이 자기 것으로 취하되 실로에서 무릇 그 곳에 온 이스라엘 사람에게 이같이 할 뿐 아니라 기름을 태우기 전에도 제사장의 사환이 와서 제사드리는 사람에게 이르기를 제사장에게 구워 드릴 고기를 내라 그가 네게 삶은 고기를 원치 아니하고 날 것을 원하신다 하다가 그 사람이 이르기를 반드시 먼저 기름을 태운 후에 네 마음에 원하는 대로 취하라 하면 그가 말하기를 아니라 지금 내게 내라 그렇지 아니하면 내가 억지로 빼앗으리라 하였으니 이 소년들의 죄가 여호와 앞에 심히 큼은 그들이 여호와의 제사를 멸시함이었더라 사무엘이 어렸을 때에 세마포 에봇을 입고 여호와 앞에 섬겼더라 그 어미가 매년제를 드리러 그 남편과 함께 올라갈 때마다 작은 겉옷을 지어다가 그에게 주었더니 엘리가 엘가나와 그 아내에게 축복하여 가로되 여호와께서 이 여인으로 말미암아 네게 후사를 주사 이가 여호와께 간구하여 얻어 드린 아들을 대신하게 하시기를 원하노라 하였더니 그들이 그 집으로 돌아가매 여호와께서 한나를 권고하사 그로 잉태하여 세 아들과 두 딸을 낳게 하셨고 아이 사무엘은 여호와 앞에서 자라니라 엘리가 매우 늙었더니 그 아들들이 온 이스라엘에게 행한 모든 일과 회막문에서 수종드는 여인과 동침하였음을 듣고 그들에게 이르되 너희가 어찌하여 이런 일을 하느냐 내가 너희의 악행을 이 모든 백성에게서 듣노라 내 아들아 그리 말라 내게 들리는 소문이 좋지 아니하니라 너희가 여호와의 백성으로 범과케 하는도다 사람이 사람에게 범죄하면 하나님이 판결하시려니와 사람이 여호와께 범죄하면 누가 위하여 간구하겠느냐 하되 그들이 그 아비의 말을 듣지 아니하였으니 이는 여호와께서 그들을 죽이기로 뜻하셨음이었더라 ."

2004년 4월 22일 정오 경 북한 평안북도 용천역의 대형 열차 폭발 사고는 우리에게 큰 충격을 주었습니다. 이 폭발 때문에 역에서부터 500미터 내의 8,200여 채의 가옥이 파손되고 1,500명에 이르는 사상자가 나오고 4-5만 명에 이르는 이재민이 생겼다고 합니다. 그런데 더욱 가슴 아픈 것은 이번에 화상과 외상을 입은 환자의 60퍼센트가 어린이였다는 것입니다. 폭발 후의 엄청난 폭풍과 유리 파편 등으로 수백 명의 어린이들이 눈에 심한 외상을 입어 실명 위기에 처하게 된 것입니다. 더군다나 의약품도 없고 붕대도 없어 치료를 못 받고, 진통제도 없어 병원마다 온통 아이들의 고통스러운 울음소리로 가득 찼다고 합니다. 이처럼 북한 땅의 어린이들은 육체적 가난과 질병의 고통에 시달리고 있습니다. 그에 반해 우리의 자녀들은 어떠한 고통과 불행에 사로잡혀 살아가고 있습니까?

본문에도 이러한 고통과 불행 속에 살아가는 구약 시대의 사사였던 엘리 제사장의 두 아들 홉니와 비느하스의 이야기가 나옵니다. 그들은 오늘날로 말하면 목사님의 아들들임에도 불구하고 그렇게 타락한 것입니다. 그런데 현실은 목사뿐만 아니라 장로님, 권사님, 집사님 가정의 자녀들도 예외가 아니라는 사실입니다. 본문에 나오는 엘리 제사장의 아들들의 문제가 얼마든지 바로 우리의 자녀들의 문제가 될 수 있습니다. "설마 우리 아이가" 하다가 우리 부모들이 크게 낭패할 수 있다는 것입니다.

영혼에 관심을 가져야 함

먼저 본문 12절에 "엘리의 아들들은 불량자라 여호와를 알지 아니하더라"고 기록하고 있습니다. 여기 "불량자라"는 말은 히브리어 원문을 보면 이방신인 '벨리알의 아들'로 기록되어 있습니다. 그 정도로 엘리 제사장의 아들들은 믿음을 떠나 있었습니다. 오죽하면 여호와를 섬기는 하나님의 종의 아들들이 여호와를 알지 못했다고 했겠습니까? 그들은 하나님을 무시하는 행동을 서슴지 않았습니다. 그런데 문제는 이렇게 아들들이 하나님을 두려워하지 않고 하나님께 드리는 제사를 멸시하는데도 엘리 제사장이 그들을 혹독하게 책망하거나 징계했다는 기록을 찾아볼 수 없다는 것입니다. 심지어 보조 제사장직을 그대로 수행하도록 내버려 두었습니다. 엘리 제사장은 설마 자기 아들들이 그렇게까지 신앙을 떠나 타락했던 것을 몰랐던 것입니다.

오늘날 목회자나 직분자 자녀들 가운데에도 "설마 우리 아이가"라는 말이 나올 정도로 자녀들이 신앙을 떠나 있는 경우가 많이 있습니다. 그런데도 부모가 그들을 호되게 꾸짖지 않고 내버려두고 있다면, 그것은 참으로 심각한 문제입니다. 그들의 영혼이 멸망 당하다가 어느 날 갑자기 이 세상을 떠난다면, 그 자녀들의 영혼에 대해서 누가 책임진단 말입니까? 물론 자녀들에게 "예수 믿어야 한다. 교회 나가자"라는 말도 하고 야단도 쳤을 것입니다. 그러나 더 근본적인 문제는 우리의 영적 생활이 그들에게 아무런 감동을 못 끼치고 있다는 데 문제의 심각성이 있습니다.

그래서 이스라엘 부모들은 지금까지도 자녀들에게 신명기 6장의 유대인의 기본적 신앙 고백인 '쉐마(들으라)'를 하루에 두 번씩 들려준다고 합니다. 그중 7절에 "네 자녀에게 부지런히 가르치며 집에 앉았을 때에든지 길에 행할 때에든지 누웠을 때에든지 일어날 때에든지 이 말씀을 강론할 것이며"라고 말씀합니다. 여기서 '네 자녀에게 부지런히 가르치며'를 'Impress them on your children'이라고 단어로 기록하고 있는데, 그 뜻은 '그것들을 자녀들에게 깊이 감동시키라'는 것입니다.

우리는 자녀들의 영혼에 얼마나 관심을 가지고 있고, 얼마나 신앙으로 감동시키고 있습니까? 교회에서 은혜롭게 섬기듯이 가정에서도 그렇게 살아가고 있습니까? 밖에 나와서 사람들에게 사랑으로 잘하듯이 집에 가서 가족들에게도 평소에 잘하고 있습니까? 이게 결코 쉬운 일은 아니지만 너무도 중대한 일입니다. 우리의 가정에서의 신앙생활은 우리 자녀들의 일생을 좌우하는 너무도 소중한 교육의 장인 것입니다.

그래서 '형단영직(形端影直)'이란 말이 있습니다. '몸이 바르면 그림자도 곧다'는 뜻입니다. 우리 부모들의 신앙생활이 바로 서야 우리의 자녀들의 신앙생활도 바로 설 수 있습니다. 그런데도 우리는 자신의 몸이 바르지 못함을 돌아보지는 않고 곧지 못한 그림자 탓만 합니다. 우리 자녀들이 아무것도 안 보는 것 같고 모르는 것 같아도 우리 부모들의 말과 행동과 신앙생활을 그대로 다 보고 듣고 배우며 자라납니다.

얼마 전 한 일간지에 어느 회사의 홍보용 광고가 나왔는데, 거기에 이런 의미 깊은 글귀가 적혀 있었습니다. 'CCTV 카메라보다 무서운 눈이 있습니다'라는 제목의 글이었습니다.

폐쇄회로TV 혹은 CCTV라고 불리는

영상장치가 참 흔한 세상입니다.
큰길에도 있고 골목에도 있습니다.
주차장에도 있고 엘리베이터에도 있습니다.
도처에서 카메라가 우리를 내려다봅니다.

부끄러운 일입니다.
누가 보아야 규칙을 지키고
책임을 물어야 법이 지켜지는
사회라는 증거니까요.
떳떳하게 행동하지 못하고
주위의 눈치나 살피고
남의 시선이나 두려워한다는 뜻이니까요.

우리 사는 세상에는 아직도
당당하지 못한 사람들이 많은 모양입니다.
몰래카메라가 무섭고, 방송국 카메라가
두려운 사람들이 많은 모양입니다.

그러나 카메라는 아무것도 아닙니다.
우리가 정작 무서워해야 할
시선이 따로 있습니다.

그것은 바로
우리를 쳐다보는 우리의 자녀들의 눈입니다.

참 의미 있는 글이라고 생각합니다. 이제는 우리 자녀들의 영혼에 관심을 쏟으며 우리의 삶을 통해서 그들을 강하게 감동시켜 나가야 할 때입니다. 그런데 우리가 마음과 뜻을 다하여 자녀들에게 신앙생활의 본을 보여도 자녀들을 신앙으로 이끌고 가기가 쉽지 않습니다. 결코 우리의 힘으로나 능으로는 그들을 변화시킬 수 없습니다. 그렇기 때문에 예수님께서 십자가를 지시고 골고다 언덕을 오르실 때 슬피 울며 따르던 여인들을 향하여 누가복음 23장 28절에서 뭐라고 말씀하셨는지 늘 가슴속에 되새겨야 합니다.

"예수께서 돌이켜 그들을 향하여 가라사대 예루살렘의 딸들아 나를 위하여 울지 말고 너희와 너희 자녀를 위하여 울라."

지금 우리도 우리 자신과 우리 자녀들을 위해서 눈물로 기도해야 할 때입니다. 그런데 우리가 자녀들을 위해 눈물로 간절히 기도하던 때가 언제였습니까? 이제는 낙심되어 기도조차 안 나오지는 않습니까? 그러나 항상 기도하되 낙망치 않을 때, 하나님의 은혜와 축복 속에서 우리의 사랑하는 자녀들의 장래가 복되고 형통하게 일어서고 아름답고 귀하게 쓰임 받게 되는 것입니다.

소망교회 곽선희 목사님이 은퇴하시고 아들 목사님이 목회하는 분당의 예수소망교회에서 목회 사역을 돕고 계십니다. 그런데 그 아들 곽요셉 목사님이 은혜를 체험하기 전에는 신앙을 떠나 아버지의 속을 너무도 많이 썩였다고 합니다. 고등학교를 몇 군데나 옮겨다니다가 결국 졸업도 못하고 검정고시로 대학을 갈 정도였습니다. 그런데 한 번은 아들 곽 목사님이 설교 중에 "아버지가 훌륭한 목사님이 되신 것은 다 아들인 자기 덕분"이라고 간증하더랍니다. 왜냐하면 아들이 그렇게 속을 썩였으니 기도를 많이 하셨을 것이고, 그렇게 열심히 기도하다 보니까 아버지가 그렇게 은혜로운 훌륭한 목사님이 되셨다는 겁니다.

분명한 것은 우리가 선을 행하되 낙심하지 않으면 때가 이르매 꼭 거두게 된다는 것입니다. 눈물을 흘리며 씨를 뿌리는 자는 정녕 기쁨으로 그 단을 가져온다는 것입니다. 그러므로 '설마 우리 아이가' 이럴 수가 있는가 하는 경우라도 자녀에 대한 기대와 희망을 버리지 말고, 다시 한 번 그들의 영혼에 관심을 가지고 말씀의 삶의 감동과 눈물의 기도로 자녀들을 양육할 수 있길 바랍니다. 그리할 때 빠른 시일 내에 그들도 주님 품에 돌아와 하나님 나라의 귀한 일꾼들로 변화될 것입니다.

성격과 행동을 치유해야 함

다음 본문 13절에 "그 제사장들이 백성에게 행하는 습관은 이러하니……"라고 말씀하고 있습니다. 엘리 제사장의 아들들의 행동은 정당한 권리가 아니라 월권이었습니다. 당시 화목제물 중에 제사장의 분깃은 가슴과 뒷다리였습니다. 그것을 취하는 과정도 먼저 제물의 기름을 태워 여호와께 바치고, 가슴은 번제단 위에서 흔들며 여호와 앞에 요제로 드리고, 뒷다리는 여호와께 거제로 드린 후 삶아서 제사장이 취하도록 했습니다(레 7:28-34). 그런데 그들은 하나님께 제사도 드리기 전에 사환을 시켜 쇠갈고리로 제물을 찔러 무엇이든 날 것을 취했습니다. 그리고 그것을 내놓지 않으면 억지로라도 빼앗아갔습니다. 그들의 거친 성격과 행동들은 신앙의 문제를 뛰어넘은 것입니다. 그것은 바로 부모인 엘리 제사장 내외가 아들들의 문제의 성격과 행동의 원인을 제공하기도 했겠지만, 그들의 치유에 관심조차 갖지 않았기 때문입니다.

지금 우리 자녀들에게 나타나는 문제의 성격과 행동도 그냥 생긴 게 아닙니다. 선천적으로 부모로부터 유전되거나 후천적으로 어린 시절부터 부모에게서 받은 상처로 말미암은 것입니다. 더욱이 우리 자녀들이 입시지옥에 고통당하며 학업에 대한 스트레스나 아픔들이 얼마나 큽니까? 이러한 과거의 모든 상처들이 먼저 그들의 사고를 부정적이고 비판적으로 만들어서 그들의 감정을 왜곡시키고 거칠게 만듭니다. 더 나아가 그들의 행동을 불의하고 폭력적으로 만들어버리는 것입니다. 우리의 자녀들이 부모로부터 상처를 받은 결과로 "설마 우리 아이가"라고 말할 정도로 그들의 심성이 비뚤어지기 시작하는 것입니다.

그래서 요즘 아이들이 부모의 말도 얼마나 안 듣습니까? 중학교에 다니는 아들이 소파에 누워서 부엌에 있는 엄마에게 소리치더랍니다. "엄마, 나 물 한 잔만 갖다 줘." 그래서 엄마가 "엄마가 바쁘니까 네가 갖다 먹어"라고 했습니다. 그러자 "엄마아~ 물 한 잔만~" "네가 떠다 먹으라니까" "그러지 말고 엄마, 물 한 잔만!"

그러자 화가 난 엄마가 소리쳤습니다. "너 한 번만 더 물 달라고 하면 가서 혼내 줄 거야!" 그러자 아들이 "엄마, 그럼 나 혼내러 올 때 물 한 잔만 갖다 줘"라고 했습니다. 이것이 요즘 아이들입니다.

우리의 자녀들이 어렸을 때부터 사랑의 상처를 받거나 사랑이 결핍하게 되면 스스로 신체적 위안을 얻기 위해 자신의 신체의 일부를 습관적으로 만지거나 빨거나 깨물게 됩니다. 더 나아가 눈을 깜빡거리거나 헛기침을 하거나 신체를 떠는 '틱 장애'라는 증상이 나타납니다. 그리고 언제부터인가 부모의 말을 안 듣고 반항하기 시작합니다. 그런 자녀들은 가정에서뿐만 아니라 학교에서나 교회에 와서까지 폭력적으로 변해 갑니다.

아버지가 자기 김밥을 허락 없이 먹었다는 이유로 아버지를 흉기로 찔러 숨지게 한 고등학생도 있었습니다. 이제는 애들 간식을 먹을 때도 허락을 받아야지 그냥 뺏어 먹었다가는 칼 맞게 생겼습니다. 더 나아가 가출을 하고 절도, 강도, 강간 등 갖가지 사회적인 비행을 저지릅니다. 그리고 심지어는 우울증이나 조증이나 불안 장애, 강박 장애 등 여러 가지 정신 질환에 빠져듭니다. 더 나아가 술이나 담배, 본드, 환각제, 도박, 폭력, 인터넷, 성 등 여러 종류의 중독증에 빠져듭니다. 그러다가 결국 자살을 하여 스스로 목숨을 끊는 불행에 빠지고 마는 것입니다.

그래서 앨버트 앨리스(Albert Ellis) 박사가 창안한 '인지 정서 행동치료(Cognitive Emotive Behavioral Therapy)'에서는 먼저 사고의 전환부터 이루어져야 한다고 말합니다. 정신장애의 중심에는 인지적 왜곡, 즉 극단적인 이분법, 흑백논리에 매이거나 확대 해석을 하거나 부정적 결론을 유추해 내는 것 등이 있습니다. 하루야마 시게오 박사도 그의 명저 《뇌내 혁명》에서 다음과 같이 말합니다.

"무엇이든 플러스 발상을 하는 습관을 가진 사람은 면역성이 강하여 좀처럼 병에 걸리지 않습니다. 그러나 늘 마이너스 발상만 하는 사람은 한심스러울 정도로 쉽게 병에 걸리고 맙니다. 똑

같은 상황임에도 불구하고 생기 있고 건강한 사람이 있는가 하면 늘 기운이 없고 병약한 사람이 있습니다. 이 같은 차이는 대부분 그 사람의 마음가짐에서 시작됩니다."

그러므로 하나님의 말씀을 통해서 우리 자녀들의 지난날의 상처를 치유하고 그들의 잘못된 역기능 사고를 바로 잡아주어야 합니다. 그래서 긍정적인 사고를 통해 묵은 감정들이 다 풀어지게 해야 합니다. 더 나아가 상처를 준 사람을 용서케 함으로 자녀들의 마음속의 상처의 감정들을 치유해 주어야 합니다. 이처럼 그들의 감정을 치유하여 줄 때, 우리 자녀들의 행동이 자연스럽게 거룩하고 성숙하게 변화되어 나가는 것입니다.

우리 자녀들의 마음의 상처를 치유하지 않으면 아무리 우리가 잔소리하고 큰소리쳐도 자녀들의 마음 문이 닫혀서 충고의 소리가 들리지 않습니다. 오히려 자녀들의 감정만 더 상하게 되고 맙니다. 그리하여 부모와의 관계는 점점 더 멀어지고 더욱더 강퍅해지고 점점 더 회복이 힘들어집니다. 그래서 에베소서 6장 4절에 "또 아비들아 너희 자녀를 노엽게 하지 말고 오직 주의 교양과 훈계로 양육하라"고 말씀합니다. 우리 자녀들을 더 이상 화나게 하지 말고 더 이상 상처 주지 말아야 합니다.

우리 자녀들이 표현은 안 할지 모르지만 우리로 인해 그들의 가슴 속에 얼마나 많은 상처의 아픔들이 있는지 아십니까? 언젠가 치유동산에서 한 형제의 고백을 들은 적이 있습니다. 그는 어린 시절부터 아버지의 무시하는 거친 말이나 억압적인 행동으로써 깊은 상처를 받았는데, 그 상처의 아픔이 일생토록 얼마나 가슴에 사무치는지 지금까지도 그 상처의 고통을 느끼며 살아왔습니다. 그리고 그 상처가 자신의 성격과 행동을 지배해 왔습니다. 그런데 치유동산에서 치유를 받은 후 그는 그러한 아버지조차도 주님의 사랑으로 용서하겠다고 고백했습니다.

미국의 기독교 상담가인 폴 트립은 그가 쓴 《위기의 십대, 기회의 십대》란 책에서 이렇게 말하고 있습니다. 세월이 흐른다고 해서 자녀들의 상처와 아픔이 사라지진 않는다고 말입니다. 부모가 지난날 자녀에게 상처를 준 것을 깨닫고 고백하며 돌아설 때, 비로소 자녀들과의 관계가 급속도로 치유되고 자녀에게도 커다란 변화가 일어난다는 것입니다. 그렇게 할 때 지난날의 상처의 위기가 행복의 기회가 된다는 것입니다.

그러므로 이제라도 우리 자녀들에게 상처 준 것을 회개하고 용서를 구하길 원합니다. 그리하여 이제부터라도 참회하는 심정으로 사랑하는 자녀들을 포용하고, 칭찬하고, 격려함으로 상처받은 마음까지 치유할 수 있길 원합니다. 더 나아가 하나님의 말씀으로 예방도 하고 치유도 하여 그들의 어떠한 비뚤어진 성격이나 행동까지 모두 회복되길 원합니다. 이처럼 그들의 마음이 치유되고 열렸을 때 그들의 왜곡된 성격과 행동도 치유됩니다. 지난날의 상처가 치유될 때 '설마 우리 아이가' 하였던 우리의 자녀들의 성격과 행동조차도 치유되고 그들의 삶이 새롭게 회복되고 변화될 것입니다.

시간과 정성을 쏟아야 함

마지막으로 본문 22-23절에 "엘리가 매우 늙었더니 그 아들들이 온 이스라엘에게 행한 모든 일과 회막문에서 수종 드는 여인과 동침하였음을 듣고 그들에게 이르되 너희가 어찌하여 이런 일을 하느냐 내가 너희의 악행을 이 모든 백성에게서 듣노라"고 증거하고 있습니다. 이때 엘리 제사장은 98세의 고령이었습니다(삼상 4:15). 또한 매우 비만하고 눈이 어두워(삼상 4:18) 거의 거동을 자유로이 못할 정도였습니다. 엘리의 아들들은 제물을 불의하게 취한 것 외에도 여러 가지 범죄 행위를 하였고, 또 회막에서 섬기는 여인들과 동침까지 하였습니다. 그런데도 엘리 제사장은 그러한 아들들의 범죄 행위를 미리 발견하지 못했고 온 이스라엘에 널리 알려진 후에야 듣게 되었던 것입니다.

엘리 제사장은 40년 목회를 하는 동안에 주의 일에 너무 빠져 아들들과 시간을 함께하지 못함으로 그들의 심각한 상황에 대해서 전혀 알지 못했습니다. 그럼으로 인해 블레셋과의 싸움에서 하나님의 궤를 빼앗기고 두 아들이 비참하게 죽게 됩니다. 또한 그 아버지 엘리 제사장도 그 소식에 충격을 받아 의자에서 쓰러져 목뼈가 부러져 죽고 맙니다. 자녀 양육이 실패함으로 온 가족이 비참하게 되었습니다.

오늘날에도 우리가 자녀들과 시간을 함께하지 못하고 정성을 쏟지 못함으로 '설마 우리 아이가' 하는 심각한 상황에 놓일 때가 있습니다. 그러므로 우리 자녀들과 가능하면 많은 시간을 같이 하면서 그들의 고민을 들어 주고, 그들의 장래에 대해서 함께 이야기도 하며 사랑의 관심을 가져주어야 합니다. 그런데 우리가 너무도 바쁘고 피곤하다며 자녀들과 충분한 시간을 갖질 못합니다. 특히 한국의 아버지들은 일에 빠져 살면서 자녀들과 함께할 시간을 충분히 갖지 못합니다. 이렇게 부모와 자녀의 대화와 사랑의 대화의 시간이 없기 때문에 우리의 문제가 얼마나 심각해지고 있습니까? 맞벌이 부부들은 더욱더 자녀들과 함께하지 못한다는 죄책감에 사로잡혀 살아갈 때가 많습니다. 그러나 자녀들과 얼마나 오랜 시간을 함께 하느냐보다도 자녀들과 함께하는 동안 사랑의 교감을 얼마나 나누는지가 더욱 소중한 것입니다.

제가 신학교 다닐 때 은퇴하신 한 노목사님이 채플 시간에 와서 이런 고백을 하셨습니다. 이분이 은퇴하신 후 모처럼 결혼한 아들네 집에 가셨는데, 아들이 잠깐 인사만 하고는 자기 방에 들어가서 나오지를 않았습니다. 그래서 아무리 바쁘기로서니 너무 심하지 않는가 하여 아들을 불러서 야단을 쳤다고 합니다. 그랬더니 아들이 눈물을 글썽이면서 "아버지, 아버지는 제가 같이 놀아 달라고 할 때 '나 바빠. 시간 없어. 설교 준비 해야 하니까 조용히 해. 심방 가야 하니까 혼자 놀아!' 하면서 언제 저와 함께 한 번이라도 놀아 주셨어요?" 하고 항변을 하더랍니다. 아들의 항변에 목사님이 아무 대답도 못하고 눈물을 머금고 그냥 집으로 돌아왔는데, "아, 내가 인생을 잘못 살았구나" 하고 지나온 삶이 그렇게 후회가 되었다고 했습니다. 그래서 그때 채플 시간에 디모데전서 5장 8절 말씀을 강조하셨습니다. "누구든지 자기 친족 특히 자기 가족을 돌아보지 아니하면 믿음을 배반한 자요 불신자보다 더 악한 자니라."

이것이 꼭 그 목사님만의 문제일까요? 상대성 이론을 발견했던 20세기 최고의 물리학자 아인슈타인의 사생활의 모든 자료를 모은 《아인슈타인 평전(*Einstein: A Life*)》이란 책이 출판되었습니다. 그런데 그 유명한 아인슈타인도 그의 성공과는 정반대로 가족들에게는 '0점 아빠'였다고 합니다. 그래서 그의 노년이 얼마나 불행했는지 아십니까? 그의 둘째 아들은 정신분열병에 시달리고, 노년엔 앵무새가 그의 유일한 말벗일 정도로 너무도 외롭고 불행하게 보냈다고 합니다. 이제는 우리 아버지들이 자녀들에 대해 사랑의 관심을 가지고 그들과 함께하는 정성을 쏟아야 할 때입니다.

그래서 저도 미국 유학생활을 마치고 한국에 들어오면서 가족들과 한 가지 약속한 일이 있습니다. 그것은 제가 아무리 바쁘고 피곤한 일과 속에서도 딸아이를 실망시키지 않으려고 나름대로 최선을 다해, 한 주간에 한 나절이나 저녁시간만이라도 '가족의 시간(Family Time)'으로 가지려고 노력해 온 것입니다. 교수 시절의 일인데 저의 딸아이가 초등학생이었던 때였습니다. 계속되는 강의로 피곤이 쌓여 몸의 컨디션이 안 좋아 하루 푹 쉬고 싶었지만 어린이날이고 해서 그냥 집에서 쉴 수가 없었습니다. 그래서 할 수 없이 어린이대공원에 데리고 갔는데 가서 처음으로 탄 것이 '다람쥐틀'이라는 놀이기구였습니다. 그 틀 속에 들어가 안전벨트를 하고 360도 회전하며 도는데, 빈 속에 탔다가 속이 울렁거리기 시작했습니다. 그날 '다람쥐 틀' 타다가 정말 죽는 줄 알았습니다. 너무도 힘든 하루였습니다. 그런데 그 날 돌아와서 저의 딸은 일기장에 "오늘처럼 즐거운 어린이날은 없었어요. 매일 오늘 같은 어린이날이었으면 좋겠어요……"라고 써 놓았습니다. 아이들은 이렇게 부모와 함께하는 것을 좋아합니다.

한번은 저희 집 세 식구가 외식을 하고 돌아오는 길에 딸아이의 장래에 대해 이야기를 나눌 기회가 있었습니다. 한참 동안 이런저런 이야기를 하다가 딸아이의 장래 배우자에 대해 이야기하게 되었습니다. 제 집사람이 딸에게 "넌 어떤 남자와 결혼하고 싶니?" 하고 물으니까 딸이 대답하는 말이 "난 재미있는 남자와 결혼하고 싶어요" 하기에 곁에서 듣던 제가 우스갯소리로 얼른 "응? 그럼 딱 아빠네!" 그랬더니 딸이 "응. 난 아빠 같은 남자하고 결혼하고 싶어요" 하고 대답했습니다. 딸에게 그런 평가를 받아서 기분은 좋았습니다만, 솔직히 저 자신을 돌이켜 보면 항상 부족하고 부끄러운 아빠임을 고백하지 않을 수 없습니다.

사실 우리가 조금만 자녀들에 대해서 관심을 가지고 시간만 내면 우리 자녀들과 함께 갈 만한 곳들이 주위에 많습니다. 그렇게 자녀들과 시간을 함께하면 자녀들과 많은 대화를 나눌 수 있고 자녀들과 사귀게 됩니다. 그러므로 자녀들의 마음 문이 열려 그들의 아픔도 나누게 되고 그들의 고민도 해결할 수 있게 됩니다.

얼마 전 한국교육과정평가원이 전국의 학생들의 학업 성취도 평가 결과를 분석해 보았더니, 부모와 거의 매일 대화를 하는 학생이 대화를 전혀 하지 않는 학생에 비해 과목별 평균 점수가 15-25점이나 높게 나왔습니다. 또한 공부나 운동을 잘하기를 바라는 부모보다는 올바른 성품을 갖기를 원하는 부모를 둔 자녀가 모든 학년, 모든 과목에서 성적이 더 우수했습니다. 그러므로 부모와 자녀가 하나될 때 어떠한 고난 속에서도 일어서게 되는 것입니다. 그리고 '설마 우리 아이가' 하였던 어떠한 낙심과 절망도 모두 다 이겨내고 행복한 부모와 자녀의 관계를 회복하게 될 것입니다.

어느 교회에서 부흥성회를 인도할 때였습니다. 둘째 날 낮 집회에서 자녀 교육에 대해서 말씀을 하면서 저의 일생의 가장 가슴 아픈 기억인 첫딸을 잃은 간증을 하게 되었습니다. 그 말씀 중 거에 많은 교인들이 은혜 받고 눈물을 흘렸는데, 유난히 눈물을 많이 흘리는 한 권사님이 계셨습니다. 그래서 예배를 마치고 그 교회 담임목사님을 통해 그분의 사연을 듣게 되었습니다.

그 권사님은 남편과 함께 시골에서 농사를 지으면서 아들 둘과 딸 둘을 낳아 기르다가, 자녀들 교육을 위해 도시로 올라와 남편은 공사장에서 일하면서도 자식들 잘 되기만 바라며 행복하게 살았다고 합니다. 자녀들이 공부를 잘 해서 큰아들이 의과대학에 들어갔는데, 의대를 졸업하고 의사고시를 보고 합격 발표된 후에 갑자기 쓰러졌습니다. 병원에 가서 종합진단을 했는데 간암 판결을 받고 결국 3개월 후에 그대로 세상을 떠나고 말았습니다. 부모의 모든 희망과 기대가 한순간에 다 무너져버리고 만 것입니다. 주위에서는 모두들 저 정도 충격을 받았으니 아들과 함께 단 둘이 신앙생활을 하던 그 어머니마저 교회를 떠나는 게 아닌가 하고 걱정들을 많이 했다고 합니다. 그런데 그 아들의 죽음을 통해 예수를 안 믿던 아버지가 "그동안 무엇을 위해 인생을 살았는가?" 하고 인생의 허무에 빠지게 되었습니다. 아들 잘 되는 것만 바라는 것이 인생의 전부가 아니라는 것을 깨닫고 비로소 인생의 근본 되시는 주님의 품으로 돌아오게 된 것입니다. 그리고 남은 아들과 두 딸들까지도 은혜 받고 온 가족이 주님을 믿게 되어 진정으로 주님 안에서 행복한 가정을 회복하게 된 것입니다. 그러한 오늘의 신앙의 가정이 있기까지 한 알의 밀알이 되어 준 큰아들에 대한 미안함과 그리움 때문에 그 권사님이 그렇게 눈물을 홀리셨던 것입니다.

　우리는 사랑하는 자녀들이 건강하지 못해도 살아 있다는 것만 해도 감사해야 합니다. 성격이 좀 안 좋아도 날마다 집에 들어와 주는 것으로도 감사해야 합니다. 공부를 좀 못 해도 신앙 안에서 산다는 것만 해도 감사해야 합니다. 우리가 사랑하는 자녀들과 사랑을 나누며 함께할 수 있는 시간이 영영 많이 남아 있는 게 아닙니다. 이렇게 자녀들에게 무관심하고 감정적으로 불성실하게 보내다가 어느 날 갑자기 돌이킬 수 없는 일을 당하고서야 '설마 우리 아이가' 이럴 줄 몰랐다고 가슴을 치며 후회한들 무슨 소용이 있겠습니까? 우리의 자녀들에게 고통스러운 불행이 닥치기 전에 우리가 먼저 어떠한 부모가 되어야 할지를 생각해 보아야 할 것입니다.

어떻게 양육할 것인가

욥기 1:1-22

"우스 땅에 욥이라 이름하는 사람이 있었는데 그 사람은 순전하고 정직하여 하나님을 경외하며 악에서 떠난 자더라 그 소생은 남자가 일곱이요 여자가 셋이며 그 소유물은 양이 칠천이요 약대가 삼천이요 소가 오백 겨리요 암나귀가 오백이며 종도 많이 있었으니 이 사람은 동방 사람 중에 가장 큰 자라 그 아들들이 자기 생일이면 각각 자기의 집에서 잔치를 베풀고 그 누이 셋도 청하여 함께 먹고 마시므로 그 잔칫날이 지나면 욥이 그들을 불러다가 성결케 하되 아침에 일어나서 그들의 명수대로 번제를 드렸으니 이는 욥이 말하기를 혹시 내 아들들이 죄를 범하여 마음으로 하나님을 배반하였을까 함이라 욥의 행사가 항상 이러하였더라 하루는 하나님의 아들들이 와서 여호와 앞에 섰고 사단도 그들 가운데 왔는지라 여호와께서 사단에게 이르시되 네가 어디서 왔느냐 사단이 여호와께 대답하여 가로되 땅에 두루 돌아 여기 저기 다녀왔나이다 여호와께서 사단에게 이르시되 네가 내 종 욥을 유의하여 보았느냐 그와 같이 순전하고 정직하여 하나님을 경외하며 악에서 떠난 자가 세상에 없느니라 사단이 여호와께 대답하여 가로되 욥이 어찌 까닭 없이 하나님을 경외하리이까 주께서 그와 그 집과 그 모든 소유물을 산울로 두르심이 아니니이까 주께서 그 손으로 하는 바를 복되게 하사 그 소유물로 땅에 널리게 하셨음이니이다 이제 주의 손을 펴서 그의 모든 소유물을 치소서 그리하시면 정녕 대면하여 주를 욕하리이다 여호와께서 사단에게 이르시되 내가 그의 소유물을 다 네 손에 붙이노라 오직 그의 몸에는 네 손을 대지 말지니라 사단이 곧 여호와 앞에서 물러가니라 하루는 욥의 자녀들이 그 맏형의 집에서 식물을 먹으며 포도주를 마실 때에 사자가 욥에게 와서 고하되 소는 밭을 갈고 나귀는 그 곁에서 풀을 먹는데 스바 사람이 갑자기 이르러 그것들을 빼앗고 칼로 종을 죽였나이다 나만 홀로 피한고로 주인께 고하러 왔나이다 그가 아직 말할 때에 또 한 사람이 와서 고하되 하나님의 불이 하늘에서 내려와서 양과 종을 살라 버렸나이다 나만 홀로 피한고로 주인께 고하러 왔나이다 그가 아직 말할 때에 또 한 사람이 와서 고하되 갈대아 사람이 세 떼를 지어 갑자기 약대에게 달려들어 그것을 빼앗으며 칼로 종을 죽였나이다 나만 홀로 피한고 로 주인께 고하러 왔나이다 그가 아직 말할 때에 또 한 사람이 와서 고하되 주인 의 자녀들이 그 맏형의 집에서 식물을 먹으며 포도주를 마시더니 거친 들에서 대풍이 와서 집 네 모퉁이를 치매 그 소년들 위에 무너지므로 그들이 죽었나이 다 나만 홀로 피한고로 주인께 고하러 왔나이다 한지라 욥이 일어나 겉옷을 찢 고 머리털을 밀고 땅에 엎드려 경배하며 가로되 내가 모태에서 적신이 나왔사온 즉 또한 적신이 그리로 돌아가올지라 주신 자도 여호와시요 취하신 자도 여호와 시오니 여호와의 이름이 찬송을 받으실지니이다 하고 이 모든 일에 욥이 범죄하 지 아니하고 하나님을 향하여 어리석게 원망하지 아니하니라."

인터넷 포털사이트 '다음(Daum)' 블로그에 자신을 40대 후반의 가난한 말단 공무원이라고 밝힌 한 아버지가 초등학교 6학년 아들의 일기를 공개한 것을 보았습니다.

2006년 4월 27일 목요일 제목: '아버지, 좀 쉬게 해주세요'
저녁 9시에 집에 들어와서도 숙제 때문에 12시를 넘기고, 낮에도 학교와 학원에서 받는 스트레스로 입안에 염증이 생기고 피곤한 일과가 계속되고 있다. 대부분의 학교 친구들도 비슷한 생활을 하고 있는데 잘 적응해야 한다. 하지만 초등학교 마지막 '어린이날'인 5월 5일만이라도 쉬고 싶다.

여러분은 어린이날에 자녀들에게 어떻게 해주십니까? 어린이날 하루만 잘해 주려고 하지 말고 자녀와의 관계를 돌이켜 보는 계기가 될 수 있길 바랍니다. 우리는 우리 자녀를 결단코 방관해서는 안 됩니다. 또한 다른 가정의 자녀에 대해서 비판해서도 안 됩니다. 그들의 일생을 다 마치기 전에는 어느 누구도 장담할 수 없기 때문입니다.

우리는 본문 가운데 자녀 양육의 모델이 되는 한 신앙의 아버지를 만나게 됩니다. 바로 욥입니다. 욥이라는 이름의 뜻이 '우는 자'이듯이 그는 파란만장한 인생을 살았습니다. 그럼에도 불구하고 그가 이 시대의 참 부모상이 되는 감동적인 몇 가지 이유가 있습니다.

신앙의 모범을 보임

먼저 본문 1절 말씀을 보면 "우스 땅에 욥이라 이름하는 사람이 있었는데 그 사람은 순전하고 정직하여 하나님을 경외하며 악에서 떠난 자더라"고 기록합니다. 욥은 온전하고(blameless: 비난 받을 것이 없이 흠이 없음) 정직하고(upright: 불의와 타협하지 않고 올곧음) 하나님을 두려워하고 악에서 떠난 자였습니다. 같은 말씀을 하나님께서는 본문 1장 1절에서 뿐만 아니라 1장 8절과 2장 3절에서 세 번에 걸쳐 강조합니다. 이처럼 욥은 하나님에게서 인정받고 사탄에게 증거할 정도였으니, 가정에서 함께 살아가는 자녀들에게 모범이 되는 것은 더 말할 나위가 없었을 것입니다. 이것이 우리의 자녀 양육에 가장 근본적으로 소중한 것입니다.

우리가 자녀의 문제 행동을 치료하는데 가장 감동적인 행동 치료 방법은 '모델링(modeling)'입니다. 그런데도 우리는 자녀들의 신앙보다도 성적, 입시, 대학, 직장, 결혼 등에 관심이 더 많습니다.

자녀들에게 "공부, 공부" 하면 오히려 스트레스만 더 받습니다. 또한 행복은 성적순이 아니지 않습니까? 공부보다 더욱 중요한 것이 있는데 그것이 바로 신앙입니다. 그런데 우리가 자녀들에게 아무리 말로 "교회 나가자" "예수 잘 믿어야 복 받는다"고 해도 우리가 삶으로 모범을 보이지 못하고 감동을 주지 못하면 자녀들을 믿음으로 바로 이끌 수가 없습니다. 그리하여 더 이상 신앙의 계승이 이루어지지를 않습니다. 그래서 지금 전세계적으로 인구 성장률에 비해 기독교의 성장이 정체되고 있는 것입니다. 특히 유럽에서의 기독교 쇠퇴는 거의 몰락에 가깝습니다.

유럽판 〈타임(Time)〉지에 '방탕한 부모 구하기(Saving the Prodigal Parent)'라는 제목의 기사가 실린 적이 있습니다. 영국은 한때 세계 선교의 선두주자로서 전세계에 선교사를 가장 많이 파송했던 나라였습니다. 근대 선교의 아버지인 윌리엄 캐리 선교사, 중국 내륙 선교에 힘썼던 허드슨 테일러 선교사, 아프리카에 사랑의 씨를 뿌린 데이비드 리빙스턴 선교사, 대동강 하구에서 뜨거운 순교의 피를 뿌림으로 한국 선교의 터를 닦았던 로버트 토머스 선교사 등이 다 영국인이었습니다. 그러나 지금 영국은 6,000만 인구 중에 실제 주일 출석 교인은 100만 명에 불과합니다. 그리고 앞으로 50년이 지나면 이슬람교가 영국의 주 종교로 떠오를 것이라는 예측마저 나오고 있습니다. 그렇게까지 된 결정적인 이유는 신앙의 세대 계승이 실패했기 때문입니다. 아무리 당대에 복음이 화려하게 꽃피었다 하더라도 신앙의 계승에 실패한다면 우리의 모든 신앙생활은 실패한 것이나 다름이 없는 것입니다.

부모들이 신앙의 모범은커녕 실망만 안겨 주었기 때문에 자녀들의 감정의 골이 깊어가고, 부모의 신앙에 반발하고, 교회를 떠나가는 경우까지 있습니다. 결국 그 부모들에 의해서 그 자녀들의 일생이 그대로 결정되어버리는 것입니다. 우리가 아무리 밖에서 잘하고 집에서 큰소리쳐도 신앙의 모범을 보이지 않으면 우리 자녀들에게 어떠한 감동도 주지 못하고 어떠한 변화도 일으킬 수 없습니다.

지금 우리에게 절실한 것은 수많은 말보다 삶의 모범입니다. 흔히들 60대는 진공관 세대이고 40-50대는 아날로그 세대이고 30대 이하는 디지털 세대라고 합니다. 최근에 이어령 전 문화부 장관이 《디지로그》라는 책을 썼는데, 그는 지금이 아무리 첨단과학시대라고 하지만 디지털의 기술과 아날로그의 감성이 융합한 첨단 기술인 디지로그를 개발해야만 우리가 행복할 수 있다는 겁니다. 진공관이나 아날로그 세대인 우리는 듣는 것에 익숙해져 있어서 잔소리가 많은데, 디지털 세대인 우리 자녀들은 보는 것에 익숙해져 있기 때문에 잔소리보다도 우리가 모범을 보여야 하는 것입니다.

특별히 신앙의 모범을 보여주어야 합니다. 우리가 긍정적이고 적극적인 신앙의 헌신과 봉사를 이루면 우리 자녀들도 긍정적이고 적극적인 신앙의 삶이 됩니다. 그러나 부정적이고 비판적이고 교회의 걸림만 된다면 우리 자녀들도 부정적이고 비판적인 교회의 걸림만 되는 사람이 되고 맙니다.

2006 프로농구 챔피언이 된 삼성 프로농구 팀의 안준호 감독은 7남매의 막내로 어머니가 마흔여덟 살에 얻은 늦둥이었습니

다. 그는 담양 봉산 남초등학교를 졸업하고 광주 조선대학교 부속중학교를 다녔는데, 아버지를 일찍 잃고 시골 빈농의 가정이었지만 어머니는 막내아들을 큰 사람으로 키우기 위해 이별의 슬픔도 마다한 채 서울로 유학을 보냈습니다. 광신상고 1학년 때 학교 선생님이 그의 큰 키를 보고 농구를 해 보라고 권유하여 다른 사람보다 늦게 농구를 시작했기 때문에 대학 농구의 3대 명문인 연세대, 고려대, 중앙대는 못 들어가고 경희대에 진학하게 되었습니다. 그러나 시골에서 고생하시며 농사지어 뒷바라지를 하시며 새벽마다 기도하시는 어머니를 생각하면서 뛰고 또 뛰었습니다. 그것이 남보다 한 방울이라도 땀을 더 흘릴 수 있는 계기가 되어 태극 마크까지 달게 되었고, 은퇴 후에는 어렵지 않게 지도자의 길로 들어설 수 있었습니다.

하지만 그의 지도자의 인생은 순탄치 못했습니다. 1997년 SK 농구팀의 창단 감독에 올랐지만 성적 부진으로 도중 하차를 해야 했고, 2000년 삼성 코치로 백의종군해 팀 우승의 일익을 담당했지만 2003년 5월 재계약에 실패하고 말았습니다. 그러나 거듭된 좌절 속에서도 인생의 어려운 순간마다 큰 힘이 되어 주신 분은 바로 98세의 노모님이었습니다. 아버지가 일찍 세상을 떠나 그 어려움 속에서도 혼자서 7남매를 훌륭하게 길러내신 것은 어머니의 간절한 기도와 사랑의 격려 덕분이었습니다. 결국 그 신앙이 아들에게 이어졌고, 그도 역시 신실한 안수집사가 되어 늘 기도하면서 신앙으로 어려운 때를 잘 이겨내 결국 삼성의 감독이 되었습니다. 그는 늘 기도하며 경기에 임했고, 경기가 끝난 후에는 반드시 교회를 찾아서 기도하고 난 후에야 숙소로 돌아갈 정도였습니다. 결국 그가 맡은 팀은 프로농구 사상 플레이오프전에서 한 번도 패하지 않고 우승하는 진기록을 세울 수 있었습니다. 어머니의 신앙이 아들을 통해 놀랍게 열매 맺은 것입니다.

그래서 베드로전서 5장 3-4절에서도 맡기운 자들에게 주장하는 자세를 하지 말고 오직 양 무리의 본이 되라 그리하면 목자장이 나타나실 때에 시들지 아니하는 영광의 면류관을 얻으리라 고 약속하지 않습니까? 그러므로 우리가 다른 무엇보다도 자녀들에게 신실하게 신앙의 모범을 보임으로, 복의 근원 되시는 하나님께서 우리 자녀들의 삶을 변화시키고 장래를 크게 축복하셔서 귀하게 영광을 거두실 것입니다.

사랑의 섬김을 이룸

계속해서 본문 5절에 잔칫날이 지나면 욥이 그들을 불러다가 성결케 하되 아침에 일어나서 그들의 명수대로 번제를 드렸으니 이는 욥이 말하기를 혹시 내 아들들이 죄를 범하여 마음으로 하나님을 배반하였을까 함이라 욥의 행사가 항상 이러하였더라 고 증거합니다. 모세가 율법을 받기 전인 족장시대에는 가장이 제사장의 직무를 이행하여 가족제사를 드렸습니다. 욥도 족장시대의 사람이었으므로 아들들이 잔치를 하면서 혹시 부정하게 되었을까 걱정되어 그들을 불러 그들이 지은 죄를 씻는 결례의식을 행하고 그들의 수대로 헌신의 번제를 드린 것입니다.

그런데 여기서 우리가 주목해야 할 것은 욥의 자녀들이 결례의식을 행하고 번제를 드린 것이 아니라 아버지가 자녀들이 잘못된 길로 가지 않도록 대신 결례의식을 행하고 번제를 드리며 사랑으로 섬겼다는 것입니다. 그것도 한두 번 그렇게 하고 만 것이 아닙니다. 영어 성경에 보면 This was Job's regular custom(이 것이 욥의 규칙적인 습관이었다) 이라고 기록하고 있습니다.

우리도 자녀들이 신앙으로 일어서도록 하기 위해서 사랑의 섬김이 절실히 필요합니다. 우리는 보통 기분 좋을 때는 자녀들에게 잘해 주지만 기분 나쁠 때는 아이들을 사랑으로 바르게 대하지 않습니다. 그러나 마음이 상해도 언제나 꾹 참고 인내하고 끝까지 사랑으로 섬겨야 합니다. 그리할 때 그들에게 감정이 아닌 감동을 불러일으킬 수 있습니다.

최근 발표된 보건복지부의 2005년 전국 아동 학대 현황 보고서를 보면 신고된 신체적, 정신적, 성적 폭력 또한 적극적인 가혹 행위와 소극적인 방임행위에 이르기까지 아동 학대로 판정된 사례 4,633건 중 가해자의 83.4퍼센트(3,862건)가 그들의 부모더라는 겁니다. 우리 한국의 부모들이 일본 부모보다 2배, 미국 부모보다 3배 더 폭력적인 것입니다.

한 중학교에서 있었던 일입니다. 학생들이 수업시간에 자꾸 조는 것을 보고 담임 선생님이 급훈을 새롭게 만들어서 벽에 걸었더니 그 다음부터는 학생들이 절대로 졸지 않았습니다. 그 급훈이 뭔지 아십니까? 엄마가 보고 있다 였습니다. 엄마들이 얼마나 무서우면 그럴까요?

이렇게 부모들이 폭력적이어서 자녀들에게 상처를 주면 자녀들이 행동이나 성격 장애를 일으키고 인터넷 등 각종 매체 중독 중에 빠져들며, 더 나아가 요즘처럼 성폭력과 살인 등 갖가지 범죄를 저지르게 되고 심지어는 스스로 목숨을 끊기도 합니다. 우리 자녀들의 이 모든 문제의 근본 원인은 사랑의 상처요, 결핍입니다. 그래서 고린도전서 13장 13절에서도 "그런즉 믿음, 소망, 사랑, 이 세 가지는 항상 있을 것인데 그 중에 제일은 사랑이라"고 증거하지 않습니까?

자녀를 위한 사랑의 섬김을 위해 가장 먼저 좀더 많은 시간을 함께하면서, 자녀들을 합리적으로 이해시키고 설득하여 순응할 수 있도록 사랑의 대화부터 시도해야 합니다. 김진홍 목사님의 두레마을에 한 청년이 찾아왔습니다. 미국에서 이민목회를 하는 목사님의 아들인데 그 목사님은 이민목회가 너무 바빠 아들과 함께할 수 있는 시간이 부족했습니다. 아들은 아버지의 사랑에 목말라 하다가 그만 마약에 손을 대기 시작해 결국 중독증에 걸리고 말았습니다. 그래서 치료를 위해 두레마을을 찾아왔는데, 그 청년과 대화를 하고 난 김진홍 목사님이 그 목사님과 비슷한 자신의 모습을 돌아보게 되어 집으로 돌아오자마자 숙제를 하고 있는 아들을 불렀습니다. "이리 좀 와 봐라." "왜요?" "우리 대화 좀 하자." "저 지금 숙제해야 되는데요." "지금 숙제가 중요한 게 아니야. 저 미스터 마약 있잖냐? 자기 아버지하고 대화를 안 해서 저렇게 됐단다. 그러니 우리 대화하자." 그 말을 들은 아들이 "그럼 대화하세요." 그러는데 막상 할 말이 없더랍니다. 그래서 이렇게 물었습니다. "니, 밥 묵었나?"

겨우 밥 먹었는지 묻는 것밖에 할 말이 없더랍니다. 그래도 좋습니다. 사랑의 관심을 가지고 대화를 시도하면 시간이 지나면서 자녀들과 많은 것들을 나눌 수 있게 됩니다. 무엇보다 먼저 그들의 욕구 불만이 무엇인가부터 들어 줘야 합니다. 그래서 잘못을 시인할 것은 시인하고 타협할 것은 타협하고 수용할 것은 전폭적으로 수용하는 겁니다. 대화를 하기 어려우면 휴대폰 문자메시지나 인터넷 이메일을 사용해 보십시오. 혹시 자신의 자녀가 마음에 안 들고 잘못이 있다 할지라도 우리는 그들을 주님의 사랑으로 칭찬하고 격려해 주어야 합니다. 그 사랑의 감동이 우리 자녀들을 놀랍게 변화시킵니다.

캔 블랜차드가 쓴 《칭찬은 고래도 춤추게 한다》는 베스트셀러가 있는데 이 책은 돌고래 쇼로 유명한 미국 올랜도에 있는 '씨월드'의 최고 인기스타인 범고래 샴의 이야기입니다. 무게가 3톤이 넘고 바다의 무서운 포식자인 범고래가 관중들 앞에서 멋진 묘기와 익살스러운 재주를 펼쳐 보일 수 있게 만든 비결이 궁금해서 조련사에게 물었더니 조련사가 대답했습니다. 첫째, 조련사를 믿을 때까지 인내하고 기다려 주어라. 둘째, 잘못한 것은 못 본 척하고 잘한 것은 칭찬하고 격려해 주어라. 셋째, 결과를 보지 말고 과정을 칭찬하라는 것이었습니다. 칭찬해 주면 동물도 잘하고 식물도 잘 자라는데, 하물며 사람은 어떠하겠습니까? 부모의 사랑의 섬김을 통해 자녀들도 사랑의 섬김의 삶을 살아가게 됩니다.

장면 정권 시절에 초대 주미특명전권공사와 UN 대표를 지낸 고 고광림 박사의 부인이면서 예일대 교수였던 전혜성 씨가 자녀 양육의 경험담을 담아 《섬기는 부모가 자녀를 큰 사람으로 키운다》는 책을 썼습니다. 그녀의 자녀 양육의 성공 비결은 바로 마태복음 7장 12절 "그러므로 무엇이든지 남에게 대접을 받고자 하는 대로 너희도 남을 대접하라 이것이 율법이요 선지자니라"는 주님의 말씀이었습니다. 그래서 자녀들에게 재주가 덕을 앞지르면 안 된다 는 것과 더 많은 사람들에게 도움을 줄 수 있는 사람이 되어야 한다 는 것을 입버릇처럼 강조하고 자녀들에게 몸소 사랑의 섬김을 실천했습니다.

그랬더니 그의 자녀들은 말할 것도 없고 손자들까지 남을 돕는 일에 발벗고 나서더라는 것입니다. 그래서 방학이 되면 남미의 가난한 아이들을 도우러 단기선교를 떠나고, 쓰나미 재해로 인한 피해자들을 위해 구호활동에 참가하고, 법률회사에서 일하며 에이즈 기금을 모아 에이즈 환자들을 돕고, 그들의 유언장 작성을 돕고, 또 가난한 사람들에게 집을 지어 주는 헤비타트 운동 기금을 마련하기 위해 자전거로 미국 대륙 횡단을 하기도 했습니다. 이처럼 가정에서나 교회에서나 학교에서나 사회에서 사랑으로 섬기는 사람들로 키웠더니 이들이 주님 안에서 잘 자랐는데, 여섯 자녀 모두 하버드대학교와 예일대학교를 졸업하고 한 가족이 11개의 박사 학위를 취득했습니다. 그 가운데 예일대학교 교수였던 둘째 아들 고홍주 박사는 재미교포로서 제일 높은 지위인 미 국무부 인권담당 차관보에까지 오르게 되었습니다.

여러분, 우리의 자녀들에게 정말 절실한 것은 지적이나 책망이 아니라 사랑의 섬김의 감동입니다. 이러한 부모의 사랑의 섬김이 자녀들의 마음을 치유하고 변화시키며 훌륭한 자녀들로 잘 자라게 할 것입니다.

청지기 신앙을 가짐

이렇게 욥이 자녀들에게 신앙의 모범을 보이고 사랑의 섬김을 이뤘는데도 그의 인생에 뜻하지 않은 고난이 닥쳐왔습니다. 동방에서 가장 큰 부자였던 그가 많은 재산을 한번에 다 잃어버리고, 엎친 데 덮친 격으로 맏아들 집에서 모여 식사하던 사랑하던 열 명의 자녀들이 태풍으로 인해 한번에 세상을 떠나고 만 것입니다.

여러분, 가진 재산만 다 잃어도 더 이상 살 희망을 잃어버릴 텐데 거기다가 한 자녀도 아닌 열 자녀를 동시에 다 잃어버렸으니 그 부모의 심정이 어떠했겠습니까? 아마 보통 사람 같으면 미쳐버렸을 것입니다. 그런데 그 엄청난 고난의 슬픔을 다 이겨낼 수 있었던 비결이 본문 21-22절 말씀 가운데 나옵니다.

가로되 내가 모태에서 적신이 나왔사온즉 또한 적신이 그리로 돌아가올지라 주신 자도 여호와시요 취하신 자도 여호와시오니 여호와의 이름이 찬송을 받으실지니이다 하고 이 모든 일에 욥이 범죄하지 아니하고 하나님을 향하여 원망하지 아니하니라.

바로 이 청지기 신앙이 있었기 때문에 재산과 자녀를 한번에 다 잃고도 그 극한 슬픔을 이겨낼 수 있었던 것입니다. 그렇습니다. 생명도, 건강도, 물질도, 자녀도 내 것은 아무것도 없습니다. 다 하나님의 것입니다. 그래서 우리는 하나님께서 거둬 가신 것에 대해 막을 힘도 없고, 불평과 원망을 해서도 안 되는 것입니다. 그 후 욥은 건강까지 잃고 아내의 저주까지 받으면서도 2장 10절에 또다시 이 신앙의 고백을 되풀이합니다. 욥은 이 청지기 신앙으로 자신의 건강도, 갑절의 축복도, 아내와의 행복도, 열 자녀도 모두 다시 회복하게 됩니다.

우리 자녀들을 양육할 때에도 바로 이러한 청지기 신앙이 소중합니다. 우리는 흔히 자녀들을 나의 소유물로 생각하거나 내 감정을 푸는 대상으로 착각할 때가 많습니다. 그러나 자녀들을 내 기대와 욕심을 만족시키는 대리 만족의 대상으로 생각해서도 안 되고, 함부로 대하거나 감정을 쏟는 감정 풀이의 대상으로 착각해서도 안 됩니다. 이러한 청지기 신앙을 가질 때 우리는 더 이상 자녀들을 소유하지 않습니다. 집착하지도 않습니다. 강요하지도 않습니다. 부모의 과도한 정서적 밀착은 자녀들의 심리적 안정을 해쳐서 정신분열증이나 우울증 등 정신장애를 가져오고 맙니다. 그러므로 이 청지기 신앙은 자녀들을 정서적으로 안정시켜 주고 영적으로 건강하게 만들고 자녀들과의 관계도 회복시켜 줍니다. 또한 우리 자녀에게 닥치는 어떠한 고난도 다 이겨내게 합니다.

TV광고 가운데 감동적인 자녀 양육의 내용이 나오는 것을 보았습니다. "책을 읽어 주고 읽어 주고 또 읽어 주었습니다. 엄마가 없었다면 제가 없었겠죠."(고교 때 미 명문대 10곳에 입학 허가를 받은 박원희가 고백하기를) " '너는 특별하다 너는 특별하다' 하며 네 손가락 희아에게 피아노를 가르친 분도 엄마였습니다."(네 손가락 피아니스트 이희아의 어머니를 보여주며) "엄마는 가장 좋은 선생님입니다."(그리고 영화배우 한석규 씨의 멘트가 나옵니다.)

자녀들의 고통 중에도 그 부모들의 인내의 희생이 있었기에 오늘의 그 자녀들의 성공이 있었던 것입니다. 그러므로 우리는 자녀들의 고통스런 일생조차도 주님께 맡기고 선한 청지기로서 양육할 때 그 인내의 신앙을 자녀들에게 심어 주게 될 것입니다.

그래서 베드로전서 4장 10절에 "각각 은사를 받은 대로 하나님의 각양 은혜를 맡은 선한 청지기같이 서로 봉사하라"고 강조하고 있는 것입니다. 우리의 인생살이가 아무리 어렵고 힘들어도 우리 자녀들에 대해 선한 청지기로서 감사하며 인내하며 양육할 때, 우리의 뒤를 이어 그들도 인내의 승리하는 축복된 인생을 살아가게 될 것입니다. 그러므로 주님이 부르시는 그날까지 이 청지기 신앙으로 우리에게 맡겨 주신 자녀를 사명감을 가지고 잘 양육하길 원합니다.

신학대학 교수 시절 한 도시에서 부흥회를 인도하고 있을 때, 한 제자 전도사님이 딸아이와 함께 밤늦게 숙소로 찾아왔습니다. 무슨 일이냐고 물었더니 고등학교 1학년인 딸이 말을 그렇게 안 듣는다는 것입니다. 아무리 말로 해도 안 돼서 쓰러져 정신을 잃을 때까지 매질을 했는데도 끝까지 반항한다는 겁니다. 결국 아버지로서 더 이상 감당할 수가 없어 데리고 왔다고 해서 딸에게 왜 그러느냐고 물었습니다. 그런데 아무리 물어도 아버지가 함께 있는 자리에서는 결코 입을 열지 않았습니다. 그래서 아버지를 잠깐 나가 있으라고 하고 "왜 그러느냐?"고 다시 물었더니 이 딸이 눈물을 주루룩 흘리면서 말했습니다.

"우리 아버지는 날 사랑하지 않아요. 사랑한다면 어떻게 딸에게 그럴 수 있어요? 우리 아버지 같은 사람은 전도사도 아니에요. 그런 아버지가 믿는 하나님, 저는 안 믿을 거예요."

결국 그 아버지가 딸 앞에서 무릎을 꿇고 지난날 너무도 많은 마음의 상처를 주었던 것에 대해 용서를 구했습니다. 그러자 한참 동안 침묵하던 딸이 눈물로 용서를 비는 아버지의 모습을 보고 마음 문을 열었습니다. 그리고 화해를 하고 서로를 껴안았습니다.

　우리 자녀들은 하나님께서 우리에게 소중하게 맡겨 주신 선물이며 주님의 자녀들입니다. 그러므로 우리가 일생토록 그들의 신앙의 모범이 되고 사랑의 섬김을 이루고 청지기 신앙으로 양육할 때, 바로 여기에 주님의 자녀들을 잘 길러내는 부모의 사명이 있고 그 결과 우리의 생애에 자녀의 축복의 열매를 풍성히 맺게 될 것입니다.

가장 중대한 선택

마태복음 7:7-11

"구하라 그러면 너희에게 주실 것이요 찾으라 그러면 찾을 것이요 문을 두드리라 그러면 너희에게 열릴 것이니 구하는 이마다 얻을 것이요 찾는 이가 찾을 것이요 두드리는 이에게 열릴 것이니라 너희 중에 누가 아들이 떡을 달라 하면 돌을 주며 생선을 달라 하면 뱀을 줄 사람이 있겠느냐 너희가 악한 자라도 좋은 것으로 자식에게 줄 줄 알거든 하물며 하늘에 계신 너희 아버지께서 구하는 자에게 좋은 것으로 주시지 않겠느냐."

1997년 IMF 이후로 많은 가정이 해체되고 이혼의 불행을 겪고 있습니다. 그래서 우리 나라의 이혼율이 경제협력개발기구(OECD)에 속한 나라들 중 미국에 이어 2위입니다. 이제는 두 가정이 결혼하면 거의 한 가정이 이혼할 정도로 엄청나게 이혼율이 높아졌습니다. 그런데 이처럼 이혼율이 높아지고 우리의 가정이 불행해지는 근본적인 원인은 독일의 문호 괴테의 말과 같이 첫 단추를 잘못 끼움으로 인해서 마지막 단추가 어긋나는 결과를 가져온 것입니다. 그러므로 우리는 결혼을 잘함으로써 인생의 첫 단추를 잘 끼워야 합니다.

우리는 학교를 입학했다가도 마음에 안 들면 학교를 바꾸거나 전공을 바꿀 수 있습니다. 또한 직장에 취직했다가도 뜻이 맞지 않으면 사직하고 다른 직장으로 옮길 수가 있습니다. 그러나 결혼은 한 번 잘못하면 마음대로 바꿀 수가 없습니다. 평생 고통의 상처를 안고 불행을 겪어야 합니다. 그러므로 결혼은 일생에 있어서 돌이킬 수 없는 일이므로 예수님을 믿는 것 다음으로 가장 중대한 선택인 것입니다.

청년의 때에 다른 무엇보다도 하나님께서 허락하신 결혼이라는 절호의 기회를 어떻게 살리느냐에 따라 우리의 일생의 행복이 결정되는 것입니다. 그러므로 본문 말씀 가운데서 우리 자신이나 자녀들의 결혼 문제를 풀어가는 방법을 찾아야겠습니다.

구하라: 기도

먼저 본문 7, 8절 상반절 말씀을 보면 "구하라 그러면 너희에게 주실 것이요…… 구하는 이마다 얻을 것이요"라고 말씀합니다. 우리가 결혼을 앞두고 가장 먼저 해야 할 일은 구하는 것입니다. 다시 말하면 결혼을 앞두고 기도하라는 것입니다. 그것도 7, 8절에 두 번씩이나 되풀이하면서 확실하게 증거하고 있습니다. 러시아 속담에 "전쟁에 나가려면 한 번 기도하라. 바다에 나가려면 두 번 기도하라. 결혼을 하려면 세 번 기도하라"는 말이 있습니다. 그 정도로 중대한 결혼을 위해서 기도하지 않을 수 없습니다.

그래서 모든 그리스도인들이 신앙생활을 기도로 시작해야 합니다만, 특별히 일생의 행복이 달린 결혼을 위해서는 더욱 간절히 기도해야 합니다. 우리의 기도 없이는 하나님의 어떠한 뜻도 깨닫지 못합니다. 어떠한 하나님의 응답도 나타나지 않습니다. 어떠한 하나님의 기적도 일어나지 않습니다. 그런데도 우리는 걱정과 염려는 하면서도 기도하지 않습니다. 불평과 원망은 많이 하면서도 기도는 안 합니다. 낙심과 절망에 빠져 있으면서도 기도로 매어달리지 않습니다. 이것이 지난날 우리가 하나님의 은혜와 축복을 잃어버리고 살아온 결정적인 원인 중의 하나였습니다. 그래서 야고보서 4장 2절에 분명히 지적하지 않습니까?

"너희는 욕심을 내어도 얻지 못하고 살인하며 시기하여도 능히 취하지 못하나니 너희가 다투고 싸우는도다 너희가 얻지 못함은 구하지 아니함이요."

이제부터는 하나님께 구해야 합니다. 그것도 구체적으로 구해야 합니다. 자기가 바라는 배우자의 신앙과 성격, 건강, 외모, 학력, 경제 능력, 취미생활, 라이프 스타일, 가문 등을 위해서도 구체적으로 구해야 합니다. 나 자신의 욕심이나 욕망을 채우기 위해서가 아니라 하나님의 영광을 위해서 우리의 여생이 귀하게 쓰임 받도록 구체적으로 구해야 하는 것입니다.

그리고 일생에 한 번 하는 결혼이므로 너무 조급하게 서두르지 말고 하나님의 응답의 때까지 기다릴 수 있길 바랍니다. 그리할 때 하나님께서 예비하신 가장 훌륭한 배우자를 만나 가장 행복한 가정을 이루고, 가장 귀하게 주님께 영광 돌리게 될 것입니다.

제가 신학생 시절 교육전도사로 봉사할 때였습니다. 제가 맡고 있던 부서에 여교사가 한 명 있었습니다. 키가 자그마하고 평범하게 생긴 분으로 가문이 좋다거나 학력이 높다거나 외모가 멋있거나 겉으로 내세울 것은 하나도 없었습니다. 더욱이 지금이야 나이가 꼭 그렇게 큰 부담은 안 됩니다만 1980년대엔 20대 후반만 되어도 노처녀라고 할 정도였는데 37살이나 먹었으니 어떠했겠습니까? 그러니 제가 더 걱정이 앞서서 그 선생님을 만날 때마다 선생님, 무슨 소식 있어요? 좋은 일 없습니까? 하고 묻곤 했습니다. 그런데도 그 선생님은 태평하게 미소지으며 전도사님, 걱정하지 마시고 기도만 해 주세요 라고 했습니다. 기도도 좀 가능성이 있어야 할 텐데 전혀 희망이 안 보였습니다. 그런데 그 선생님은 하나님께서 예비하신 신앙의 배우자가 있다는 확신을 가지고 기도하면서 인내하며 기다렸습니다. 그 선생님의 믿음은 참으로 놀라웠습니다.

그런데 그 해 부활 주일에 저는 교회에서 철야하고 새벽기도회를 마친 후 맡은 부서 예배 준비를 하고 있었습니다. 그때 그 선생님은 여의도광장에서 있었던 부활절 연합 새벽예배를 드리고 곧바로 교회로 왔는데, 얼굴 표정을 보니까 무척 밝고 환했습니다. 그래서 제가 오늘 은혜 많이 받으신 모양이지요? 하고 물었더니 네. 은혜도 많이 받았는데요…… 라고 대답했습니다. 그래서 아니, 은혜 말고 또 받은 게 있어요? 하고 물었더니 그 날 새벽에 있었던 이야기를 쭉 들려주었습니다.

연합 새벽예배를 마치고 노량진으로 가는 버스를 타려고 영등포시장 쪽으로 가다가 그 수십만 명이 모인 여의도광장에서 한 남자를 만났습니다. 어디서 많이 봤다고 생각하며 가는데 그 남자도 자신을 많이 봤다는 듯이 뚫어지게 쳐다보며 지나갔습니다. 그 순간 두 사람이 똑같이 기억이 떠올랐습니다. 그 남자는 다름 아니라 그 선생님이 초등학생 때 충청도 시골에서 교회학교 다닐 시절 자기를 가르쳐 주었던 당시 고등학생이었던 주일학교 선생님이었습니다. 그래서 선생님! 하고 소리치니까 선생님도 알아보고 그렇게 반가워했습니다. 나중에 알고 보니까 이분이 고등학교를 졸업한 후 고향을 떠나 서울에 올라와 직장생활을 했는데, 30대 초반에 심한 병에 걸려 10여 년 투병생활을 하다가 혼기를 놓쳐버린 것입니다. 그런데 하나님의 은혜로 치유함을 받고 주의 종으로 소명을 받아 낮에는 직장생활을 하고 밤에는 야간신학교를 다니고 있었습니다. 그래서 다음에 다시 만나기로 약속을 하고 전화번호를 주고받고 돌아오는 길이라는 것입니다. 그래서 얼굴 표정이 그렇게 밝았던 것입니다.

그리고 몇 달 후에 그 선생님이 결혼을 한다는 것입니다. 그래서 누구하고 하느냐? 고 물었더니 바로 그 선생님하고 한다고 했습니다. 만난 지 얼마나 되었다고 결혼하겠다고 하는지, 제 마음속에 혹시 저 선생님이 좋은 직장을 가지고 있으니까 남자분이 경제적인 도움을 바라고 결혼하려고 하는 게 아닌가? 하는 의심이 들었습니다. 그래서 그 선생님을 한 번 만나게 해 달라고 했습니다. 며칠 후 광화문에 있는 어느 다방에서 만나기로 하고 그 선생님과 함께 나가 있는데 그 남자분이 나타났습니다. 그런데 그분을 보는 순간 깜짝 놀랐습니다. 외모부터 너무 착하고 순수하게 생겼는데 영화배우 안성기 같았고, 또 대화를 나누며 온유하고 겸손하다는 것을 알았습니다. 그때 제 마음속에 아! 하나님께서 이런 남편을 만나게 하시려고 37살까지 기다리게 하셨구나! 이 선생님이 남편을 만나도 너무나 잘 만났구나! 하는 생각이 들면서 그들의 믿음에 큰 감동을 받았습니다. 오히려 전도사로서 인간적으로 생각했던 것이 너무도 부끄러웠습니다.

여러분, 우리가 하나님의 살아 계심을 믿고 그분이 우리의 생애를 인도하심을 믿는다면 이제부터라도 자신이나 자녀들의 결혼을 위해서 구하십시오. 금식하면서라도 매어달려 간구하십시오. 믿음으로 구하고 기다리는 자에게 하나님께서 가장 좋은 믿음의 배우자를 예비하시고 인도하여 주십니다.

찾으라: 교제

계속해서 본문 7, 8절 중반절을 보면 "찾으라 그러면 찾을 것이요…… 찾는 이가 찾을 것이요"라고 말씀합니다. 결혼을 위해서 기도하고 난 다음에는 배우자를 찾아 교제해야 합니다. 기도하는 것이 믿음이라면 찾아 교제하는 것은 행함입니다. 멀리 세상으로 나가지 말고 가까운 주위에서부터 열심히 찾아야 합니다. 교회에 와서도 그냥 지나치지 말고 좋은 신랑감이나 신부감이 없나 살펴보고, 좋은 사위감이나 며느리감이 있는가 찾아보아야 합니다.

그런데 좋은 사람을 찾을 때 절대 세상적인 조건들을 따지지 말고 영적인 기준으로 찾아야 합니다. 여러 조건 중에 가장 중요한 것이 무엇이라고 생각하십니까? 두말할 것도 없이 신앙입니다. 그런데도 결혼할 때 보면 이 중요한 신앙보다 더 중시하는 것들이 너무도 많습니다. 오히려 외모나 학력이나 경제적인 능력이나 가문을 더 중시합니다. 물론 이것들도 중요하겠지만 이러한 조건들이 우리를 진정으로 행복하게 하지는 못합니다. 이러한 조건들을 다 갖추고도 신앙이 없어서 불행해진 사람들이 우리 주위에 얼마나 많이 있습니까?

특히 그토록 사랑한다던 불신 남편으로부터 말할 수 없는 상처를 받고 얼마나 불행하게 살아갑니까? 불신 남편들의 유기나 방임이나 외도나 폭력 등으로 인해 고통스런 눈물의 세월을 보내고 있습니다. 그래서 불신자와 결혼한 것을 평생 후회하며 너무도 불행하게 살아갑니다. 얼마나 가슴 아픈 일인지 모릅니다.

제가 아는 분 가운데 장로님 권사님 가정의 딸이 하나 있었습니다. 이 딸이 결혼하려고 선을 보는 가운데 결선까지 올라온 사람이 두 사람이 있었습니다. 그중 한 사람은 가난한 의대생으로 신앙심은 아주 좋은데 홀어머니에 외아들인데다 그야말로 찢어지게 가난했습니다. 데이트를 해도 택시나 버스는 못 타고 걷기만 하고, 식사 때가 되어도 중국집에 들어가 자장면과 짬뽕만 지겹게 먹었습니다. 더구나 시집가서 홀 시어머니 모시고 살 일을 생각하니까 앞이 캄캄했습니다.

그런데 또 다른 한 사람은 신앙은 없는데 부잣집 아들인 법대생이었습니다. 커다란 광산을 소유하고 있었고, 그 일대의 땅이 거의 그 집 소유였습니다. 그래서 데이트를 할 때도 그때 처음 나온 국산 승용차에 척 태워서 시외로 드라이브를 했습니다. 그리고 식사 때가 되면 레스토랑에 가서 스테이크를 먹었습니다. 또 헤어질 때도 용돈이라며 두툼한 봉투를 하나씩 건네주는데, 그 풍요로운 삶과 멋진 매너에 이 따님이 완전히 넘어갔습니다. 그래서 집안에서는 신앙이 없다고 그렇게 만류하는데도 자신이 고집을 피워서 결혼을 했습니다.

불행은 거기서부터 시작되었습니다. 그 남편 되는 분이 고시 패스도 못한 데다가 그 많던 재산들은 사기를 당해 다 날려 버렸습니다. 순식간에 빈털털이가 되어버린 것입니다. 더구나 생활이 어려워지니까 부부싸움이 잦아지고, 결혼 전에 그렇게 자상하고 매너 좋던 그런 남편도 변했습니다. 더욱이 장로님 권사님 가정에서 고생 한 번 안 하고 순탄하게 잘 살아온 딸이 가계를 꾸려 나가느라고 안 해 본 일이 없을 정도로 얼마나 고생을 했는지 모릅니다. 평생에 겪었던 그 고통의 눈물과 불행은 말로 다 표현할 수가 없었습니다. 그렇게 수십 년이 지난 지금까지도 남편을 전도하지 못한 채 홀 신앙으로 고생하며 살아가고 있습니다.

그런데 그때 놓쳤던 가난한 신앙의 의대생은 지금 지방의 한 도시의 큰 교회 장로님이 되었는데, 하나님의 축복을 받아 산부인과 병원도 크게 하며 얼마나 행복하게 잘 살고 있는지 모릅니다. 순간의 판단의 잘못으로 인해 평생의 행복을 놓쳐버린 것입니다. 그래서 이 딸이 평생 부르고 있는 노래가 뭔지 아세요? 때는 늦으리 예요. 순간의 선택이 10년을 좌우합니다 라는 전자제품 광고가 있습니다만, 정말 결혼은 순간의 선택이 평생을 아니 영생을 좌우하는 것입니다.

그래서 고린도후서 6장 14-16절에 단호하게 말씀하고 있습니다. 너희는 믿지 않는 자와 멍에를 같이하지 말라 의와 불법이 어찌 함께하며 빛과 어두움이 어찌 사귀며 그리스도와 벨리알이 어찌 조화되며 믿는 자와 믿지 않는 자가 어찌 상관하며 하나님의 성전과 우상이 어찌 일치가 되리요 우리는 살아 계신 하나님의 성전이라…….

우리가 믿지 않는 자와 멍에를 같이 하면 점점 빠져들게 됩니다. 처음에는 함께하다가, 사귀다가, 조화를 이루다가, 관계를 갖게 되고, 일치가 되고 마는 것입니다. 그러므로 아무리 세상적인 조건이 좋다 하더라도 믿지 않는 사람은 처음부터 결혼 상대로 받아들이지 마시기 바랍니다. 꼭 불신자와 결혼하고 싶으면 먼저 그 사람을 전도해야 합니다. 그것도 결혼하려고 그때만 슬쩍 교회에 나오는 결혼 신앙을 가지고는 안 됩니다. 상대를 진정으로 사랑한다면 적어도 구원의 확신을 갖고 세례를 받고 믿음으로 헌신하기까지는 기다릴 수 있어야 하는 것입니다.

이렇게 신앙을 갖고 난 후에 성격이나 외모나 학력이나 경제 능력이나 가정배경이 따르는 것입니다. 우리가 신앙을 가지고 있으면 우리에게 없는 것들조차 다 회복할 수 있지만, 신앙이 없으면 우리가 가지고 있는 것들조차도 나중에는 다 무너지고 말기 때문입니다. 우리가 아무리 가난하고 병들어도 예수님을 믿고 서로 사랑하며 천국의 기쁨을 안고 소망 가운데 사는 가정이 행복한 가정인 것입니다.

주님 안에서 배우자를 잘 찾아 선택함으로써 이제 하나님께서 예비하신 행복한 결혼에 이르게 되는 것입니다.

두드리라: 청혼

마지막으로 7, 8절 하반절에 보면 문을 두드리라 그러면 너희에게 열릴 것이니…… 두드리는 이에게 열릴 것이니라 고 말씀합니다. 하나님께서 예비하신 배우자를 찾았으면 이제는 마음 문을 두드리며 청혼하라는 것입니다. 이때 가장 중요한 것은 이 배우자감을 하나님께서 인도해 주셨다는 확신을 가질 수 있어야 한다는 것입니다. 다시 말하면 이 결혼이 내 욕심이나 욕망에 의한 것이 아니라 하나님의 뜻 가운데 응답되었다는 확신을 가질 수 있어야 한다는 것입니다. 하나님의 뜻 가운데 결혼했다는 확신이 결혼생활의 위기 가운데에도 우리의 가정을 든든히 지켜 주는 가장 큰 힘이 되기 때문입니다.

그래서 제가 결혼 주례를 부탁하러 오는 예비 신랑, 신부에게 꼭 묻는 두 가지 질문이 있습니다. 첫째는 구원의 확신이 있느냐는 것입니다. 하나님의 자녀 된 확신이 없이는 결혼 주례를 안 해 줍니다. 만약에 그런 확신이 없다면 예수님께서 십자가에서 내 죄를 용서해 주심을 믿음으로 하나님의 자녀로 거듭났다는 구원의 확신을 꼭 심어 줍니다.

이렇게 구원의 확신을 확인한 다음에 두 번째 묻는 질문이 있는데, "이 결혼이 하나님의 뜻이라는 확신이 있느냐?"는 것입니다. 그러면 대부분 결혼하고 싶어서 "그렇게 확신한다"고 대답합니다. 그러면 계속해서 "어떻게 해서 이 결혼이 하나님의 뜻이라고 확신하게 되었느냐?"고 묻습니다. 그러면 그들은 고민하며 갖가지 확신을 갖게 된 계기를 말합니다. "성경을 읽는 가운데 확신을 갖게 되었습니다." "기도하는 가운데 확신을 갖게 되었습니다." "주위의 환경을 통해 이러한 확신을 갖게 되었습니다." "세월이 흐를수록 마음 속에 이러한 확신을 갖게 되었습니다." 여러 가지 대답이 나옵니다. 그러나 어떻게 확신을 얻었든지 간에 이 결혼이 하나님의 뜻이라는 확신을 가져야 한다는 것입니다. 이렇게 하나님의 뜻에 대한 확신을 가지고 출발하지 않으면 조금만 어려움을 당해도 금방 가정이 흔들리게 되고 깨어지고 맙니다. 그래서 하나님의 뜻을 찾는 것은 결혼을 앞두고 대단히 중요한 일입니다.

　미국 유학을 떠나기 전 한 교회의 대학부를 지도하고 있을 때였습니다. 하루는 한 자매가 찾아와서 하는 말이, 그때 그 교회의 담임목사님의 아들 전도사님과 결혼하는 환상을 보았다면서 그 전도사님과 결혼하고 싶은데 어떻게 하면 좋겠느냐고 했습니다. 한쪽에서 일방적으로 환상을 보고 결혼하고 싶다고 하니 얼마나 막연한 일입니까? 그래서 제가 사도행전 10장에 나오는 고넬료라는 경건한 신앙의 백부장 이야기를 말씀드렸습니다. 하나님께서 그의 가정을 구원하시겠다고 고넬료에게도 환상을 보여 계시하셨지만 그에게 복음을 전하도록 시몬 베드로에게도 환상을 보여 계시하셨다는 것입니다. 하나님의 뜻을 이루는데 있어서 '계시의 동시성'이 있다는 것을 깨우쳐 주었습니다.

　하나님께서 자매님에게 결혼의 환상을 보여주셨으면 그 전도사님께도 분명히 그런 환상의 계시를 주셨을 테니까 조금만 기다려 보라고 했습니다. 그리고는 그 전도사님을 만났습니다. "전도사님, 아무개 자매님을 아시지요?" "네. 압니다." "그분에 대해서 어떻게 생각하십니까?" "무얼 어떻게 생각해요?" "혹시 그분에 대해서 무슨 환상이나 계시 같은 거 없으셨나요?" "무슨 환상이나 계시를 말씀하십니까?" "그러면 혹시 그분과의 결혼에 대해서 어떤 관심이나 기도해 볼 마음은 없으신지요?"라고 했더니 "네? 무슨 기도요?"라고 반문했습니다. 그래서 "네, 알겠습니다" 하고는 그 자매를 다시 만났습니다. "자매님, 그 전도사님께는 아직 계시가 안 왔다는데요. 하나님의 뜻이 어디 있는지 다시 기도해 봅시다. 그리고 약 6개월 뒤에 그 전도사님은 다른 여자분과 결혼했습니다. 만약에 그 자매님이 이 계시의 동시성을 몰랐다면 크게 시험들 뻔했습니다.

항상 하나님의 뜻은 두 사람을 통해서 동시에 나타나는 것입니다. 그래서 주님 안에서 서로의 마음이 감동을 받고 청혼을 해서 결혼에 이르러야 하는 것입니다. 또 이러한 확신을 가지고 청혼하기 전에는 결코 결혼의 어떠한 언질이나 암시도 주어서는 안 됩니다. 그렇지 않고 결혼할 것처럼 가까이 사귀다가 그 교제가 깨어질 때 상대방이 받는 상처가 얼마나 크고 충격적인지 아십니까? 설령 상대방이 그 교제를 깨뜨리고 배신의 아픔을 안겨 준다고 할지라도 거기서 낙심하거나 좌절해선 안 됩니다. 오히려 하나님께서는 우리에게 그와 비교할 수 없이 더 좋은 상대를 예비하고 계심을 결코 잊지 마시기 바랍니다.

제가 전도사 시절에 한 집사님, 권사님 가정이 시내의 다른 교회에 다니시다가 저희 교회로 왔는데, 그 딸이 제가 맡은 대학부에 들어왔습니다. 그녀가 전에 다니던 교회 목사님의 아들과 사랑에 빠졌는데 그 목사님이 이 자매와의 결혼을 강력하게 반대하신 것입니다. 사실 사랑하는 그 두 사람의 사랑이 변치 않으면 다 이겨낼 수 있습니다. 요즈음 세상에 자식 이기는 부모가 어디에 있습니까? 자식이 주님 안에서 행복하겠다는데 어떻게 말립니까? 그런데 이 두 사람은 결국 헤어지고 말았습니다. 그러니 이 따님이 얼마나 깊은 상처를 받았겠습니까? 너무 괴로우니까 나중에는 술을 마시며 잊어 보려고 해도 안 되어서 죽고 싶은 심정으로 하루하루를 살았습니다. 그래서 그 부모님이 보다 못해서 딸을 데리고 교회를 옮겨 온 것입니다. 제가 그 딸에게 그 교제가 하나님의 뜻이 아니었다면 오히려 결혼하기 전에 깨어진 것이 다행이라고 말했습니다. 만약 그가 결혼 후에 변심해 버렸다면 어떻게 되었겠느냐고 하면서 자매님을 진정으로 일생토록 변함없이 사랑해 줄 하나님께서 진정으로 예비하신 사람을 만나도록 이제부터 함께 기도하자고 했습니다.

그렇게 신앙생활을 열심히 하면서 그 고통을 함께 이겨나가며 1-2년 정도 지났습니다. 대학부에서 선배 한 사람을 만나게 되었는데 그 교회에서 모두가 존경하는 장로님, 권사님의 큰아들로 신앙이나 성격이나 모든 능력이 뛰어난 너무 좋은 청년이었습니다. 너무도 착하고 자상하여 그 자매님만 끔찍하게 사랑해 주는 그 형제를 만난 것이 그 자매의 지난날의 모든 상처를 다 싸매어 주었습니다. 거기다가 시부모님들도 아들들만 있어서 그 며느리를 친딸처럼 얼마나 귀여워해 주시는지 모릅니다. 지금까지도 남편과 시부모님의 사랑을 독차지하면서 행복하게 잘 살고 있습니다.

그래서 로마서 8장 28절에서 분명히 증거하고 있습니다. 우리가 알거니와 하나님을 사랑하는 자 곧 그 뜻대로 부르심을 입은 자들에게는 모든 것이 합력하여 선을 이루느니라. 어떠한 실연의 고통 속에서도 하나님께서는 그의 뜻 가운데 모든 것이 합력하여 더욱 아름답고 행복한 선을 이루신다는 것입니다. 그러므로 하나님께 믿음으로 하나님의 뜻을 구하며 청혼을 할 때, 하나님께서는 우리를 위해서 주님 안에서 가장 좋은 배우자를 예비하시고 행복한 가정을 이루게 하실 것입니다.

그러므로 본문 마지막 9-11절에 결론적으로 말씀합니다.

"너희 중에 누가 아들이 떡을 달라 하면 돌을 주며 생선을 달라 하면 뱀을 줄 사람이 있겠느냐 너희가 악한 자라도 좋은 것으로 자식에게 줄 줄 알거든 하물며 하늘에 계신 너희 아버지께서 구하는 자에게 좋은 것으로 주시지 않겠느냐."

지난날 우리가 결혼 문제에 대해서 걱정을 하면서도 준비를 못했다면 이제부터라도 일생의 가장 중대한 선택인 결혼을 준비하길 원합니다. 부모님들도 지난날의 우리의 결혼생활을 거울 삼아 적어도 우리 자녀들만은 진정으로 행복할 수 있도록 그들의 결혼을 예비하길 바랍니다.

수렁에서 건진 딸

마태복음 15:21-28

"예수께서 거기서 나가사 두로와 시돈 지방으로 들어가시니 가나안 여자 하나가 그 지경에서 나와서 소리질러 가로되 주 다윗의 자손이여 나를 불쌍히 여기소서 내 딸이 흉악히 귀신들렸나이다 하되 예수는 한 말씀도 대답지 아니하시니 제자들이 와서 청하여 말하되 그 여자가 우리 뒤에서 소리를 지르오니 보내소서 예수께서 대답하여 가라사대 나는 이스라엘 집의 잃어버린 양 외에는 다른 데로 보내심을 받지 아니하였노라 하신대 여자가 와서 예수께 절하며 가로되 주여 저를 도우소서 대답하여 가라사대 자녀의 떡을 취하여 개들에게 던짐이 마땅치 아니하니라 여자가 가로되 주여 옳소이다마는 개들도 제 주인의 상에서 떨어지는 부스러기를 먹나이다 하니 이에 예수께서 대답하여 가라사대 여자야 네 믿음이 크도다 네 소원대로 되리라 하시니 그 시로부터 그의 딸이 나으니라."

요즘은 어른들도 살기가 힘들지만 우리 자녀들도 너무 살기 힘든 세상입니다. 입시지옥에서 대학 들어가기가 얼마나 힘이 듭니까? 요즘엔 고등학교 1학년 때부터 대학입시 전쟁이 시작되며, 이미 초등학생 때부터 경쟁이 시작됩니다. 그래서 성적의 중압감에 시달리다가 자살하는 아이들도 생겨나고 있습니다.

더군다나 우리 자녀들은 학교 생활도 그다지 순탄하지 않습니다. 집단 따돌림과 폭력이 난무합니다. 그래서 집단 따돌림을 당하던 한 초등학생 아이가 자살을 했는데, 그 아이가 남긴 일기장을 봤더니 일기 주제가 떠나고 싶다 였습니다. 그리고 그 일기장에 갈수록 친구들이 더 괴롭힌다. 학교 가기 싫다. 죽고 싶다. 떠나고 싶다…… 라는 말들이 되풀이되어 기록되어 있었습니다. 아무에게도 말하지 못하고 아무런 도움도 받지 못하다가 결국 스스로 목숨을 끊을 때, 그 어린 마음이 얼마나 고통스러웠을까요?

우리 자녀들이 이렇게 해서 힘들게 학교를 졸업하고 나면 또 하나의 난관이 기다리고 있습니다. 취업 전선입니다. 직장을 구하지 못해 얼마나 좌절을 겪고 있습니까? 요즘 시대를 청백전 이라고 합니다. 곧, 청년 백수 전성시대 라는 겁니다. 더 나아가 직장을 가져도 서른이 넘도록 결혼하지 못하여 초조해 하고, 가까스로 결혼을 해도 때로는 그 결혼생활이 실패하면 불행의 눈물을 흘리며 고통스럽게 살아갑니다. 이제는 우리가 그들의 아픔에 귀를 기울이고 그들의 고통을 치유하고 그들의 일생을 진정으로 주님 안에서 행복하게 붙들어 주어야 할 때입니다.

그런데 본문 가운데 인생의 큰 고통의 세월을 보내고 있는 한 딸이 나옵니다. 흉악한 귀신에 들렸습니다. 사랑하는 딸이 흉악한 귀신에 들려서 이리 넘어지고 저리 넘어지고 미친 사람이 되어 돌아다닐 때, 그 어머니의 심정이 어떠했겠습니까? 아마도 딸아이를 볼 때마다 그 어머니의 심정이 갈기갈기 찢어졌을 것입니다. 그래서 그 어머니는 딸의 치유를 위해 온갖 방법을 다 썼지만 낫지 않자 예수님 앞에 나아온 겁니다. 어떻게 해서 절망의 수렁에서 그 딸을 건져낼 수 있었을까요?

자신의 책임으로 느낌

먼저 본문 22절 말씀을 보면 가나안 여자 하나가 그 지경에서 나와서 소리질러 이르되 주 다윗의 자손이여 나를 불쌍히 여기소서 내 딸이 흉악히 귀신 들렸나이다 하되 라고 말씀합니다. 여기에 가나안 여자라고 한 것은 팔레스타인의 원주민의 이름으로(창 10:15), 가나안 지역의 일곱 족속 중 하나였습니다(신 7:1). 그들은 수리아 지방의 뵈니게 지역으로 이주했습니다. 그래서 그런지 전설에 의하면 그 어머니의 이름은 유스타(Justa)이고 그 딸의 이름은 뵈니게(Phoenice)였다고 합니다. 그런데 이 뵈니게인이 이곳에서 살았으니, 타향살이의 서러움을 얼마나 겪었겠습니까? 무엇보다 유대인들은 그들을 이방인이라고 하여 종교적으로 무시해버렸습니다. 그래서 그들은 유대인에 대해 강한 적개심을 품고 살았다고 합니다.

그런데 그 가나안 여인이 지금 딸의 고통을 안고 예수님께 찾아온 것입니다. 먼저 주 다윗의 자손이여 하고 외칩니다. 그녀는 예수님을 당시 유대인들이 다윗의 자손 가운데서 나오리라고 고대하던 메시아, 즉 기름 부음 받은 자인 왕과 제사장과 선지자로 여기고 죄 가운데서 구원해 주실 주님으로 믿은 것입니다. 그래서 주님께 불쌍히 여겨 달라고 외치는데, 딸이 흉악한 귀신이 들렸다면서 딸을 불쌍히 여겨달라고 하지 않고 나를 불쌍히 여기소서 하고 외쳤습니다. 25절에서도 보면 딸을 도와 달라고 한 것이 아니라 주여 저를 도우소서 하고 간구하고 있습니다. 이 여인은 딸이 귀신 들린 것을 자신의 책임으로 느낀 것입니다.

우리에게도 자녀의 모든 문제를 내 책임으로 느끼는 부모의 자세가 절실히 필요한 때입니다. 우리 자녀들의 사고 장애, 정서 장애, 행동 장애, 영적 장애의 모든 문제들의 책임이 우리 부모에게 있다는 것입니다. 실제로 발달심리학에서 보면 부모는 자녀를 낳기 전 태아 때부터 시작하여 성장 과정과 그들의 일생의 삶에 결정적인 영향을 미친다고 합니다.

서울대학교 의과대학 신경정신과 정두언 교수님이 쓴 글 중에 이런 재미있는 내용이 있습니다. 갓 태어난 아기에게 젖을 먹일 때 엄마가 너무 많이 먹여 과충족한 아기나 너무 부족하게 먹여 욕구 불만이 생긴 아기가 어른이 되면 말이 많고 불평 불만이 많고, 남을 의심하고 시기하는 마음을 갖게 된다고 합니다. 돌이 지나 대소변 훈련을 시킬 때 아직 준비도 안 된 아기에게 잘못한다고 윽박지르면 아이의 마음에 반감에 생겨서 그 아기가 어른이 되면 강박관념에 사로잡혀 완벽주의에 빠지고 모든 권위에 반항하게 됩니다. 두세 살 때 수다를 떨 상대가 없어 입이 심심한 엄마가 아이에게 말을 가르친다고 쉴 새 없이 묻고는 답까지 다 가르쳐 주면 그 아이는 말이 많아져 후일 분명히 변호사나 교사나 약장사나 목사가 될 소질이 다분하답니다. 서너 살 때 부모가 뭐든지 잘한다고 칭찬만 하고 잘못을 야단치지 않으면 교만한 마음이 생겨 어른이 되면 자기만 옳다고 주장한답니다. 대여섯 살 때 부모에 대한 판단을 하게 되는데, 이때 부모가 아이에게 "절대 네 아버지처럼 되지 마라" "네 어머니 닮지 마라" 하는 말을 자주 하면 후일 아이는 자기 부모를 무시하게 된답니다. 더욱이 모든 책임을 자녀들에게 돌리면 자녀들에게 반항심과 공포감과 열등감과 무력감만 심어 주게 된다고 합니다.

이처럼 우리는 자녀들에게 나타나는 모든 문제의 책임이 우리 부모에게 있다는 것을 결코 잊어서는 안 됩니다. 그들의 상황이 더욱 악화되기 전에 그들의 문제의 심각성을 깨닫고, 부모인 우리 자신부터 치유받고 그들과의 악화된 관계를 회복하여 그들의 열악한 환경조차도 변화시켜 나가야 합니다.

할아버지와 할머니와 자신이 다니던 레드에이크 고등학교의 학생 7명을 총으로 살해한 후 스스로 목숨을 끊은 16살 먹은 제프 와이즈는 불우한 가정 환경 속에 자라났습니다. 4년 전 아버지가 자살했고, 그 이후 교통사고로 어머니가 반신불수가 되어 요양원 생활을 하게 되자 마음 붙일 곳이 없어 늘 외톨이로 방황했습니다. 더구나 친구들마저 그를 삶의 방향을 잃은 아이로 여기고 멀리하자, 그는 독일의 인터넷 히틀러 숭배 사이트를 드나들며 신나치주의(Neo-Nazism)에 빠져들게 되었습니다. 그러다가 사건이 일어나기 얼마 전 수업 태도가 좋지 않다는 이유로 와이즈는 정학 조치를 당했습니다. 그 결과 어린 나이에 상상하지도 못할 끔찍한 살인사건을 저지르고 말았습니다. 하얀 백짓장과 같은 어린 소년의 마음과 그 일생에 누가 상처를 주고 불행을 안겨 주었습니까? 무엇이 이 소년뿐만 아니라 주위의 모든 사람들을 불행하게 만들어 버렸습니까?

이제는 우리 자녀들의 문제를 해결하기 위해서 우리 부모들부터 요나서 1장 12절 "그가 대답하되 나를 들어 바다에 던지라 그리하면 바다가 너희를 위하여 잔잔하리라 너희가 이 큰 폭풍을 만난 것이 나의 연고인 줄을 내가 아노라 하니라"는 요나의 고백처럼 우리가 주님 앞에 엎드려 "우리 자녀들의 모든 것이 나 때문입니다. 내 탓입니다. 이 부모 책임입니다 하고 엎드릴 수 있 길 바랍니다.

우리가 믿음으로 기르지 못했고, 사랑으로 돌보지 못했고, 삶의 본을 보이지 못했고, 그들을 위해서 기도하지 못했고, 끝까지 인내하지 못했고, 그들을 사랑으로 치유하지도 못했고, 그들을 감동시키고 변화시키지도 못했기 때문입니다. 이처럼 부모로서의 자신의 책임을 느낄 때 여기서부터 우리 자녀들의 모든 문제가 새롭게 풀리고 그들을 수렁에서 건지게 될 것입니다.

사랑으로 간구함

그렇게 여인이 예수님께 소리를 지르는데도 예수님께서는 한 마디도 대답을 하지 않으십니다. 그러자 제자들이 보기에 민망했는지 그 여자가 우리 뒤에서 소리를 지르오니 그를 보내소서 하고 귀찮아 합니다. 그때 예수님께서 나는 이스라엘 집의 잃어버린 양 외에는 다른 데로 보내심을 받지 아니하였노라 고 대답하십니다. 예수님께서는 모든 인류를 사랑하셨지만(요 3:16, 10:16) 복음 증거의 순서가 먼저는 유대인이고(마 10:5-6) 그 다음에 이방인에게까지 전해지길 원하셨던 것입니다(롬 1:16, 2:10).

그래서 예수님께서 침묵하고 거절하시며 그의 제자들도 냉대했지만, 그녀는 여기서 포기하지 않습니다. 본문 25절에 여자가 와서 예수께 절하며 가로되 주여 저를 도우소서 라고 기록하고 있습니다. 이 어머니는 처음에는 멀리서 소리만 지르더니 이제는 가까이 와서 절하며 애원했습니다. 그것도 조금 전에는 나를 불쌍히 여기소서(Have mercy on me!) 라고 했는데 이제는 주여 저를 도우소서(Lord, help me!) 라고 합니다. 그것은 한마디로 나를 살려 달라! 는 애끓는 절규입니다. 그 부르짖음이 더욱더 간절해지는 것을 볼 수 있습니다. 이 한마디에 애절한 어머니의 사랑의 심정이 다 담겨 있습니다. 얼마나 딸을 사랑했으면 그렇게 거절을 하는데도 낙망치 않고 계속해서 더욱 애절하게 예수님께 매어 달렸겠습니까?

우리도 바로 이 사랑이 동기가 되어 자녀들의 모든 문제를 풀어가야 합니다. 그런데도 우리는 자녀들과의 사랑의 관계부터 무너져 있을 때가 많습니다. 지난날 서로에게 실망과 큰 상처를 주고 등을 돌린 채 벽을 쌓고 감정을 풀지 않고 불행하게 살아가는 부모 자식 관계가 이 땅에 얼마나 많이 있습니까? 우리의 자녀와의 관계의 급선무는 바로 이 부모의 사랑을 회복하는 것입니다.

2005년 아카데미 최우수작품상, 감독상, 여우주연상, 남우조연상 등 4개 부문을 석권한 밀리언 달러 베이비라는 휴먼 영화가 있습니다. 가난한 가정에서 태어나 13살 때부터 식당에서 웨이트리스 일을 하는 매기는 고향으로 돌아가면 쓰레기 같은 삶을 살아야 한다는 생각에 권투 선수로 출세할 기회를 잡으려 합니다. 31살의 나이에도 불구하고 권투에 대한 열정을 품고 있는 여성 복서 매기와 차갑고 무뚝뚝한 겉모습과는 달리 따뜻한 마음을 가진 트레이너 프랭키의 사랑과 우정을 담고 있습니다. 프랭키는 딸로부터 외면을 당한 상처가 있었기에 더욱더 간절한 사랑의 마음으로 매기를 돌봅니다. 그러면서 시합 때마다 매기에게 우선 너 자신을 보호하라 는 당부를 간곡하게 합니다. 매기도 극심한 육체적 고통 속에서도 자신의 불행에 마음 아파할 트레이너를 걱정하는 사랑의 마음을 갖게 됩니다. 그리하여 프랭키는 소중히 읊어대던 '내가 진정으로 사랑하는 가족'이라는 뜻의 '모큐슈라'라는 별명을 매기에게 붙여줍니다.

그러나 매기가 마지막 챔피언전에서 상대 선수의 반칙에 의해 그대로 쓰러지면서 프랭키가 밀어 넣은 의자에 부딪혀 목뼈를 다쳐 전신마비에 이르자, 고통 속에 사느니 차라리 죽음을 구합니다. 그러자 프랭키는 그녀에게 더 이상의 고통을 주지 않기 위해 안락사를 하도록 그 소원을 들어주고 자신도 죽음을 택하게 됩니다. 두 사람은 부녀 사이에도 나누기 어려운 뜨거운 사랑의 감동을 보여줍니다. 하찮은 물건들 속에서 뜻하지 않게 발견한 소중한 물건이라는 뜻의 '밀리언 달러 베이비'는, 서로에 대한 사랑과 신뢰만이 우리 모두를 진흙 속에서 건져올린 진주와 같은 진정한 '밀리언 달러 베이비'로 만들어 준다는 것을 우리에게 일깨워 줍니다.

이제는 부모와 자식간에 서로의 아픔을 느끼고 나누고 감싸주고 치유해 주어야 할 때입니다. 그러나 이것이 우리의 힘으로도 능으로도 안 되기 때문에 더욱더 주님께 간구해야 합니다. 딸아이가 별 문제 없이 잘 커 왔는데 중학교에 들어가면서 사춘기의 이유 없는 반항을 합니다. 그렇게 착하던 딸아이가 부모의 말에 대꾸하고, 지저분하게 하고 다니는 머리 모양에 대해서 야단을 치면 "이게 어때서 그러냐?"며 반발을 했습니다. 평소에 안 하던 행동 때문에 저는 당황하고 충격을 받게 되었습니다. 그래서 누구에게도 하소연을 못하고 새벽기도 때 딸아이를 위해서 기도하기 시작했는데, 어느 날 새벽 딸아이를 위해 기도할 때 주님의 음성이 저의 심령 속에 들려왔습니다. 네가 가르친 대로 하면 될 것 아니냐? 제가 어떻게 가르쳤는데요? 그때 주님께서 발달심리학 강의 때는 잘 가르치던데 하고 지적해 주셨습니다.

그 순간 발달심리학 시간에 가르쳤던 사회심리학자 에릭 에릭슨(Erik Erickson)의 평생 발달이론이 생각났습니다. 청소년기는 자아 정체성의 위기의 시기로서 나는 누구인가? 하는 정체성이 형성되지 않아 혼란을 겪게 되는데, 이 시기는 폭풍의 시기(The Age of Storm)로서 어두운 터널을 지나는 것과 같습니다. 이 기간 동안 자녀들이 마음의 상처를 받지 않도록 사랑으로 끌어안고 그들에 대해 경청하고 공감하고 이해하고 수용할 때, 언제 그랬냐는 듯이 치유되고 회복된다고 가르쳤던 것이 기억났습니다. 그래서 그 뒤부터는 딸아이가 뭐라고 하든지, 어떻게 하고 다니든지 솟구치는 제 감정을 억누르고 모든 것을 사랑으로 포용하고 기도하며 기다렸습니다. 그랬더니 딸아이가 몇 달이 지나면서 언제 그랬냐는 듯이 원래의 모습으로 돌아왔습니다.

여러분, 우리 자녀들의 문제가 심각할수록 우리가 할 수 있는 것은, 모든 것을 주님께 맡기고 끝까지 포기하지 않고 사랑으로 간구하는 것밖에 없습니다. 그래서 우리는 예수님께서 십자가를 지시고 골고다 언덕길을 오르실 때 슬피 울며 뒤따르던 여인들을 향해 누가복음 23장 28절의 예루살렘의 딸들아 나를 위하여 울지 말고 너희와 너희 자녀를 위하여 울라 는 말씀을 잊어서는 안 됩니다.

우리 자신을 돌이켜 보며 통회자복하고, 우리 자녀들을 위해 끝까지 포기하지 않고 사랑의 눈물로 간구할 때, 주님께서 우리 자녀들의 문제 가운데 놀랍게 역사하시고 그들을 수렁에서 건지게 될 것입니다.

내가 죽어야 함

그런데 이렇게 사랑으로 간구하는 여인에 대해서 예수님께서는 "자녀의 떡을 취하여 개들에게 던짐이 마땅치 아니하니라"고 거절하십니다. 당시 유대인들은 이방인들을 개나 돼지처럼 취급했습니다. 개는 동서고금을 막론하고 불결과 비천과 무질서와 다툼을 상징합니다. 그래서 우리 나라에서도 욕할 때 "이 강아지야!" "이 강아지만도 못한 놈아!" 하지 않습니까?

예수님께서 이 여인을 이처럼 비천한 개 취급을 했기에 이쯤하면 여인도 포기하고 돌아갈 법합니다. 그러나 본문 27절에 나오는 이 여인의 대답을 주목해서 들으시기 바랍니다. "여자가 가로되 주여 옳소이다마는 개들도 제 주인의 상에서 떨어지는 부스러기를 먹나이다 하니"라고 했습니다. 이 여인은 "주여 옳소이다" 하고 먼저 주님의 말씀을 인정합니다. 자신을 개 같은 여자라고 해도 좋다는 것입니다. 그러나 개들도 그 주인의 상에서 떨어지는 음식 부스러기를 먹는 것처럼 자신을 개 취급해도 좋으니까 그 부스러기 은혜라도 베풀어서 딸을 살려 달라는 겁니다.

이 여인은 자신을 철저히 낮춰 겸손했습니다. 자신의 체면이나 편견이나 자존심조차도 송두리째 다 버렸습니다. 딸을 고치기 위해 세 번에 걸쳐 계속해서 매달리며 인내한 것입니다. 이것은 그녀가 자신의 감정이나 혈기나 교만에 대해서 철저히 죽음으로만 가능했던 것입니다. 이처럼 우리의 자녀들의 모든 문제도 우리가 죽어질 때 응답되고 해결되는 것입니다.

자폐증 청년의 생애를 담은《달려라! 형진아》라는 간증 수기가 있습니다. '말아톤'이라는 제목의 영화로 만들어져 관객이 500만이 넘는 대흥행을 이루었습니다. 태어날 때부터 자폐 증세를 보인 주인공 형진이는 네 살 때 정신지체 판정을 받았습니다. 시도 때도 없이 울음을 터뜨리고 버스를 타면 앉은 사람 무릎 위에 올라앉았습니다. 결국 초등학교에 입학했지만 3년을 버티지 못하고 자퇴했습니다. 어머니는 아들이 평생 정신지체아로 살아가야 한다는 게 너무도 싫고 더군다나 세상에 알려진다는 것이 너무도 창피하고 자존심이 상했다고 합니다. 그때 어머니는 이렇게 고백합니다.

"하늘이 원망스러웠습니다. 차라리 죽음이 더 편할지 모릅니다. 죽음은 그것으로 끝나기 때문입니다. 아이가 지금 죽어 준다면 얼마나 다행인지 모른다고 생각했습니다. 아이를 있는 그대로 받아들일 때까지의 기대와 실망, 끝없는 고통을 견디기 어려웠습니다."

이처럼 형진이를 낳고 난 후 20여 년간 단 한 순간도 행복했던 적이 없었다고 합니다. 부모 된 심정에 이보다 더 가슴 아프고 고통스런 일이 어디에 있겠습니까?

그러나 어머니는 여기서 포기하지 않고 내가 죽어서라도 이 아들을 바로 키우겠다고 결심하고, 장애를 가진 사람도 무언가 해 낼 수 있다는 것을 보여주기 위해 형진이에게 마라톤을 시켰습니다. 그리고 마라톤에 나가는 아들에게 자신감을 심어 주기 위해 끊임없이 질문을 던졌다고 합니다. 엄마가 형진이 다리는? 하고 물으면 아들은 백만 불짜리 다리 하며 대답했고, 형진이 몸매는? 라고 물으면 끝내 줘요 합니다. 아들에게 마라톤을 가르치는 코치가 불만을 터트리자 당신이 힘들어하는 200시간이 아니라 20년 동안 벌을 받으며 사는 이 엄마의 심정을 알아요? 하며 항변했다고 합니다. 그런 엄마도 잡지사 기자가 소원을 묻자 이렇게 대답했습니다.

형진이가 저보다 하루 먼저 죽는 게 소원입니다.

이 엄마는 이 자폐증 아들에게 자신의 젊음을 다 바치고 행복도 다 바치고 마지막 남은 자존심까지도 다 바친 것입니다. 아들을 위해 온전히 죽어졌던 것입니다. 그렇게 어머니가 죽음으로 이 아들은 지난 장애인의 날에 자랑스런 장애인상을 받고 지금은 대한민국의 가장 존경받는 어머니와 아들이 되었습니다.

우리도 자녀 문제로 어렵고 힘들 때일수록 바울 사도가 고린도전서 15장 31절에서 형제들아 내가 그리스도 예수 우리 주 안에서 가진 바 너희에게 대한 나의 자랑을 두고 단언하노니 나는 날마다 죽노라(I die every day)고 고백한 것처럼 날마다 순간마다 주님의 십자가에서 내 자신이 죽어지길 원합니다(고전 15:31, 갈 2:20).

그리할 때 주님께서 우리의 삶 가운데 응답의 열매들을 풍성히 맺어 주실 것입니다. 그래서 요한복음 12장 24절에 내가 진실로 진실로 너희에게 이르노니 한 알의 밀이 땅에 떨어져 죽지 아니하면 한 알 그대로 있고 죽으면 많은 열매를 맺느니라 고 분명히 약속하셨습니다. 내가 죽어지지 않을 때는 내 인생만으로 모든 것이 끝나지만 내가 죽어질 때 자녀들을 수렁에서 건져내고 자손 대대로 많은 열매를 맺게 될 것입니다.

그래서 이러한 여인에 대해서 예수님께서는 여자야 네 믿음이 크도다 네 소원대로 되리라 고 극찬을 하십니다. 원어 성경에 보면 메갈레 피스터스라고 해서, 그 믿음이 메가톤 급으로 엄청나게 크다는 것입니다. 제자들은 믿음이 적은 자로 책망을 받았고, 유대인들은 그 불신 때문에 정죄만 당했습니다(마 11:20-24). 유대인 가운데에는 믿음이 크다고 칭찬한 사람이 하나도 없고 마태복음 8장에 나오는 로마의 백부장과 이방 여자인 이 여인에 대해서만 믿음이 큰 자라고 예수님께서 칭찬을 하신 것입니다. 한 어머니의 희생으로 이렇게 믿음이 인정받고 주님의 칭찬을 듣고, 사랑하는 딸이 기적적으로 귀신 들림에서 고침받고 그 딸을 고통스런 불행의 수렁에서 건져낸 것입니다.

눈물 없이는 읽을 수 없는 《가리산의 눈먼 벌치기》라는 실화 소설이 있습니다. 강원도의 가리산 깊은 산중 늑목골이라는 작은 마을에 눈먼 벌치기가 살고 있었습니다. 세상은 온통 뿌연 안개 속이었지만 벌과 마음으로 대화를 나누며 꿀을 따는 이 아들은 다리가 불구인 아버지를 모시고 있었습니다. 앞도 보이지 않는데 벌을 치며 불구인 아버지를 봉양하는 것을 너무도 힘들어 하다가 어느 날 수술만 하면 잃어버린 시력을 되찾을 수 있다는 소식을 듣고 서울의 큰 병원을 찾았는데, 문제는 수술비였습니다. 그래서 안 먹고 안 입으며 피눈물나게 돈을 모아 수술비 200만 원이 거의 다 마련될 즈음에 아버지가 앓아 누우신 것입니다. 그동안 모아놓은 돈을 다 털어 아버지의 병 치료를 했지만 결국 아버지는 세상을 떠나고 말았습니다. 절망에 빠졌던 그가 다시 기운을 내 벌을 치며 돈을 모아 6년 만에 200만 원을 만들어 서울의 병원을 다시 찾아갔으나 이제는 시신경이 다 죽어 수술이 불가능하다는 절망적인 검사 결과가 나왔습니다.

절망적인 검사 결과에 벌통도 버리고 희망도 버리고 하루하루 피폐해져 가는 그에게 한 여인이 나타났습니다. 한쪽 다리가 불구인 그녀는 방송을 통해 눈먼 벌치기의 사연을 듣고 찾아온 것입니다. 그래서 두 사람은 결혼을 하고 아이도 셋이나 낳으며 행복하게 살았는데, 그 행복이 그리 오래가지 못하고 사랑하는 아내가 갑자기 죽고 말았습니다. 아내가 떠나고 난 뒤의 생활은 그야말로 지옥과 같았습니다. 셋째를 업으면 둘째가 울고, 둘째를 안으면 첫째가 울고, 그러다가 집안이 온통 울음바다가 되어 그도 함께 울어버린 적이 한두 번이 아니었습니다. 정말 사람 사는 모습이 아니었습니다. 보다 못한 이웃들은 아이들을 고아원에 보내라고 성화를 했지만 그럴 때마다 그는 "아이들을 절대로 고아원에 보내지 말라"는 아내의 마지막 말을 떠올리고는 혼자 죽을 힘을 다하여 믿음으로 아이들을 키웠습니다. 그렇게 세월이 흘러 삼 남매는 그 어려운 환경에서도 주님 안에서 정말 착하고 대견스럽게 잘 자라 주었습니다. 아이들 학교 때문에 읍내로 이사했지만 이제 늙은 눈먼 벌치기에게는 마지막 단 한 가지 소원이 있었습니다. 그것은 아이들이 학교를 마치고 저마다 제 살 길을 찾고 나면 아버지의 뿌리가 살아 있고 아내의 숨결이 배어 있는, 그 옛날 가난했지만 그토록 행복하게 지냈던 가리산의 오두막집으로 돌아가는 것입니다. 그리고 그곳에 잠들어 있는 아내 곁에 묻히는 것이었습니다.

  우리의 일생이 이렇게 지나갑니다. 자녀들을 낳고 기르고 뒷바라지 하다 보니 인생이 다 지나가 버리고, 이제 우리에게 남는 것은 이 세상에서 우리가 한 일과 자녀들뿐입니다. 때로는 우리의 자녀들이 우리를 가슴 아프게 하고 눈물나게 할지라도 수렁에서 딸을 건졌던 이 가나안 여인처럼 우리의 자녀들을 믿음으로 잘 기를 때, 우리의 수고가 주 안에서 결코 헛되지 않을 것입니다.

무엇을 위해 우는가

누가복음 23:26-29

"저희가 예수를 끌고 갈 때에 시몬이라는 구레네 사람이 시골로서 오는 것을 잡아 그에게 십자가를 지워 예수를 좇게 하더라 또 백성과 및 그를 위하여 가슴을 치며 슬피 우는 여자의 큰 무리가 따라오는지라 예수께서 돌이켜 그들을 향하여 가라사대 예루살렘의 딸들아 나를 위하여 울지 말고 너희와 너희 자녀를 위하여 울라 보라 날이 이르면 사람이 말하기를 수태 못하는 이와 해산하지 못한 배와 먹이지 못한 젖이 복이 있다 하리라."

우리는 어린이주일을 맞이할 때마다 하나님께서 우리에게 선물로 보내 주신 자녀들의 소중함을 가슴 속 깊이 되새기고, 선한 청지기로서 우리에게 맡겨 주신 자녀들을 어떻게 양육할 것인가 다시 한 번 새롭게 결단해야 합니다. 그리할 때 어떠한 자녀들이라도 치유되어 새로운 희망을 안고 일어서고, 어떠한 가정이라도 회복되어 새로운 행복을 누리게 될 것입니다.

그런데 본문 가운데 우리 주님께서 십자가를 지고 골고다 언덕을 향해 올라가시면서 죽음을 앞두고 고통 중에도 우리의 자녀들을 어떻게 양육할 것인가에 대한 소중한 말씀을 들려 주십니다.

자신을 위해서 울어야 함

먼저 본문 28절 상반절에 예수께서 돌이켜 그들을 향하여 가라사대 예루살렘의 딸들아 나를 위하여 울지 말고 너희와 너희 자녀를 위하여 울라 고 말씀하십니다. 예수님께서는 십자가의 고난으로 인해 슬퍼하는 예루살렘의 여인들을 향하여 그 고통 중에도 권면하십니다. 나를 위하여 울지 말고 먼저 너희 자신을 위하여 울라고 말입니다. 우리 자녀들을 탓하기 전에 우리 자신을 돌이켜 보라는 것입니다. 그리고 우리의 죄와 허물을 눈물로 통회자복하고 자녀들 앞에 믿음으로 굳게 서라는 것입니다. 왜냐하면 많은 자녀들의 문제가 그 부모에게서 유래되기 때문입니다.

그런데 우리는 진정으로 자신을 돌이켜 볼 기회가 없습니다. 또한 자신의 신앙과 삶을 위해 진정으로 통회자복하며 눈물로 기도하지 않습니다. 그러다 보니까 우리 자신이 믿음으로 바로 서지 못하고, 우리의 치유받지 못한 지난날의 그 상처들 때문에 우리 자녀들에게까지 견디기 어려운 상처를 주고, 고통을 안겨 주고, 그들의 일생조차 불행하게 만들고, 신앙의 걸림이 되고 맙니다. 그래서 우리의 감동적인 삶의 모범이 더없이 절실한 것입니다. 말로 자녀들을 양육하기보다는 삶으로 양육해야 합니다.

한 목사님이 평소 다리를 떠는 딸에게 다리 떨지 마! 라고 했습니다. 그랬더니 딸이 아빠도 다리 떨잖아요? 라는 겁니다. 아빠인 자기도 다리를 떠니까 할 말이 없지 않습니까? 그래서 아빠는 운동하느라고 떤다! 고 둘러댔는데, 그것이 딸의 마음에 감동이 되었겠습니까? 그렇게 말해 놓고 자신도 민망해져서 딸에게 솔직하게 고백했습니다. 앞으로 아빠도 떨지 않을 테니까 너도 떨지 말아라." 말로 자녀들을 양육하려고 해서는 안 됩니다. 우리의 삶의 모범이 앞서야 합니다. 요즘 애들이 말은 안 해도 이미 부모를 다 판단하고 있습니다.

우리의 신앙생활에서는 더욱 그러할 것입니다. 우리가 말씀 읽지 않으면서 자녀들에게 읽으라고 할 수 없고, 우리가 기도하지 않으면서 자녀들에게 기도하라고 할 수 없고, 우리가 믿음으로 살지 않으면서 자녀들에게 믿음으로 살라고 할 수 없습니다. 한 여집사님이 베스트셀러 책 이름을 대면서 아들에게 그 책을 읽었느냐고 물었습니다. 아들이 아직 못 읽었다고 하니까 그 여집사님이 호들갑스럽게 "아직도 그 책을 안 읽었다고? 그 책 나온 지 1년도 넘었는데 그런 유명한 책도 안 읽고 우리 아들 큰일났네!"라고 했습니다. 그 말을 듣고 있던 아들이 물었습니다. "엄마, 엄마는 혹시 욥기를 다 읽어 봤어요?" 그러자 집사님이 얼굴을 살짝 붉히며 "아니, 아직 다 못 읽었는데……." 그러자 아들이 큰소리로 그러더랍니다. "욥기를 아직도 다 안 읽으셨다고요? 그거 나온 지 3500년이나 되었는데요. 우리 엄마 정말로 큰일났네!" 이처럼 우리 부모의 신앙의 모범이 더욱 소중한 것입니다.

여러분, 하나님께서 허락하신 우리의 자녀들이 처음부터 저렇게 마음이 상하고, 행동이 거칠고, 말을 안 듣고 반항적이며, 가정 안팎에서 비행을 저지르고, 정신적으로 병들고, 신앙을 떠나서까지 살고 있지 않았습니다. 그런데 부모인 우리와 함께 살면서 우리에게 상처 받고 우리의 삶을 본받아 저렇게 변해버린 것입니다. 그 책임이 누구에게 있습니까? 그러므로 무엇보다 우리 자녀들에게 깊은 사랑의 관심을 가지고 돌보아 주어야 합니다.

한석봉 어머니를 통해 자녀 양육의 다양한 부류를 우스갯소리로 엮은 글이 있습니다. 오랫동안 집을 떠나 공부하고 돌아온 한석봉에게 무관심한 엄마는 아들이 돌아왔다고 하자 "너 언제 나갔었냐?"라고 하고, 피곤한 엄마는 아들이 "어머니, 제가 돌아왔습니다" 하자 "그래? 그럼 어서 불 꺼라"고 하고, 다시 아들이 "글을 써 보일까요?" 하자 "글은 무슨 글, 잠이나 자자!"라고 한다고 합니다. 또 바람둥이 엄마는 아들이 "어머니, 제가 돌아왔습니다" 하자 "석봉아, 정말 미안하다. 이제 너는 한석봉이 아니라 이석봉이란다"라고 한답니다. 또 사오정 엄마는 아들이 "어머니, 제가 돌아왔습니다" 하자 "그렇다면 시험을 해 보자꾸나. 불을 끄고 넌 떡을 썰어라. 난 글을 쓸 테니"라고 합니다. 또 겁 많은 엄마는 아들이 "어머니, 불을 꺼야 하지 않을까요?" 하면 "내가 손 베면 네가 책임질래?"라고 한답니다.

이렇게 우리 부모들이 자녀들을 사랑으로 돌보지 못하여 우리 자녀들이 사랑의 상처와 고통을 당합니다. 전세계를 충격에 휩싸이게 한 버지니아 공대 총기 난사 사건의 조승희가 겪어야 했던 '외톨이 증후군'은 나만의 성 안에서 망상을 키워 나가는 병입니다. 그 증상은 가족들과도 대화나 식사를 같이 하지 않고, 자기 방에서 나오지 않고, 하는 일 없이 빈둥거리며 지내고, 밤낮이 뒤바뀐 생활을 하며, 타인의 시선을 불편해 하거나 회피하고, 늘 혼자 지내고, 매사에 의욕이나 흥미가 없고, 다른 사람의 언행에 과민한 반응을 보입니다. 이런 증상이 3개월 이상 지속되면 흔히 우울증이나 정신분열증을 동반하게 됩니다.

얼마 전에 신문에서 우리의 자녀들의 약 1/3이 정신 장애를 겪고 있다는 통계를 보았습니다. 그러나 아무리 정신 장애라 할지라도 주님의 사랑으로 다 치유할 수 있습니다. 무엇보다 먼저 그들에게 사랑으로 다가가 안아 주고 쓰다듬어 주며 사랑의 고백을 하고, 상처 받은 마음을 어루만져 주고 그들을 책망하기보다도 우리의 잘못을 먼저 인정하며 진심으로 용서를 구하고, 잔소리보다는 그들을 있는 그대로 수용하고, 그들과의 대화를 회복해서 그들의 목소리에 귀를 기울이고 그들의 오해나 욕구를 해소시켜 주고, 자녀와 놀이나 여행을 함께하면서 기분 전환도 시켜 주고, 새로운 친구를 만들어 가도록 도와주고, 무엇보다도 칭찬과 격려를 잃지 않아야 합니다. 더 나아가 신앙으로 다시 일어설 힘을 길러 주어야 합니다. 그러므로 이제는 먼저 우리 부모님들부터 자신을 돌이켜 보고 우리의 신앙을 새롭게 하고 성격부터 치유를 받고 삶이 변해야 합니다. 이것이 현대를 살아가는 우리 부모들에게 무엇보다도 너무도 절실하고 소중하며 감동력이 있는 것입니다. 변화된 우리 자신의 모범적인 삶을 통해서 우리의 남편이나 아내뿐만 아니라 우리의 자녀들까지도 거룩하게 변화시키는 놀라운 행복의 역사를 일으키게 될 것입니다.

자녀를 위해서 울어야 함

계속해서 본문 28절 하반절에 너희 자녀를 위하여 울라 고 권면하십니다. 우리 자신을 먼저 돌이켜 보며 새롭게 변화된 후에 이제는 우리 자녀들을 위해 눈물로 기도해야 합니다. 부모로서 자녀 양육에 한계를 느낄 때, 우리는 자녀의 모든 문제를 주님께 맡기고 눈물로 기도하지 않을 수 없습니다. 실제로 이방 종교에 빠져 방탕한 삶을 살아가던 아들 어거스틴을 위해서 눈물로 기도하던 어머니 모니카에게 북아프리카 고향 교회의 감독이 그렇게 위로했다고 하지 않습니까? 눈물의 기도가 있는 부모의 자식은 결코 망하는 법이 없습니다. 그러므로 우리가 사랑하는 자녀들을 위해 눈물로 기도해야 합니다.그런데 성적이나 입시나 결혼이나 직장이나 진로를 위해 기도하는 것도 소중하지만, 그보다 더 중요한 것은 그들의 신앙이고 성격이고 삶이고 장래의 사명이고 비전인 것입니다.

팔불출 같지만 저의 딸아이에 대해서 주위 사람들이 성격이 너무 좋다 는 칭찬을 많이 합니다. 그러면 저의 집사람이 그럽니다. 성격 말고 성적이 좋았으면 좋겠어요. 고3이라 집사람은 걱정이 되어서 그렇겠지만, 그런 말을 할 때마다 저는 성적보다 성격이 좋은 것 감사해야지 라고 합니다. 사실이 그렇습니다. 학교 때 성적 좋았다고 그 인생이 꼭 성공한 것도 아니고, 외형적으로 성공했을지라도 꼭 행복한 것도 아닙니다. 여러분, 우리의 지난 날의 성적이 안 좋아서 우리 가정이 이렇게 불행하고, 우리 사회가 이렇게 병들어가고 우리의 교회가 이렇게 고통을 겪습니까?

그래서 제가 결혼식에서 주례사를 할 때마다 우리가 가정을 이루고 일생을 살아갈 때 항상 있어야 할 것 세 가지를 강조하면서 인용하는 말씀입니다만 고린도전서 13장 13절에 뭐라고 말씀하십니까? 그런즉 믿음, 소망, 사랑, 이 세 가지는 항상 있을 것인데 그중의 제일은 사랑이라. 저는 이 말씀을 조금 바꿔서 신앙과 성격과 실력은 항상 있을 것인데 그중의 제일은 신앙이고, 그 다음은 성격이고, 마지막이 실력이니라 고 말씀드리고 싶습니다. 그리할 때 우리 자녀들이 부모님의 기대와 다른 무엇이 되어도 희망이 있습니다. 그런데 우리의 자녀들이 이렇게 잘 자랄 수 있도록 우리 부모의 가장 강력한 후원이 바로 이 눈물의 기도인 것입니다.

사랑하는 아들에게 어렸을 때 많은 상처를 주었던 것을 가슴 아파하며, 이제부터라도 믿음으로 바로 서서 아들을 위해 눈물로 기도하여 응답받은 한 어머니 권사님이 얼마 전에 그 아들로부터 감동적인 편지를 받았습니다.

사랑하는 어머니,
항상 어머니를 사랑하면서도 어머니에게 눈물이 되게 하는 행동으로 벌써 63세인 어머니의 이마의 패인 주름이 다 이 못난 아들 때문임을 하루도 잊을 수 없습니다. 언제나 그 깊은 가슴의 상처들을 감싸안으려 하지만 부족하기 그지없는 이 아들은 그것이 마음뿐이기에 날마다 낙망합니다. 어제는 기도했어요. 내가 비록 못나고 못난 아들이지만 내 안에 어머니와 아버지를 사랑하는 그 진심이 내 삶의 솔직함을 이끌어낼 수 있게 해 달라고요. 언제쯤 어머니의 손을 마주잡고 미소짓는 어머니를 보게 될 수 있을까요? 내가 예수님 때문에 구원을 받고도 크게 웃지 못하는 이유는 어머니의 그 지친 삶의 길을 함께 걷지 못하고 그 어깨를 짓누르는 나 자신의 죄를 목도하기 때문입니다. 내가 주께로 나아갈 때마다 어머니의 기도 소리에 눈물 흘리지 않을 수 없기에 어렸을 때부터 그렇게 눈물이 많았나 봅니다.

사랑하는 어머니, 어머니와 아버지가 마음껏 웃으시며 행복하게 저녁 노을을 마주 보시는 모습을 볼 수 있다면 지금 죽어도 정말 기쁠 수 있을 거예요. 어머니의 가슴에 안겨 속죄의 눈물을 흘릴 수 있는 그 날을 위해 오늘도 나 아닌 나의 어머니, 나의 아버지를 위해 살고 싶습니다. 나 같은 죄인을 살리신 예수님과 나 같은 죄인을 사랑으로 길러 주신 어머니를 위해 더욱더 기도하는 삶을 살기를 간절히 기도 드립니다. 정말로 사랑하는 어머니, 부디 오래오래 내 곁에서 지켜 주세요. 아직 아무것도 드리지 못한 이 아들 옆에 꼭 함께 계셔 주시기를 주님께 간절히 기도 드립니다.

사랑하는 어머님 생신을 축하드리며 아들 올림

저는 신학대학에서 이 아들을 가르쳤기 때문에 그 어머니 권사님의 심정을 이해합니다. 그가 사랑하는 어머니의 눈물의 기도로 이렇게 치유되고 변화되어 어머니에게 이런 사랑의 편지를 쓸 수 있다는 것이 얼마나 감격스러웠는지 모릅니다.

그래서 시편 126편 6절에 "울며 씨를 뿌리러 나가는 자는 정녕 기쁨으로 그 곡식 단을 가지고 돌아오리로다"고 약속하지 않습니까? 이제는 우리 자녀들이 어떠한 문제를 안고 절망 가운데 있을지라도 위해서 눈물로 기도해 줄 수 있길 바랍니다. 그리할 때 우리의 자녀들이 믿음으로 잘 자라나서 이 나라와 민족뿐만 아니라 하나님 나라의 귀한 일꾼들로 쓰임 받게 될 것입니다.

후회 없도록 양육해야 함

마지막으로 본문 29절에 "보라 날이 이르면 사람이 말하기를 수태 못하는 이와 해산하지 못한 배와 먹이지 못한 젖이 복이 있다 하리라 고 증거하십니다. 여러분, 자녀들로 인해 얼마나 많은 고통과 불행을 겪으면 수태 못하는 이와 해산하지 못한 배와 먹이지 못한 젖이 복이 있다 하겠습니까? 그래서 옛말에 무자식이 상팔자 라고 하지 않습니까?

그렇다고 우리에게 맡겨주신 자녀들 때문에 불평하거나 원망해서는 안 됩니다. 부모들이 무슨 죄가 있습니까? 그러나 하나님의 뜻이 있어 우리에게 맡겨주신 저 불쌍한 아이들을 우리가 책임지지 않는다면 저 아이들의 장래가 어떻게 되겠습니까? 우리의 뜻대로 낳아 놓고 우리가 책임지지 못한다면 얼마나 무책임한 일입니까? 우리의 자녀들을 유괴하고 납치하고 폭행하고 성폭행 하는 등의 사건을 접하면서 이렇게 어려운 세대 가운데서 후회 없도록 잘 양육해야 할 것입니다.

34개 계열사와 3만여 명의 종업원을 거느리고 있는 한 대기업 회장의 빗나간 아들이 온 세상을 떠들썩하게 한 적이 있습니다. 내 자식이 집단 폭행을 당해 얼굴이 찢어졌다면 가슴 아파하지 않을 부모가 어디에 있겠습니까? 그러나 스무 살이 넘은 아들이 밖에서 얻어맞았다고 해서 대기업 총수인 아버지가 조직을 동원하여 집단으로 폭력을 행사했다는 것부터가 잘못되었던 것입니다. 진정으로 자식을 사랑하고 그의 장래를 걱정한다면 술집 종업원들을 찾아가 주먹을 휘두르기보다 그렇게 무절제하게 돌아다니는 아들을 엄하게 꾸짖었어야 했을 것입니다. 그런데 상대방 폭력에 똑같이 폭력으로 대응함으로 사태를 상상할 수 없을 정도로 크게 악화시켜 버렸습니다. 그 아버지조차도 거짓 진술했던 증거들이 속속 드러나면서 구속되지 않았습니까? 그는 노블레스

오블리제(Noblesse Oblige) 즉 사회 지도층의 도덕적 의무를 잊었던 것입니다. 그러므로 우리는 끊임없이 주위 사람들을 교훈 삼으며 후회 없는 자녀 양육을 해야 합니다. 내 뜻대로 우리의 자녀 교육이 이뤄지지 않습니다. 또한 지금 당장 자녀들의 삶에 변화가 없고 열매를 맺지 못한다고 결코 낙심하지 마십시오. 우리 자녀들의 일생은 끝까지 살아봐야 합니다. 그렇기 때문에 우리가 꼭 기억해야 할 말씀이 있습니다. 그것은 바로 갈라디아서 6장 9-10절 말씀입니다. 우리가 선을 행하되 낙심하지 말지니 피곤하지 아니하면 때가 이르매 거두리라 그러므로 우리는 기회 있는 대로 모든 이에게 착한 일을 하되 더욱 믿음의 가정들에게 할지니라. 이것이 우리의 가정에서나 교회에서나 세상에서나 우리의 신앙생활의 결론이고 자녀 양육의 가장 소중한 열매인 것입니다. 그러므로 우리는 자녀들의 소중함을 가슴 속 깊이 기억하며 그들에 대한 희망을 포기하지 말고, 마지막까지 최선을 다해 양육해야 합니다.

가토 히로미가 쓴 《단 하나의 보물》이란 책이 있습니다. 그 책은 저자의 아들 아키유키에 대한 이야기입니다. 아키유키는 태어난 지 한 달 만에 심장내막결손증과 폐고혈압증과 다운증후군 판정을 받았고 결국 여섯 살 때 사망했습니다. 아이가 죽은 후 아빠가 아키유키와 함께 찍었던 사진이 메이지생명 사진 콘테스트에서 세상에 단 하나뿐인 보물이란 이름으로 당선되어 메이지생명 기업광고로 방송되었습니다. 아이는 심장이 안 좋아 오래 울게 해서도 안 되고, 가슴을 압박하기 때문에 업어 주어도 안 되고, 세균에 감염되기 쉬워서 사람 많은 곳에 데리고 가도 안 되었습니다. 또한 아무리 조심해도 수명은 1년 정도밖에 안 된다고 했습니다. 그러나 아이는 많은 죽을 고비를 겪었다가도 다시 살아나 5살 생일 때는 보조기를 붙들고 일어설 수도 있었습니다.

그러나 6살이 되면서 계속 상태는 나빠지다가 결국 성탄절을 며칠 지난 1월 3일 아이의 심장이 영원히 멈춰버렸습니다. 엄마는 차가운 겨울 하늘을 바라보며 "그래. 아키유키야, 이 세상에 와서 참 애썼다"고 속삭여 주었고, 아빠는 사랑하는 아들을 떠나보내는 심정을 이렇게 고백했습니다. "지금 현재를 즐겁고 건강하게 지내는 것이 얼마나 소중하고 기뻐해야 할 일인가를 아키유키와 함께 사는 동안 깨달았습니다. 살아 있다는 것을 온몸으로 감사하라고 모든 사람들에게 말해 주고 싶습니다."

우리는 자녀들이 건강하게 우리 곁에 살아 있다는 것 하나만으로도 감사해야 합니다. 그리고 그들이 신앙으로 살아 준다면 더 이상 바랄 것이 없습니다. 그들이 아무 사고 없이 순탄하게 자라주는 것만 해도 감사한 일입니다. 우리는 무엇을 위해 울고 있습니까? 돈에 울고, 명예에 울고, 사랑에 울고 있습니까? 그것은 다 한순간에 지나가는 것들입니다. 그보다 더 소중한 것이 있습니다. 하나님께서 우리에게 맡겨 주신 온 천하보다 귀한 우리의 자녀들입니다. 때로는 우리의 자녀들이 당장 변화가 없다 할지라도 낙심하지 말고, 먼저 우리 자신을 돌이켜 보고 자녀들을 위해 기도하며 후회 없도록 양육할 수 있어야 합니다. 그럴 때 우리 자녀 교육의 모든 문제가 거기서부터 풀리고 언젠가 주님 앞에 서게 될 때 "잘 하였도다, 착하고 충성된 종아" 하는 칭찬을 듣게 될 것입니다.

이렇게 양육하라

에베소서 6:4

"또 아비들아 너희 자녀를 노엽게 하지 말고 오직 주의 교양과 훈계로 양육하라."

부부사랑세미나에 가서 많은 가정들의 문제들을 들여다보면서, 모든 불행과 아픔의 근원이 그들의 지난날 어린 시절에 있었음을 다시 한 번 깨닫게 되었습니다. 많은 부부들이 어린 시절 부모에게서 받았던 상처 때문에 성인이 되어 겪게 되는 부부 문제로 눈물을 흘리며 괴로워했습니다. 그것은 우리들의 삶을 돌이켜 보아도 부인할 수 없는 사실입니다. 어린 시절에 부모에게 받았던 상처 때문에 어른이 되어서도, 그리고 결혼을 해서도 불행한 삶을 살아가며 괴로워하는 사람들이 너무도 많습니다.

그렇기에 하나님께서 우리에게 맡겨 주신 우리의 자녀들을 어떻게 양육할 것인가 하는 것은 너무도 중요한 일입니다. 본문 말씀을 보면 자녀들의 치유와 양육에 관한 너무도 소중한 말씀이 증거되어 있습니다.

사랑의 치유

먼저 4절 상반절에 보니까 또 아비들아 너희 자녀를 노엽게 하지 말고 라고 말씀합니다. 쉽게 말하면 자녀들을 화나게 하지 말고 사랑으로 치유하라는 것입니다. 그들의 마음에 더 이상 상처를 주지 말라는 것입니다.

그런데 우리는 자녀들에게 상처를 주는 일들을 얼마나 많이 하고 있습니까? 몇 해 전 한국이웃사랑회의 설문 조사를 보니까 초등학생들의 72.8퍼센트가 부모에게서 언어적 폭력이나 정신적 학대나 신체적 구타를 당한다는 통계가 나왔습니다.

작년 청소년보호위원회의 발표에 따르면 청소년들의 84.5퍼센트가 이와 같은 부모의 폭력과 학대에 시달린다는 것입니다. 이것은 일본 부모의 2배가 되고 미국 부모의 3배가 되는 엄청난 수치입니다. 우리 한국 부모들이 그만큼 자녀 교육에 극성스러우면서도 또한 반면에 폭력적이라는 것입니다. 그래서 자녀들의 마음에 말할 수 없는 상처를 안겨 주는 것입니다.

그러다 보니까 하얀 백지장과 같이 해맑던 자녀들의 마음에 흠집을 냅니다. 그래서 클수록 그들이 부모의 말을 듣지 않습니다. 오히려 부모에게 반항하며 달려듭니다. 심지어 부모에게 폭력까지 행사합니다. 그리고 밖에 나가서는 학원 폭력을 일삼습니다. 강도, 강간, 폭행, 살인 등 갖가지 사회 비행을 저지릅니다. 나중에는 성격 장애, 신경증, 정신병은 말할 것도 없고 견디다 못해 결국 자살에까지 이릅니다.

이러한 때 그들의 상처 받은 마음을 어떻게 치유할 수 있을까요? 먼저는 자녀들을 이해하며 접근해야 합니다. 요즘 아이들은 우리가 자라나던 세대와는 완전히 다릅니다. 벌써 그들의 사고나 외모부터가 다릅니다. 그들이 하고 다니는 것을 보십시오. 머리, 눈, 입술, 옷, 신발은 물론이고 배꼽티 등도 입습니다. 어떤 여자 청년은 더운 여름에 배꼽이 드러나는 배꼽티를 입고 예배에 참석해서 목사님이 주의를 주었더니 목사님, 하나님은 우리의 중심을 보신다고 했잖아요? 그러더랍니다.

  요즈음 애들이 어떻습니까? 우리와는 전혀 다른 세대라서 신세대라고 하지 않습니까? 50대는 쉰 냄새가 나서 쉰 세대라고 하고, 30-40대는 그 사이에 끼어 있어서 낀 세대라고 한다지 않습니까? 이렇게 완전히 우리와는 다른 세대입니다. 그래서 행동하는 것도 우리와 전혀 다릅니다. 우리는 어린 시절 부모님께서 말씀하시면 절대 순종하는 것을 미덕으로 알아왔습니다. 그런데 요즘 자녀들은 말로 해서는 안 됩니다. 그들은 마음으로 이해되고 논리적으로 설득되기 전에는 부모님께도 절대로 순종하지 않습니다. 겉으로는 마지못해서 순응할지 몰라도 그들의 마음속에는 부모에 대한 불신과 불만만 깊어가는 것입니다. 한 아버지가 공부도 안 하고 말도 안 듣는 아들에게 말했습니다. 링컨은 너만 했을 때 그 어려웠던 환경에도 어머니의 말씀을 잘 순종하여 훌륭한 사람이 되었는데 너는 왜 그러냐? 그랬더니 아들이 아버지, 그런 말 마세요. 링컨은 아버지 나이 때 미국 대통령이었어요 라고 하더랍니다.

  요즈음 아이들은 강압적으로 무시하거나 억압해선 안 됩니다.

이제는 사랑의 대화로 풀어나가야 합니다. 그렇다고 어느 날 갑자기 "얘들아 다 모여라. 대화의 광장을 열어 보자" 한다고 해서 대화가 되는 게 아닙니다. "그동안 너희들에게 관심을 갖지 못하고 대화를 못 해서 미안하구나" 하고 사과하면서 그들의 마음 문을 열어야 합니다.

자녀들과 대화할 때 효과적인 방법으로 의사소통 가족치료 이론 가운데 '보상기법'이란 것이 있습니다. 자녀들과 주고받는 원리에 의해서 대화해 가는 것입니다. 먼저 자녀들에게 부모에 대한 불만이 무엇인지에 대해서 들어 봅니다. 자녀들과 대화를 해 보면 자녀들이 제일 싫어하는 것이 무엇인지 알게 됩니다. 그들은 자기들을 무시하고 억압하고 잔소리하는 것을 제일 싫어합니다. 그런데 잔소리 중에서도 자녀들이 가장 싫어하는 말은 "공부하라"는 소리입니다.

그런데 공부가 인생의 전부는 아니지 않습니까? 자녀들이 주님 안에서 바르고 착하게 자라는 것보다 귀한 것은 없습니다. 그러므로 대화하면서 부모인 우리가 잘못한 것은 잘못했다고 인정하고, 타협할 것은 타협하고, 전폭적으로 수용해야 할 것은 수용해야 하는 것입니다. 그리고 나서 자녀들의 마음이 열려 있을 때 부모들의 바람을 요청하는 것입니다.

그런데 자녀들과 대화하며 치유해 가는데 있어서 칭찬과 격려보다 더 효과적인 방법은 없습니다. 아이들에게 "잘한다. 잘한다" 하면 그들은 더 힘을 얻어 잘 하지만 "너는 하는 짓이 왜 그 모양이냐? 네가 제대로 하는 게 뭐가 있어?" 라고 하면 애들은 더 기가 죽어서 잘할 수 있는 것까지도 못하고 맙니다.

저희 딸아이가 초등학교 2학년 때 미국에서 돌아온 후 학교에서 받아쓰기 시험을 봤는데 40점을 받아 왔습니다. 기가 막혔지만 어쩔 수 없는 사정이어서 "그 정도만 해도 잘 본 거다. 다음엔 아마 더 잘 볼 수 있을 거야" 하고 칭찬하고 격려해 주었습니다. 그랬더니 얼마 후에 본 받아쓰기 시험에는 80점을 받아 왔습니다. 그래서 "야, 너 정말 머리가 좋구나. 이렇게 금방 점수가 오르다니. 다음 번엔 100점도 문제 없겠다" 하고 칭찬해 주었더니 딸아이의 입이 벌어졌습니다. 그러더니 정말 다음 번엔 100점을 받아왔습니다. 그리고는 한국 학교에 적응을 잘하게 되었습니다. 만약 처음에 40점을 받아왔을 때 "야, 이것도 점수라고 받아왔냐? 아무리 한글이 서툴러도 그렇지 그렇게 연습했으면 점수를 잘 받아와야지" 하면서 야단을 쳤다면 아마도 다음 번에 주눅이 들어 높은 점수를 받기 어려웠을 것입니다.

자녀들에게 있어서 칭찬과 격려보다 더 좋은 치유의 명약은 없습니다. 그러면 아이들이 잘못했을 때도 무조건 "잘한다, 잘한다" 해야 하느냐 하고 회의를 나타내는 분도 있을 것입니다. 그러나 잘못을 지적해야 하는 경우에도 먼저 칭찬해 준 다음에 훈계하면 훨씬 더 감동적입니다. "너는 다른 것은 다 잘하는데 이것 하나만 고치면 최고가 될 거야." 그러면 자녀들은 다른 것 다 잘한다는 말에 마음이 활짝 열립니다. 이것 하나만 고치면 최고라는데 이것 하나 못 고치겠습니까? 쉽게 고칠 수 있습니다.

우리가 자녀들을 대할 때 기분 좋을 때나 어린이날이나 생일날 같은 때만 잘 해줘서는 자녀들의 변화를 기대하기 어렵습니다. 우리 자녀들의 갖가지 문제들의 근본적인 원인이 사랑의 결픕에 있기 때문입니다. 평상시에 지속적인 사랑이 필요합니다. 자녀들에게 사랑한다 보고 싶다 자랑스럽다 라는 말을 끊임없이 표현해야 하는 것입니다. 그래서 저도 집회 나가면 아침, 저녁으로 집에 전화해서 딸아이에게 I love you so much(너를 너무도 사랑해) I miss you(네가 보고 싶어) I am so proud of you(네가 너무 자랑스러워) 하고 말합니다.

우리 자녀들이 지난날 우리로 인해 상처를 입었다면, 이제 우리의 지속적인 사랑을 통해 그들을 치유해야 할 때입니다. 회개하고 변화된 부모의 변함없는 사랑의 치유를 통해 우리의 자녀들은 지난날의 어떠한 아픔도 치유되고 회복될 것입니다.

신앙의 양육

두 번째로 4절 하반절에 오직 주의 교양과 훈계로 양육하라고 말씀하십니다. 여기서 교양 이란 말은 영어로 instruction 이라고 해서 자녀들이 잘못되기 전에 예방하는 효과가 있고, 훈계란 말은 discipline 이라고 해서 자녀들이 잘못되었을 때 치료하는 의미가 있습니다. 한마디로 자녀들을 신앙으로 예방도 하고 치료도 하며 양육하라는 것입니다. 이것은 우리가 사랑으로 최선을 다해야 하지만 그래도 치유할 수 없는 것은 하나님께 맡기고 신앙으로 양육해야 한다는 것입니다.

우리 자녀들이 신앙으로 잘 자라 주길 바라지만 아무리 우리가 믿음으로 살아야 한다. 신앙생활 잘 해야 복 받는다 고 해서 그것이 뜻대로 되질 않습니다. 그래서 행동주의 가족치료 가운데 앨버트 벤두라의 모델링 이란 자녀 양육 방법이 있습니다. 그것은 부모가 자녀의 모델, 즉 모범이 되는 것입니다. 그것보다 더 감동적인 자녀 양육 방법이 없습니다.

먼저 말씀의 모범이 되어야 합니다. 우리가 교회에서도 하나님의 말씀을 받지만 집에 가서도 하나님의 말씀을 읽어야 합니다. 그리고 그 말씀대로 살아야 합니다. 그러한 모범이 자녀들에게 감동이 되는 것입니다. 그런데 우리는 집에 가서는 신문이나 잡지나 TV는 매일 빼놓지 않고 얼마나 잘 봅니까? 그러면서도 성경은 안 읽습니다. 그러니 어떻게 자녀들에게 말씀의 본을 보일 수 있겠습니까? 하나님의 말씀이 우리의 자녀를 감동시키고 변화시키는 것입니다. 그래서 디모데후서 3장 16-17절에는 모든 성경은 하나님의 감동으로 된 것으로 교훈과 책망과 바르게 함과 의로 교육하기에 유익하니 이는 하나님의 사람으로 온전케 하며 모든 선한 일을 행하기에 온전케 하려 함이니라 고 약속하십니다. 이제는 자녀들과 함께 말씀을 읽어야 할 때입니다.

그 다음 기도의 모범을 보여야 합니다. 우리가 자녀들을 위해 눈물로 기도할 때 변화되지 않는 자녀들이 없습니다. 그래서 누가복음 23장 28절에 예수께서 돌이켜 그들을 향하여 가라사대 예루살렘의 딸들아 나를 위하여 울지 말고 너희와 너희 자녀를 위해 울라 고 권면하십니다.

그 다음 찬양의 모범을 보여야 합니다. 성령 충만한 삶의 하나의 증거는 에베소서 5장 19절에 말씀하셨듯이 시와 찬미와 신령한 노래들로 서로 화답하며 너희의 마음으로 주께 노래하며 찬송하며 입니다. 찬송의 삶은 자녀들에게 영적 감화를 줍니다. 집에서 일하면서도 찬송을 부르십시오. 빨래할 때는 나의 죄를 씻기는 예수의 피밖에 없네"(184장)를 부르고, 설거지할 때는 "물 가지고 날 씻든지 불 가지고 태우든지"(332장)를 부르고, 고난 당할 때는 "주님을 찬송하면서 할렐루야 할렐루야 내 앞 길 멀고 험해도 나 주님만 따라가리"(455장)를 부르는 겁니다. 이렇게 우리가 어려움 속에서도 찬송하며 나아갈 때 자녀들에게 주는 영적인 감동이 있습니다.

마지막으로 삶의 모범을 보여야 합니다. 예수 잘 믿는다고 하면서 삶의 본을 보이지 못하면 모든 것이 다 허물어지고 맙니다. 우리는 조금만 어려움을 당하면 불평과 원망을 터트립니다. 크게 소리 지르고 싸웁니다. 서로 싸우고는 감정을 풀지 않습니다. 거기서 자녀들이 무엇을 배울 수 있겠습니까? 자녀들이 인생을 살아가면서 어려운 일이 닥치면 부모님에게서 보고 배운 것을 그대로 되풀이합니다.

그런데 신앙의 부모는 어려울 때일수록 서로 위로합니다. 사랑으로 감싸 줍니다. 눈물 흘리며 아픔을 함께 나눕니다. 마태복음 5장 16절에 "이같이 너희 빛을 사람 앞에 비췌게 하여 저희로 너희 착한 행실을 보고 하늘에 계신 너희 아버지께 영광을 돌리게 하라"고 말씀하십니다. 이제는 우리의 삶의 모범을 통해 자녀들을 감동시키고 변화시켜야 할 때입니다.

한 초등학교 어린이가 교회학교에서 천국에 대해서 배웠습니다. 천국은 진주문, 황금길, 보석집, 수정 샘물, 생명나무 열매가 주렁주렁 열려 있는 아름답고 황홀한 곳이라고 배웠습니다. 그런데 이 아이에게는 천국이 실감이 안 났습니다. 그래서 집에 돌아와 부모님께 물었습니다. "교회에서 천국에 대해서 배웠는데 아름답고 황홀한 곳이라는데 실감이 안 나요. 엄마, 아빠가 쉽게 설명해 주세요." 그러자 경건한 신앙의 아버지가 "사랑하는 아들아, 천국은 말이야 우리 집 같아. 비록 물질이 없어 궁핍하고 몸이 병들어 고통스럽고 세상적으로 못 배우고 내세울 것 없어도 서로 사랑하며 믿음으로 사는 우리 가정이 천국과 같은 가정이지"라고 자신있게 말할 수 있다면, 바로 그런 가정에 천국과 같은 행복이 함께할 것입니다.

다섯 가지 사랑의 언어

골로새서 3:21

"아비들아 너희 자녀를 격노케 말지니 낙심할까 함이라."

우리는 어린이주일을 맞이할 때마다 우리 자녀들의 소중함을 다시 한 번 가슴 속 깊이 느끼면서 부모의 사명을 새롭게 다짐하게 됩니다. 자녀들 문제에 대해서만은 어느 누구도 장담할 수 없습니다. 그런데 우리의 자녀들의 문제를 파헤치고 들어가 보면 문제의 궁극적인 원인이 사랑의 결핍과 상처에 있음을 발견하게 됩니다. 사랑의 결핍과 상처들이 가족 관계의 갈등은 말할 것도 없고 학교나 사회나 교회에서의 갖가지 문제로 터져 나오는 것을 경험합니다. 우리의 자녀들이 가정이나 사회나 교회의 안정감 있고, 책임감 있는 일꾼으로 성장해 가는 데 가장 근본적인 기초는 두말 할 것도 없이 부모의 사랑입니다.

그래서 오늘 본문에 아비들아 너희 자녀를 격노케 말지니 낙심할까 함이라 고 말씀하십니다. 자녀들을 화나게 하지 말라는 것입니다. 자녀들의 가슴에 더 이상 사랑의 상처를 주지 말라는 것입니다.

그렇다면 사랑의 아픔을 안고 살아가는 우리의 자녀들을 어떻게 양육해야 할까요? 미국의 유명한 의학박사 로스 캠벨과 상담심리학자 게리 채프먼은 《자녀를 위한 5가지 사랑의 언어(*The Five Love Languages of Children*)》라는 책 속에서 자녀들을 사랑으로 치유하고 양육하는 데 필요한 다섯 가지 사랑의 언어를 다음과 같이 말하고 있습니다.

신체적인 접촉

첫째, 신체적인 접촉입니다. 스킨십(skin ship), 즉 피부의 접촉을 통해서 사랑을 전해 주어야 한다는 것입니다. 우리가 말을 하지 않고 안아 주고, 뽀뽀해 주고, 만져 주고, 쓰다듬고, 두드려 주기만 해도 자녀들의 가슴속에 부모의 사랑이 전달된다는 것입니다. 가장 손쉽게 할 수 있고 가장 근본적으로 중요한 사랑의 표현 방법인 것입니다.

집에서 기르는 강아지만 보아도 알 수 있습니다. 집에 가면 자기를 쳐다보고 만져 달라고 얼마나 안달을 합니까? 앞에 와서 엎드리고 꼬리를 흔들며 달려들고, 그래도 안 되면 달려들어서 발로 막 긁습니다. 그래도 안 되면 화를 내며 으르렁거리기까지 합니다. 그래서 꼭 한 번 만져 줘야만 다른 일을 할 수 있습니다. 강아지도 이렇게 사랑에 갈급해서 만져 주기를 원하는데 하물며 우리 자녀들은 어떻겠습니까?

정신 치료적으로 볼 때 안아 주고, 만져 주고, 함께 뒹굴며 씨름하는 것은 아이들의 정서 발달과 신체 발달에 매우 유익합니다. 부모의 사랑을 느끼며 자라나기 때문입니다. 또 일상적으로도 자녀들을 한 번씩 안아 주고 뽀뽀해 주는 것은 정서적으로 매우 안정되게 성장하게 할 뿐만 아니라 부모와 자녀 관계에서 사랑의 깊은 나눔을 갖게 합니다.

제가 미국에 유학 가서 배운 좋은 습관이 있다면 사랑을 표현하는 법입니다. 미국 사람들은 평상시에 서로 껴안는 허그나 키스가 생활화되어 있습니다. 부부간에도, 자녀들에게도, 주위 사람들간에도 사랑의 표현에 익숙하고 조그만 도움을 받아도 "Thank you(고맙습니다)", 조그만 실수를 해도 "Excuse me(미안합니다)"가 금방 튀어나옵니다. 심지어 상대방이 실수를 해서 자기 발을 밟아도 발을 밟힌 사람이 "Excuse me" 할 정도입니다. 그런데 한국에 와서 보니까 발을 밟는 것은 말할 것도 없고 옆구리를 툭툭 치고 다니면서도 "미안하다"는 말 한마디 안 합니다. 그러나 우리가 미국 사람들의 좋은 점은 본받아야 한다고 생각합니다.

그래서 저는 딸아이가 어렸을 때부터 이렇게 신체적인 접촉을 통해 사랑을 표현해 왔습니다. 학교에 갈 때나 집에 돌아왔을 때 꼭 한 번씩 안아 주고 뽀뽀해 주면서 사랑을 표현했더니, 이 아이가 정서적으로 안정될 뿐만 아니라 사랑이 많아져 남들을 사랑으로 배려하는 법을 배우게 되는 것을 보았습니다.

우리가 이제는 자녀들에게 신체적인 접촉을 통해 사랑을 베풉시다. 그래서 요한일서 3장 18절에서는 "자녀들아 우리가 말과 혀로만 사랑하지 말고 오직 행함과 진실함으로 하자"고 말했습니다. 이제는 사랑을 몸소 행해야 할 때입니다. 우리의 행함 있는 사랑의 실천을 통해 우리의 자녀들이 더욱 안정되고 풍성한 사랑의 사람으로 성장해 나갈 것입니다.

인정하는 말

둘째, 인정하는 말입니다. 우리 부모들의 사랑이 담긴 칭찬이나 격려가 우리 자녀들에게 자존감을 더해 주고 안정감 있게 자라게 합니다.

그러나 우리는 이와 반대로 자녀들에게 상처 주는 말을 할 때가 너무도 많이 있습니다. 우리 부모들이 자녀들 얼굴만 보면 "공부하라"고 강요하고, 마음에 좀 안 들면 "이 바보야" 하고 욕하며 심지어는 "이 웬수야" 하고 윽박지릅니다. "도대체 네가 제대로 하는 게 뭐가 있느냐?"고 비하하고, "옆집 누구는 그렇게 잘 하는데 너는 왜 그 모양이냐" 하면서 비교합니다. "네 아버지 닮아서 그렇지" "너희 외가를 닮아서 그 모양이지" 하면서 상대방에게 책임을 전가하기도 합니다. 그러면 결국 자녀들이 비뚤어지고 곁길로 나가고 맙니다.

또한 부부들 사이의 불화가 자녀들에게 얼마나 깊은 상처를 주는지 아십니까? 거의 매일 서로 한마디도 지지 않고 싸우는 부부가 있었습니다. 심지어는 교회에 올 때 싸우면서 오다가 예배도 안 드리고 도중에 그냥 돌아간 적이 한두 번이 아니었습니다. 그런데 요즈음에는 안 싸운다고 합니다. 어떻게 안 싸우게 되었는지 보았더니 차 두 대로 따로따로 교회에 오는 것입니다. 여러분, 부부 사이에 싸우는 것이 얼마나 자녀들을 불안하게 하고 상처를 주는지 아십니까? 자녀들에게 가장 좋은 선물은 '부모가 화목하며 행복하게 사는 것 입니다.

　언젠가 상담치유학교 강의 후에 한 집사님이 찾아왔습니다. 목사님, 사랑하는 딸이 정신적으로 큰 고통을 겪고 있습니다. 그런데 이번 상담치유학교를 통해 그 원인을 발견하게 되었어요. 저희 부부가 그동안 정말 많이 싸웠거든요. 그런데 그것이 저의 딸에게 그렇게 큰 충격을 주는 줄 몰랐습니다.

　그는 매우 가슴 아파하고 후회했습니다. 저는 그 집사님의 고백을 들으면서 그 따님이 치유될 가능성을 발견하게 되었습니다. 가장 늦었다고 생각하는 때가 가장 적당한 때입니다. 이제라도 부모들이 불화를 멈추고 자녀들을 끌어안고 사랑한다고 고백하시기 바랍니다.

　사람들이 예수님께서 아이들을 만져 주시길 바라고 예수님께로 아이들을 데리고 왔을 때, 제자들이 이를 꾸짖었습니다. 그런데 예수님께서 어떻게 하셨습니까? 그 어린아이들을 안고 저희 위에 안수하시고 축복하시니라 (막 10:16). 예수님께서는 그 어린아이들을 안고 안수 기도해 주시고 축복해 주셨던 것입니다. 우리가 자녀들을 위해 기도해 주고 복을 빌어 준다는 것은 너무도 의미 깊은 일입니다.

　미안해(Excuse me) 고마워(Thank you) 사랑해(I love you) 나는 네가 너무 자랑스러워(I'm so proud of you) 다른 사람은 몰라도 너는 할 수 있어(You can do it) 다른 사람은 다 너를 버려도 난 너를 믿는다(I trust in you) 하나님께서 너를 사랑하신다(God loves you) 하나님께서 너를 축복하시길 바래(God bless you) 와 같은 말들이 우리의 자녀들에게 얼마나 큰 격려가 되고 힘이 되는지 아십니까? 그래서 전직 선교사이면서 지금은 미국 미네소타에서 가정 사역을 하고 있는 롤프 가복(Rolf Garborg) 목사님은 《가정 축복(The Family Blessing)》이란 그의 저서에서 자녀들을 인정하는 사랑의 말을 의식적으로라도 적어도 하루에 한 번 이상 해서 자녀를 축복하라고 권면합니다. 그것이 자녀를 위한 가장 확실한 투자라는 것입니다. 이처럼 자녀를 인정하는 부모의 축복을 통해서 자녀들이 자신감을 얻고 자신의 잠재력을 최대한 발휘하며 능력 있는 사람으로 성장해 갈 것입니다.

함께하는 시간

셋째, 함께하는 시간입니다. 우리가 바쁘게 살다 보면 자녀들에게 무관심할 때가 많이 있습니다. 맞벌이 부부는 더욱더 그렇습니다. 그렇다고 어쩔 수 없는 환경에 대해 죄의식을 느끼실 필요는 없습니다. 너무 바쁘고 피곤해서 많은 시간을 내기 어렵다 하더라도 아주 짧은 시간이라도 사랑으로 자녀와 함께하는 것이 중요하며, 그 짧은 시간을 어떻게 보내느냐가 중요합니다. 이때 부모는 자녀들에게 "우리에겐 네가 너무 소중해. 엄마와 아빠는 너와 함께하는 시간이 너무 좋아"라는 메시지를 계속 전달하게 되는 것입니다.

신학교 다닐 때 은퇴하신 목사님이 오셔서 채플 시간에 그런 고백을 하셨습니다. 아들이 어렸을 때 "설교 준비하니까 조용히 해" "심방 가야 하니까 아빤 바빠" "너무 피곤해서 너하고 놀 시간이 없어" 하면서 함께 시간을 보내 주지 못했더니, 이제는 아들이 장성하여 자기도 바쁘다면서 늙은 아버지를 거들떠보지도 않는다는 겁니다. 그 말을 듣는데 얼마나 가슴이 아팠는지 모릅니다. 남의 일 같지가 않았습니다. 그러므로 아무리 바쁘고 피곤해도 이제는 자녀들과 시간을 내어 함께해야 합니다.

자녀와 함께하는 시간 자체가 중요한 것이 아니라, 무슨 내용을 함께하느냐가 중요한 것입니다. 꼭 시간을 내어 어디 가서 하루종일 무슨 구경을 시켜 주거나 영화를 함께 보거나 맛있는 음식을 사 주는 것만이 능사는 아닙니다. 집에서 간단한 음식을 함께 만들어 먹더라도 자녀들에 대해 관심을 가지고 대화하고 서로의 생각과 감정을 나누면서 변함없는 애정을 쏟고 있다는 것을 느끼게 해주는 것이 중요합니다. 우리가 자녀들에게 사랑의 관심을 가지고 그들과 시간을 함께할 때 그들의 마음이 부모의 애정과 안정을 느끼게 될 것입니다. 이러한 행복한 추억은 자신에 대해 긍정적인 자아를 형성하게 하고 다른 사람들에 대해서도 자신 있게 행동하게 합니다. 바로 이 부모의 관심과 애정이 그들의 일생을 일으켜 줄 평생의 자산이 될 것입니다.

사랑이 담긴 선물

넷째, 사랑이 담긴 선물입니다. 자녀들에게 선물을 전하는 것은 아주 강력한 사랑의 표현입니다. 줄 때도 부모의 사랑이 전달되지만, 오랜 시간이 흐른 후에도 그 선물을 보면서 부모의 사랑을 기억하기 때문입니다. 그런데 우리 부모들은 이 선물을 악용할 때가 있습니다. 흔히 자녀들과 함께 시간을 보내지 못하니까 선물로 보상하려는 것입니다. 어떠한 일에 대해서 물질로 매수하려고 하는 것입니다. 그러나 이런 선물은 자녀들에게 사행심을 심어 주고 물질 만능주의에 사로잡히게 합니다. 그것은 자녀들의 인생관과 가치관에 비극적인 결과를 초래합니다. 그렇기에 선물에도 부모의 사랑이 담겨져 있어야 하고 선물의 의미가 있어야 합니다. 진정한 사랑의 선물이 자녀들의 마음속에 부모의 사랑을 확인시켜 주고, 저들의 장래에 영적 유익을 안겨다 주는 것입니다. 그러므로 우리가 자녀들에게 선물을 할 때도 심사숙고하며 기도하면서 결정해야 합니다

자녀들에게 가장 좋은 선물은 책이라고 생각합니다. 책을 통해서 저들이 정신적으로 성숙하고 영적으로 성장해 가기 때문입니다. 그런데 책 중의 책은 단연 성경입니다. 이 성경 말씀을 통해 얼마나 많은 인생이 변화되고 참된 인물로 쓰임 받았습니까? 자녀들이 영적으로 온전하고 위대한 일꾼으로 쓰임 받길 원한다면 어렸을 때부터 성경을 읽는 습관을 길러줘야 합니다. 그래서 자녀의 연령에 맞게 그림 성경, 만화 성경, 쉽게 볼 수 있는 성경, 어른들이 보는 개역 성경, 주석 성경, 영어 성경 등을 구해 주어야 합니다. 또한 그들의 신앙생활에 유익한 신앙서적이나 정서 순화에 유익한 고전들을 선물하여 읽게 하는 것입니다.

저는 이번 어린이주일을 맞아 저의 딸을 위해 실패를 기회로 삼아 성공한 사람들 이야기를 담은 《앞서가는 지도자》라는 책과 《천재적인 전문가》라는 위인전 두 권을 준비했습니다. 청소년기의 딸에게 신앙의 꿈과 비전을 심어 주기 위해서 한 달여 전에 신문에 추천된 내용을 보고 구해 놓은 것입니다. 꼭 책이 아니더라도 자녀들에게 기념이 될 만한 선물을 할 수 있을 것입니다. 또

한 그들에게 필요하고 유익한 선물을 사 줄 수도 있을 것입니다. 중요한 것은 어린이날이나 생일날이나 크리스마스 같은 특별한 날에 우리의 사랑이 담긴 선물을 준비하자는 것입니다.

잠언 18장 16절에 말씀합니다. "선물은 그 사람의 길을 너그럽게 하며 또 존귀한 자의 앞으로 그를 인도하느니라." 우리의 사랑이 담긴 선물이 자녀들의 일생에 아주 소중한 나침반의 역할을 할 수 있다는 것입니다. 자녀들은 세월이 흐른 후에도 우리가 준 선물을 보며 과거를 회상하면서 우리의 사랑과 우리의 존재 자체가 그들에게 가장 좋은 선물이었음을 깨닫게 될 것입니다.

본이 되는 봉사

마지막 다섯째는 본이 되는 봉사입니다. 자녀들을 위해서 사랑으로 섬기는 본을 보이는 것이 중요한 것입니다. 오늘날처럼 자기 중심적인 이기적인 사회 속에서 이런 사랑의 섬김을 가르치는 것은 대단히 소중한 교훈이 됩니다. 부모들이 자녀가 요구하는 대로 너무 지나친 선물이나 봉사를 하다 보면, 그들은 커서 자기 중심적이고 이기적인 사람이 되고 말 것입니다. 그러므로 부모가 하는 봉사는 자녀들에게 이웃을 위한 섬김과 책임감을 심어 주는 모범이 되어야 합니다. 그래서 가정에서 집안 일을 돕는 것부터 시작해서 가정 밖에서 이웃을 위해서 봉사하는 본을 보여주어야 합니다. 특히 부모가 자녀들과 함께 불우 이웃을 위해 봉사하거나 멀리 선교지에 가서 봉사하는 것은 매우 의미 깊은 일입니다.

이처럼 자녀들과 함께하는 봉사의 궁극적인 목적은 봉사를 통해 다른 사람들을 사랑할 수 있는 성숙한 어른으로 성장해 나가도록 돕는 것입니다. 이런 봉사는 자녀들에게 사랑하는 사람을 소중히 여기게 할 뿐만 아니라 사랑할 수 없는 사람조차도 사랑할 수 있게 해줍니다. 부모들이 가족뿐만 아니라 다른 사람들에게 봉사하는 것을 보면서 자란 자녀들은 자신들도 일생토록 그렇게 이웃을 위해 봉사하며 살아가게 됩니다. 이처럼 사랑으로 봉사하는 것을 가장 쉽게 가르칠 수 있는 것은 집에서 손님을 대접하는 것입니다. 우리의 가정을 다른 사람들에게 개방하면 자녀들은 가족이나 친구들 또는 주위 사람들과 사랑을 의미 있게 나누는 법을 배우게 됩니다.

저는 어렸을 때부터 부모님이 장로님, 권사님으로 봉사하셔서 성도들이나 주의 종을 대접하는 것을 많이 보고 배우며 자라왔습니다. 특별히 저희 어머니는 언제 누가 갑작스럽게 집에 찾아와도 한마디 불평도 없이 한 상 가득히 차려 대접하는 것을 즐겨하셨습니다. 조그만 선물을 받아도 그냥 빈손으로 보내는 법이 없으셨습니다. 그런데 그런 부모님이 얼마나 하나님의 복을 많이 받으셨는지 모릅니다.

제가 그것을 보고 자라서 저도 남을 대접하는 것을 배우게 되었습니다. 우리 교인들과 같은 식당에서 식사하게 되면 수가 너무 많은 경우에는 곤란하지만 웬만하면 제가 계산합니다. 또 어디 여행을 가도 빈손으로는 못 돌아옵니다. 조그만 선물이라도 꼭 사 오게 됩니다. 제가 이민 목회 할 때는 한국에 왔다가 갈 때 전 교인 선물을 마련해서 가기도 했습니다. 그때는 몇 백 명 정도니까 선물할 만했지만 요즈음에는 해외 집회를 나가도 교인들이 몇천 명이나 되니까 엄두를 못 냅니다. 그래도 저의 마음만은 여유만 있다면 다 해 드리고 싶습니다. 그런데 그렇게 나누고 베푸는 삶이 오늘의 저에게 얼마나 복이 되었는지 모릅니다.

그런데 제 딸은 저보다 더한 것 같습니다. 어렸을 때 친구들이 집에 놀러와서 좋아하는 듯해 보이는 물건이 있으면 다 주었습니다. 성도들에게서 선물받은 여러 가지 만화 시계들도 교회 친구들에게 다 나눠줘 버려서 엄마한테 야단을 맞곤 했습니다. 그런데 성도들이 그걸 알고는 나중에 오히려 더 좋은 시계를 선물해서 지금 차고 다닙니다. 성경 말씀대로 그렇게 나눠 주고 섬기는 삶이 복을 받는 것입니다.

그래서 예수님께서 제자들의 발을 씻겨 주고 섬김의 본을 보여 주신 후에 요한복음 13장 15, 17절에 증거합니다. "내가 너희에게 행한 것같이 너희도 행하게 하려 하여 본을 보였노라……너희가 이것을 알고 행하면 복이 있으리라." 하나님의 말씀대로 우리가 자녀들에게 섬김의 봉사의 본을 보이는 것은 우리의 생애뿐만 아니라 우리 자녀들에게까지 큰 복이 되는 것입니다. 그러므로 이제는 우리가 가정에서나 하나님의 교회에 나와서 봉사하는 축복을 함께 나눌 수 있길 바랍니다.

한 일간지에 쓸쓸하게 어린이날을 맞고 있는 불행한 한 가정을 소개하고 있었습니다. 이 가정에 불행의 그림자가 엄습한 것은 1996년 8월 주문진으로 여름 휴가를 다녀오던 길이었습니다. 불의의 교통사고로 자동차가 전복되는 바람에 아빠는 사고 5일 만에 세상을 떠나고 말았습니다. 엄마는 목만 간신히 움직이는 지체장애 1급 판정을 받았습니다. 또한 초등학교 4학년인 둘째 아들은 두 번에 걸친 대수술을 받았지만 지금껏 코피를 자주 흘리고 식욕을 참지 못하는 등 후유증에 시달리고 있습니다. 친구들이 일기에 아빠 얘기를 쓰면 그 집의 아이들은 집에 와서 아빠 사진을 본다고 합니다. 기억은 희미하지만 늘 아빠가 그리웠습니다. 아이는 "엄마랑 있는 게 너무 좋은데 친구들이 엄마더러 식물인간이라고 놀려서 눈물이 난다"고 고개를 숙였습니다. 형은 이를 놀리는 아이들과 싸우다 코뼈가 부러져 수술까지 받아야 했습니다. "40여 만원의 정부 보조로 살아가는 어려운 살림에 놀림까지 당해 가슴이 너무 아프다"는 엄마는, 아이들 앞에서만은 절대 눈물을 보이지 않았습니다. 오히려 전신마비로 온몸을 움직이지 못하는 가운데에도 자녀들을 위해 사랑을 쏟는 것만은 잊지 않았습니다. 손을 모을 순 없지만 고개 숙여 두 아들을 위해 기도한다는 엄마의 눈에서는 아들들을 향한 뜨거운 사랑의 눈물만 하염없이 흘러 내렸습니다. 아무리 어려운 여건 속에서 살아가도 바로 이렇게 사랑이 있는 가정에는 행복의 희망이 있는 것입니다.

지금 우리에게 가장 절실히 필요한 것은 자녀들에게 이 사랑을 공급하는 것입니다. 아무리 어려운 환경 속에서도 우리의 다섯 가지 사랑의 언어가 우리 자녀들의 지난날의 사랑의 결핍과 상처를 치유하고 온전한 성격과 삶을 회복하도록 하여 자녀들 모두 하나님 나라의 아름답고 위대한 일꾼들로 쓰임 받게 될 것입니다.

판권
소유

- 상담 치유의 말씀 모음 제2집 -
상한 가정의 치유

2007년 11월 30일 1판 1쇄 발행
2014년 3월 10일 1판 3쇄 발행

지은이 | 김의식
발행인 | 이형규
발행처 | 쿰란출판사

주소 | 서울시 종로구 이화장길 6(이화동)
TEL | 745-1007, 745-1301~2, 747-1212, 743-1300
영업부 | 747-1004, FAX/745-8490
본사평생전화번호 | 0502-756-1004
홈페이지 | http://www.qumran.co.kr
E-mail | qrbooks@gmail.com
qrbooks@daum.net
한글인터넷주소 | 쿰란, 쿰란출판사

등록 | 제1-670호(1988.2.27)

책임교열 | 임영주·이화정

값 10,000원

ISBN 978-89-5922-468-5 03230

* 이 출판물은 저작권법에 의해 보호를 받는 저작물이므로 무단 복제할 수 없습니다.
잘못된 책은 교환해 드립니다.